böhlau

Quellen und Forschungen
zur höchsten Gerichtsbarkeit
im Alten Reich

herausgegeben von
Anja Amend-Traut, Friedrich Battenberg,
Albrecht Cordes, Ignacio Czeguhn,
Peter Oestmann und Wolfgang Sellert

Band 83

Bernhard Diestelkamp

Das Kammergericht König/Kaiser Friedrichs III. (1442–1493)

BÖHLAU

Bibliografische Information der Deutschen Bibliothek:
Die Deutsche Nationalbibliothek verzeichnet diese Publikation in der Deutschen Nationalbibliografie; detaillierte bibliografische Daten sind im Internet über https://dnb.de abrufbar.

Umschlagabbildung: Der König als Richter, kolorierter Holzschnitt von Batholomäus Unckel (1480) in einem niederdeutschen Inkunabeldruck des Sachsenspiegels (Universitätsbibliothek Bonn Inc. 1028, folio 240).

Umschlaggestaltung: Michael Haderer, Wien
Satz: le-tex publishing services, Leipzig
Druck und Bindung: Hubert & Co, Ergolding
Printed in the EU

Vandenhoeck & Ruprecht Verlage | www.vandenhoeck-ruprecht-verlage.com
E-Mail: info@boehlau-verlag.com

ISBN 978-3-412-53327-4

Vorwort

Dieses Buch widme ich meinem verstorbenen Freund und Kollegen Michael Stolleis, weil es ohne seinen aufmunternden Zuspruch nicht entstanden wäre. Als ich ihn um Rat bat, ob ich dieses umfangreiche Thema trotz meines fortgeschrittenen Alters noch angehen solle, machte er mir Mut mit der Abwägung: „Wenn Du es bis zu Deinem Lebensende fertigstellen kannst, ist es ein Gewinn für die Wissenschaft. Ist Dir dies nicht vergönnt, so hast Du Dich in Deinen letzten Tagen doch mit etwas beschäftigen können, was Dir wichtig war und dessen Bearbeitung Dir Freude bereitet hat." Dieser Mut machende Zuspruch hat mich veranlasst, mich allen Widrigkeiten des Alters zum Trotz dieser Aufgabe zu widmen.

Dass ich den Plan vollenden konnte, empfinde ich voller Dankbarkeit als Geschenk. Professor Dr. Peter Oestmann hat dankenswerterweise das Erarbeitete daraufhin überprüft, ob der Text es wert ist, trotz der Widrigkeiten seiner Entstehung publiziert zu werden. Ich danke ihm von Herzen dafür, dass er sich dieser undankbaren Aufgabe in freundschaftlichem Sinn unterzogen hat.

Ohne vielfache, freundliche Hilfe bei der Literaturbeschaffung hätte ich – fern meiner gewohnten Bücherquellen – die selbstgesetzte Aufgabe nicht erfüllen können. Ich danke dem Frankfurter Rechtshistoriker und Antiquar Dr. Otto, der bei meinem Umzug von Kronberg nach Göttingen meine Bibliothek erwarb, dass er so freundlich war, mir wichtige Quelleneditionen und Bücher bis zum Abschluss der Arbeit zur Nutzung zu überlassen. Dank des freundlichen Entgegenkommens der Göttinger Kollegen konnte ich Bücher aus der Göttinger Institutsbibliothek daheim nutzen. Dankbar bin ich auch den Assistenten und Doktoranden des Göttinger Instituts für Rechtsgeschichte, die dem alten Herrn halfen, wenn er mit dem elektronischen Katalog nicht klarkam. Unvergessen ist die großzügige „Fernleihe", mit der Frau Professorin Dr. Anja Amend-Traut/Würzburg mich mit für mich sonst nur schwer beschaffbaren Büchern versorgt hat. Als ich aus gesundheitlichen Gründen außerstande war, den Text druckreif zu machen, übernahmen Frau Professorin Anja Amend-Traut sowie die Professoren Friedrich Battenberg, Ignacio Czeguhn und Peter Oestmann diese Aufgabe in freundschaftlicher Kollegialität, was ihnen von Herzen gedankt sei.

Der tiefste Dank gilt meiner Frau, die wie schon in den sechseinhalb Jahrzehnten davor auch in dieser letzten Phase meines Lebens Verständnis für meine Arbeit gehabt und deswegen auf gemeinsam zu verbringende Lebenszeit verzichtet hat.

Göttingen im Herbst 2024
Bernhard Diestelkamp

Inhalt

1. Der Stand der Forschung

Das Kammergericht des Königs oder Kaisers hat in der modernen Forschung nicht dasselbe Interesse gefunden wie das 1235 gegründete königliche Hofgericht oder das 1495 reformierte Reichskammergericht. Zu diesen beiden Formen der höchsten Gerichtsbarkeit im Alten Reich konnten in den letzten Jahrzehnten aus neu erschlossenen Quellen[1] grundlegende Untersuchungen erarbeitet werden, die das überkommene Bild verändert und bereichert haben. Zum Kammergericht konstatierte Julia Maurer dagegen noch im Jahr 2003[2] nüchtern: „*Was das Kammergericht vor 1495 genau war, wissen wir bis heute nicht.*“[3] Sie begründete diese ehrliche Feststellung[4] mit dem Hinweis darauf, dass wir unser Wissen über das Kammergericht vor 1495 im Großen und Ganzen nur aus drei Publikationen des 19. und frühen 20. Jahrhunderts bezögen: Tomaschek,[5] Franklin[6] und J. Lechner.[7]

1 Zum Hofgericht: Urkundenregesten zur Tätigkeit des deutschen Königs- und Hofgerichts bis 1451. Sonderreihe der Quellen und Forschungen zur Höchsten Gerichtsbarkeit im Alten Reich, Bd. 1 (Die Zeit von Konrad I. bis Heinrich VI. 911–1197), 1988, bis Bd. 17 (Die Zeit Ruprechts 1407–1410), 2018.

Leider konnte das Projekt nicht, wie geplant, bis zum Jahr 1451 fortgeführt werden, weil diese letzte Arbeitsphase wegen meines fortgeschrittenen Alters nicht mehr finanziert wurde.

Die auf die einzelnen Staatsarchive verteilten Prozessakten des Reichskammergerichts wurden mit Mitteln der Deutschen Forschungsgemeinschaft nach und nach neu verzeichnet: Bernhard Diestelkamp, Rückblick auf das Projekt zur Inventarisierung der Prozeßakten des Reichskammergerichts, in: Friedrich Battenberg/Bernd Schildt (Hrsg.), Das Reichskammergericht im Spiegel seiner Prozessakten (Quellen und Forschungen zur höchsten Gerichtsbarkeit im Alten Reich, künftig: QFHG, 57), 2010, S. 3 ff.

2 Julia Maurer, Das Königsgericht und sein Wirken 1451 bis 1493, in: Bernhard Diestelkamp (Hrsg.), Das Reichskammergericht. Der Weg zu seiner Gründung und die ersten Jahrzehnte seines Wirkens (1451–1527) (QFHG, 45), 2003, S. 79 ff.; Paul-Joachim Heinig, Kaiser Friedrich III. (1440–1493). Hof, Regierung und Politik. (Beihefte zu J. F Böhmer, Regesta Imperii 17, 1997), Teil 1–3, S. 95 ff., behandelt das Kammergericht unter dem Aspekt seiner Integrationsleistung. Hendrik Baumbach, Königliche Gerichtsbarkeit und Landfriedenssorge im deutschen Mittelalter. Eine Geschichte der Verfahren und Delegationsformen zur Konfliktbehandlung (QFHG, 68), 2017.

3 Maurer (Anm. 2), S. 79.

4 Maurer (Anm. 2), S. 79, Anm. 1.

5 J. A. Tomaschek, Die höchste Gerichtsbarkeit des deutschen Königs und Reiches im 15. Jahrhundert (Sitzungsberichte der Kaiserlichen Akademie der Wissenschaften Wien, Phil.-Hist. Klasse, 49/3), 1865, S. 521–612.

6 O. Franklin, Das Königliche Kammergericht vor dem Jahr 1495, 1871.

7 J. Lechner, Reichshofgericht und königliches Kammergericht im 15. Jahrhundert (Mitteilungen des Instituts für Österreichische Geschichtsforschung, künftig: MIÖG, Erg. Bd. 7), 1907, S. 44–186.

Das Fehlen einschlägiger, neuer Quellenpublikationen, wobei die Ergiebigkeit der publizierten Kammergerichtsbücher niemals ernsthaft in Erwägung gezogen wurde, bewirkte, dass die Wissenschaft sich dieses Themas selbst dann nicht anzunehmen wagte, als allgemein das Interesse an der höchsten Gerichtsbarkeit im Alten Reich – beflügelt durch die Erschließung neuer Quellen – wieder erwachte.[8]

Als in den siebziger Jahren des 20. Jahrhunderts eine Gruppe damals junger Rechtshistoriker[9] die Erforschung der höchsten Gerichtsbarkeit im Alten Reich auch durch Publikation von Quellen zu fördern plante, übernahm Gunter Gudian die Erschließung der urkundlichen Quellen des Kammergerichts bis 1495. Doch sein früher Tod verhinderte die Durchführung dieses Teils des Gesamtplanes.

Unabhängig von dieser rechtshistorischen Initiative entstand für das Kammergericht ein sich ständig vervollständigender Fundus von urkundlichen Quellen durch die Regesten Kaiser Friedrichs III.[10] Im Gegensatz zu den Urkunden des königlichen Hofgerichts, das über eine eigene Kanzlei und ein eigenes Siegel verfügte, mussten die Urkunden des Kammergerichts von der Königskanzlei im Namen des Herrschers ausgestellt werden.[11] Deshalb erschließt dieses Regestenprojekt auch die Urkunden des fridericianischen Kammergerichts.

Julia Maurer hatte aus diesem, damals allerdings erst bis zum Heft 14 (2000) gediehenen Fundus kombiniert mit älteren Urkundeneditionen zu Friedrich III. für ihre Untersuchung eine breite Grundlage urkundlicher Quellen nutzen können.[12] Ergänzend stand ihr das Material zur Verfügung, das die Editionen der Kammergerichtsbücher,[13] des Taxregisters[14] und der Kommissionsbefehle des Herrschers[15] boten. Dieses Sample von Quellen hat Julia Maurer nach dem Vorbild Filippo Ranieris[16] statistisch analysiert und dabei Erkenntnisse gewonnen über Phasen

8 Maurer (Anm. 2), S. 79, Anm. 2, fügte die wenigen, modernen Titel, insbesondere von Fr. Battenberg, B. Diestelkamp und H. Milbradt, an. Diese behandeln mit Ausnahme von Milbradt einzelne Prozesse oder sind Teil allgemeinerer Überlegungen wie die von Diestelkamp, weshalb die Angabe konkreter Quellen nicht notwendig war.

9 Bernhard Diestelkamp, Urkunden des Reichshofgerichts bis 1451; Ulrich Eisenhardt, Appellationsprivilegien, Gunter Gudian, Urkunden Kammergericht 1351 bis 1495. Adolf Laufs Reichskammergerichtsordnungen, Wolfgang Sellert Reichshofratsordnungen.

10 Heinrich Koller (Begr.), Regesten Kaiser Friedrichs III (1440–1493) nach Archiven und Bibliotheken geordnet, Heft 1, 1982. Künftig zitiert: Heft X, Nr. Y.

11 Friedrich Battenberg, Gerichtsschreiberamt und Kanzlei am Reichshofgericht 1235–1451 (QFHG, 2), 1974.

12 Maurer (Anm. 2), S. 82, Anm. 10–12.

13 Maurer (Anm. 2), S. 83 f.

14 Maurer (Anm. 2), S. 81.

15 Maurer (Anm. 2), S. 81.

16 Filippo Ranieri, Recht und Gesellschaft im Zeitalter der Rezeption. Eine rechts- und sozialgeschichtliche Analyse der Tätigkeit des Reichskammergerichts im 16. Jahrhundert (QFHG17/I, II), 1985.

unterschiedlicher Intensität der Frequentierung des Gerichts, die regionale und soziale Herkunft der Parteien, die Gerichtsverfassung und das Verfahren sowie die an das Gericht herangetragenen Streitgegenstände.[17] Sie konnte vor allem das immer wieder erörterte Problem, ob es einen Zusammenhang zwischen dem kaiserlichen Kammergericht und dem Reichskammergericht gegeben habe, quellengestützt in dem Sinne lösen, dass das Reichskammergericht von 1495 das kaiserliche Kammergericht in neuer Form funktional fortsetzte.[18] Das Reichskammergericht vollendete nach Julia Maurer nur den schon beim Kammergericht zu beobachtenden, grundlegenden Umbau der Gerichtsverfassung und des Prozessrechts.[19]

Ihre Arbeit kann jedoch deshalb nicht als Geschichte des Kammergerichts gelten, weil sie in ihre Untersuchung unterschiedslos Quellen aller Formen der Königsgerichtsbarkeit der zweiten Hälfte 15. Jahrhundert einbezog, also neben denen des Kammergerichts auch die Verfahren vor delegierten Richtern. Zudem haben sich die Voraussetzungen für eine eigenständige Untersuchung des kaiserlichen Kammergerichts seit Julia Maurers Arbeit insofern verbessert, als seitdem zu den von ihr ausgewerteten ersten 14 Heften der Regesten Kaiser Friedrichs III. inzwischen 24 weitere Hefte/Bände hinzugekommen sind.[20]

Wenn das kaiserliche Kammergericht im Jahr 1495 in Worms die organisatorische Grundlage für die Reform der Höchstgerichtsbarkeit im Reich wurde, lohnt es sich, die Entwicklung dieses Nucleus der Gerichtsreform des Jahres 1495 zum Gegenstand einer eigenen Untersuchung zu machen.

Auch wenn das Regestenprojekt noch nicht abgeschlossen ist, muss man den Abschluss nicht abwarten, weil die schon vorliegenden Provenienzen regional breit gestreut sind, so dass die bisherigen Regesten die wichtigsten Regionen des Reiches abdecken dürften. Erfasst sind die Fridericiana des zentralen Bestandes der Allgemeinen Urkundenreihe des HHStA Wien wie auch die Überlieferung so wichtiger Regionen des Reiches wie Koblenz und Trier,[21] Kurmainz,[22] Hes-

---

17 Maurer (Anm. 2), S. 84 f.

18 Maurer (Anm. 2), S. 113 ff.

19 Bernhard Diestelkamp, Vom einstufigen Gericht zur obersten Rechtsmittelinstanz. Die deutsche Königsgerichtsbarkeit und die Verdichtung der Reichsverfassung im Spätmittelalter (QFHG, 64), 2014.

20 Koller (Begr.) (Anm. 10), Heft 38, 2024. Ab dem 29. Stück wird die ursprüngliche Bezeichnung Heft gelegentlich durch das Wort Band ersetzt.

21 Koller (Begr.) (Anm. 10), Heft 9, 1996.

22 Koller (Begr.) (Anm. 10), Heft 25, 2010.

sen,[23] Thüringen,[24] Sachsen,[25] Sachsen-Anhalt,[26] Württemberg,[27] Baden,[28] Bamberg und Oberfranken,[29] Niedersachsen,[30] aber auch eher periphere Reichsteile wie Schleswig-Holstein,[31] Brandenburg, Mecklenburg, Pommern,[32] Schlesien,[33] Preußen und das Baltikum.[34] Hinzu kommen die Urkunden bedeutender Städte wie Regensburg,[35] Speyer,[36] Nürnberg,[37] Frankfurt,[38] Bremen und Hamburg.[39] Sicherlich fehlen noch die Urkundenbestände des Niederrheins und Bayerns oder die Urkunden einer so wichtigen Stadt wie Köln und die vieler südwestdeutscher Reichsstädte. Doch sollte es angesichts der Streuung des schon vorhandenen Materials möglich sein, auf der vorhandenen Grundlage dem Bild des königlichen/kaiserlichen Kammergerichts festere Konturen zu geben.

---

23 Koller (Begr.) (Anm. 10), Heft 3, 1983; Heft 5; 1988; Heft 8, 1993.

24 Koller (Begr.) (Anm. 10), Heft 10, 1996.

25 Koller (Begr.) (Anm. 10), Heft 11, 1998.

26 Koller (Begr.) (Anm. 10), Heft 16, 2002.

27 Koller (Begr.) (Anm. 10), Heft 23, 2007.

28 Koller (Begr.) (Anm. 10), Heft 37, 2024.

29 Koller (Begr.) (Anm. 10), Heft 32, 2018. Jüngst ergänzt um die Urkunden der königsnahen Landschaft Unterfranken: Ebd., Heft 38, 2024.

30 Koller (Begr.) (Anm. 10), Heft 33, 2018.

31 Koller (Begr.) (Anm. 10), Heft 31, 2016.

32 Koller (Begr.) (Anm. 10), Heft 20, 2004.

33 Koller (Begr.) (Anm. 10), Heft 21, 2006.

34 Koller (Begr.) (Anm. 10), Heft 24, 2010.

35 Koller (Begr.) (Anm. 10), Heft 15, 2002.

36 Koller (Begr.) (Anm. 10), Heft 17, 2002.

37 Koller (Begr.) (Anm. 10), Heft 19 (1450–1455), Heft 28 (1456–1463), 2013, Fortsetzung von Heft 14 (1440–1449), 2000.

38 Koller (Begr.) (Anm. 10), Heft 4, 1986.

39 Koller (Begr.) (Anm. 10), Heft 33, 2018.

2. Die Quellen

Um die Möglichkeiten und die Tragfähigkeit inhaltlicher Analysen besser beurteilen zu können, werde ich zunächst die zur Verfügung stehenden Quellen und ihre Eigenarten erörtern und die Eigenheiten des Quellenkorpus vorführen.

2.1 Die Quellen 1442 bis 1451

Für das erste Jahrzehnt der Regierungszeit Friedrichs III. bieten die von Dr. Daniel Luger entdeckten Aufzeichnungen des Kammergerichtsschreibers oder Kammergerichtsnotars Michael von Pfullendorf eine Ergänzung der urkundlichen Überlieferung.[40] Diese Quelle spiegelt das Gericht zudem in einer anderen Perspektive als die Urkunden, weil der Autor als der für das Gericht zuständige Angehörige der Kanzlei diejenigen Akte notiert hat, an denen er beteiligt gewesen war. Seine Aufzeichnungen sind kein Amtsbuch, das Pfullendorf auf Anordnung des Königs oder des Kanzlers für den Dienstgebrauch hätte anlegen müssen.[41] Vielmehr hat er für sich selbst das für ihn Wichtige aufgezeichnet. Für die Qualifikation als Privataufzeichnung spricht auch der Umstand, dass in dieser Handschrift kein anderer Schreiber nachzuweisen ist. Pfullendorf hat den gesamten Text allein geschrieben.

Dieser Fund erweitert die Quellengrundlage für die Erforschung des Kammergerichts im ersten Jahrzehnt der Herrschaft Friedrichs III. erheblich und in spezifischer Weise. Der Text erlaubt nicht zuletzt für dieses Jahrzehnt eine Überprüfung der Zuverlässigkeit und Informationsdichte der urkundlichen Überlieferung. Pfullendorf notierte für diesen Zeitraum 232 Sitzungen des Kammergerichts mit Angabe des Richters und der Beisitzer.[42] In den bislang erschlossenen Urkundenbeständen sind für dasselbe Jahrzehnt nur 20 Sitzungen mit solchen Angaben

---

40 Daniel LUGER, Das „Königliche Gerichtsbuch" des Michael von Pfullendorf aus den Jahren 1442 bis 1451. Einführung und Edition (QFHG, 77), 2022.

Die Bezeichnung „Kammergerichtsschreiber" oder „Kammergerichtsnotar" lehnt sich sprachlich an die Bezeichnung des 1235 geschaffenen Amtes des „Hofgerichtsschreibers" an. Sie entspricht dem Umstand, dass Michael von Pfullendorf und seine Nachfolger als Angehörige des Römischen Kanzlei vornehmlich mit Kammergerichtssachen befasst wurden.

41 Joachim DEETERS, Amtsbücher, in: Handwörterbuch zur deutschen Rechtsgeschichte (künftig: HRG), Bd. 1, 2. Aufl. 2008, Sp. 1584 f.

42 Pfullendorf (Anm. 40), Sitzungsverzeichnis des königlichen Kammergerichts in den Jahren 1442 bis 1451: 1442: 12 Stück, 1443: 20 Stück, 1444: 21 Stück, 1445: 15 Stück, 1446: 14 Stück, 1447: 25 Stück, 1448: 24 Stück, 1449: 48 Stück, 1450: 5 Stück, 1451: 48 Stück.

nachzuweisen.[43] Diese geringere Zahl resultiert daraus, dass in der urkundlichen Überlieferung nur diejenigen Sitzungen erscheinen, auf denen dokumentierte Urteile gefällt worden waren. Nur in 20 Fällen finden sich Urteile sowohl im urkundlichen Material als auch in Pfullendorfs Aufzeichnungen.[44] Wenn 18 urkundlich nachweisbare Urteile nicht in den Aufzeichnungen erscheinen, so könnte das daran liegen, dass Pfullendorf nicht an ihnen beteiligt war, so dass er sie in seinen Nachweisen nicht für aufzeichnenswert gehalten hat.[45]

Insgesamt überwiegt die Zahl der nur durch Pfullendorf bekannten Sitzungen des Kammergerichts. Die wirkliche Sitzungsfrequenz und insbesondere die jeweilige Besetzung des Gerichts würden wir also für dieses Jahrzehnt ohne die neue Quelle nicht annähernd feststellen können. Das gilt es zu bedenken für die Jahre, für die eine solche Parallelüberlieferung fehlt.

Gelegentlich notiert Pfullendorf nur das Datum und die Besetzung. Das bedeutet nicht, dass in dieser Sitzung nichts geschehen wäre, wie die nur durch die urkundliche Überlieferung bekannten fünf Urteile beweisen, die an solchen Daten ergangen sind.[46] War an einem Sitzungstag wirklich nichts geschehen, so vermerkt Pfullendorf dies mit Wendungen wie „*tum nil expeditum est*",[47] „*sed nil expeditum fuit quam interlocutoria, ut sequitur*",[48] „*nil expeditum ante prandium*",[49] „*sed nil factum s(ente)n(t)iatu(m)ve fuit*",[50] „*Nil factum sententiatumve fuit*",[51] „*Nil actum*

43 Mancher Urteilsbrief verzichtet auf die Nennung der Besetzung.

44 Pfullendorf (Anm. 40): Nr. 6 = Heft 14 Nr. 130; Nr. 7 = Heft 6 Nr. 26; Nr. 14 = Heft 4 Nr. 44; Nr. 98 = Heft 4 Nr. 98 = Heft 8 Nr. 82; Nr. 274 = Heft 14 Nr. 296; Nr. 284 = Heft 8 Nr. 98; Nr. 285 = Heft 3 Nr. 42; Nr. 295 = Heft 15 Nr. 91; Nr. 310 = Heft 17 Nr. 86; Nr. 311 = Heft 14 Nr. 434; Nr. 314 = Heft 13 Nr. 101; Nr. 332 = Heft 7 Nr. 78; Nr. 337 = Heft 15 Nr. 94 = Heft 7 Nr. 79, 80, 81; Nr. 372 = Heft 24 Nr. 82; Nr. 378 = Heft 14 Nr. 452; Nr. 466 = Heft 10 Nr. 83 = Heft 14 Nr. 492; Nr. 525 = Heft 8 Nr. 122 Kop.; Nr. 528 = Heft 9 Nr. 105 = Heft 17 Nr. 90; Nr. 575 = Heft 19 Nr. 139, 140; Nr. 601 = Heft 3 Nr. 57; Nr. 657 = Heft 19 Nr. 164.

45 Pfullendorf (Anm. 40): Heft 14 Nr. 16; Heft 14 Nr. 212; Heft 12 Nr. 212; Heft 12 Nr. 254; Heft 15 Nr. 56; Heft 14 Nr. 272; Heft 12 Nr. 258; Heft 12 Nr. 254; Heft 15 Nr. 69; Heft 4 Nr. 98; Heft 7 Nr. 82; Heft 4 Nr. 117; Heft 14 Nr. 445; Heft 17 Nr. 81; Heft 14 Nr. 446; Heft 8 Nr. 118; Heft 17 Nr. 90; Heft 3 Nr. 54.

46 Pfullendorf (Anm. 40), 1443 April 6 = Heft 15 Nr. 37 + Heft 17 Nr. 46; 1444 April 30 = Heft 12 Nr. 211–215; 1444 September 3 = Heft 12 Nr. 251; 1444 September 15 = Heft 15 Nr. 54.

47 Pfullendorf (Anm. 40), Nr. 409, 1449 Mai 8.

48 Pfullendorf (Anm. 40), Nr. 418, 1449 Mai 15.

49 Pfullendorf (Anm. 40), Nr. 421, 1449 Mai 27.

50 Pfullendorf (Anm. 40), S. 159, 1449 Dezember 2.

51 Pfullendorf (Anm. 40), S. 161, 1449 Dezember 8.

factum quoque. als Eberhard Moßhaimer ....",[52] *„Nil factumve est"*,[53] *„Nil factum neque expeditum est"*.[54]

Pfullendorfs Aufzeichnungen liefern nicht für alle Fragestellungen gleichmäßig dichte Informationen, wie es die große Zahl der nur in dieser Quelle überlieferten Sitzungen des Kammergerichts suggerieren könnte. Zum einen notiert er Sitzungen, ohne die an diesen Tagen gefällten Entscheidungen zu vermerken. Zum anderen ist die inhaltliche Aussagekraft der Notate Pfullendorfs deshalb geringer, weil die Urteilsbriefe meist eine Darstellung des Verfahrensablaufs bieten. Pfullendorf dagegen führt in der Regel nur die Namen der Parteien und häufig nicht einmal die Art der Entscheidung an. Für diese verweist er auf ein Urteils-Register, das jedoch nicht überliefert ist. Zudem beurkundet Pfullendorf auch bislang unbekannte Verfahren. Willkommen ist die Dokumentation von unbekannten Verfahrensschritten in schon bekannten Prozessen.[55] Die urkundliche Überlieferung und Pfullendorfs Aufzeichnung ergänzen sich also in wünschenswerter Weise.

2.2 Die Quellen von 1452 bis 1464

Die nächste Phase der Geschichte des Kammergerichts beginnt nach der Kaiserkrönung Friedrichs III. am 19. März 1452 und endet mit der Verpachtung von Kanzlei und Kammergericht an Bischof Ulrich von Passau im Jahr 1464.[56] Sie ist dadurch charakterisiert, dass das 1235 gegründete königliche Hofgericht, dessen Bedeutung sich schon vor der Krönungsreise nach Rom stark verändert hatte,[57] nach 1451 überhaupt nicht mehr bezeugt ist. Ob es für diesen Zeitraum einen von Paul-Joachim Heinig konstatierten Rückgang der Sitzungsfrequenz des Kammergerichts[58] gegeben hat, ist allerdings zweifelhaft. Der Vergleich der in diesen Jahren urkundlich nachweisbaren 47 Sitzungen des Kammergerichts[59] mit den 42

52 Pfullendorf (Anm. 40), Nr. 498, 1449 Dezember 18.

53 Pfullendorf (Anm. 40), Nr. 577, 1451 März 14.

54 Pfullendorf (Anm. 40), Nr. 687, 1451 Juni 8.

55 Das gilt etwa für das Verfahren der Stadt Speyer und einiger ihrer Bürger gegen Nicolaus Vogt von Hunolstein: Pfullendorf (Anm. 40), Nr. 242, 243, 259, 264, 270, 310, 311, 470, 516, 528 (Diestelkamp, Anm. 19, S. 104 ff.) oder Rudolf von Unterwegen gegen die Stadt Chur: Pfullendorf (Anm. 40), Nr. 3, 7, 240, 666, 667, 668, 669 (Diestelkamp, Anm. 19, S. 98 f.).

56 Heinig (Anm. 2), S. 101 f.

57 Heinig (Anm. 2), S. 100.

58 Heinig (Anm. 2), S. 101.

59 Pfullendorf (Anm. 40), 1453 Mai 6 Heft 9 Nr. 360; 1453 Juli 5, Heft 19 Nr. 380, 381; 1453 August 13 Heft 13 Nr. 277 + Heft 8 Nr. 152.; 1453 September 15 Heft 16 Nr. 152 1453 + Heft 16 Nr. 36; 153 Dezember 5 Heft 24 Nr. 185; 1454 Februar 12 Heft 25 Nr. 3; 1454 Februar 15 Heft 3 Nr. 74 + Heft 19 Nr. 430; 1454 Juli 25 Heft 9 Nr. 121; 1454 Dezember 2 Heft 9 Nr. 128; 1455 März 24 Heft 24 Nr. 199;

nur durch Urkunden bekannten Sitzungen der vorherigen Periode[60] könnte sogar zum umgekehrten Schluss führen. Die in der ersten Phase hinzugekommenen Aufzeichnungen des Michael von Pfullendorf haben gezeigt, dass die urkundlichen Nachweise kein zuverlässiges Bild der tatsächlichen Sitzungsfrequenz ergeben.

Auf Lücken in der urkundlichen Überlieferung der Jahre 1454 bis 1456 sowie vor allem der Spanne von 1459 bis 1464 hatte schon Heinig aufmerksam gemacht. Julia Maurer will in dieser Phase einen Rückgang der an den Hof gebrachten Verfahren beobachtet haben.[61] Ob diese Aussage allgemein zutrifft, ist jedoch angesichts der nur fragmentarischen Überlieferung kaum zu überprüfen. Die Quellenlage ist für diese Phase erheblich schwächer als für die vorangehende Periode, weil Aufzeichnungen aus dem Bereich der Kanzlei für diese Zeitspanne fehlen. Maurer dürfte ihre Folgerung aus der Sammlung von Bestallungen delegierter Richter gewonnen haben. Damit mag ihre Folgerung für die gesamte Königsgerichtbarkeit dieser Jahre zutreffen, kaum aber für das Kammergericht.

2.3 Die Quellen von 1464 bis 1469

Im Jahr 1464 reorganisierte Kaiser Friedrich III. seinen Hof, indem er die Römische Kanzlei mit dem Kammergericht zusammenlegte und beide Bischof Ulrich von Passau pachtweise anvertraute.[62] Julia Maurer konstatiert eine damit einhergehende Aktivierung des Kammergerichts[63] durch den „*Versuch, systematische schriftliche Aufzeichnungen anzufertigen (Gerichtsbuch)*“, der jedoch schon nach kurzer Zeit im Sande verlaufen sei.[64]

(etwa 1455 Juni 9) Heft 19 Nr. 532; 1455 September 22 Heft 10 Nr. 138; (vor 1455 Dezember 5) Heft 19 Nr. 573; 1456 Juli 15, Heft 19 Nr. 574; (vor 1456 Dezember 22) Heft 6 Nr. 57; 1457 Februar 26 Heft 6 Nr. 60, Anm. 1; 1457 März 5 Heft 20 Nr. 90; 1459 Januar 22 Heft 20 Nr. 95; 1459 Februar 9 Heft 28 Nr. 171, Anm. 1 (1459 Februar 23) Heft 25 Nr. 90; 1459 März 12 Heft 10 Nr. 164; 1459 März 14 Heft 11 Nr. 330; 1459 Mai 8 Heft 1 Nr. 54; 1459 Juni 11 Heft 4 Nr. 293; 1459 Juni 22 Heft 18 Nr. 127 + Heft 5 Nr. 129; 1459 Juni 25 Heft 28 Nr. 177; 1459 Juli 6 Heft 28 Nr. 182; 1459 Juli 19 Heft 18 Nr. 138; (1459 um Juli 29) Heft 15 Nr. 145; 1459 Juli 31 Heft 28 Nr. 183; 1459 September 15 Heft 25 Nr. 91; 1459 Oktober 27 Heft 15 Nr. 146; 1459 Oktober 18 Heft 18 Nr. 165, 1459 Oktober 19 Heft 18 Nr. 165; 1460 Februar 13 Heft 28 Nr. 209; 1460 März 12 Heft 28 Nr. 217; 1460 März 18 Heft 28 Nr. 220; 1460 Mai 27 Heft 28 Nr. 244; 1460 Dezember 16 Heft 10 Nr. 187; (um 1460) Heft 25 Nr. 102; 1461 Juli 16 Heft 25 Nr. 103; (vor 1463 März 22) Heft 16 Nr. 64; (1463 etwa Juni 3) Heft 4 Nr. 360; (vor 1463 Juli 19) Heft 7 Nr. 218; (vor 1463 September 30) Heft 20 Nr. 109; (vor 1464 September 7) Heft 15 Nr. 179.

60 Nur diese Quellenkategorie ist gleichartig genug für einen Vergleich.

61 Maurer (Anm. 2), S. 88.

62 Heinig (Anm. 2), S. 102.

63 Maurer (Anm. 2), S. 88.

64 Maurer (Anm. 2), S. 88.

Diese Feststellung ist allerdings keineswegs so schlüssig, wie sie klingt. Abgesehen davon, dass weder das „*Gerichtsbuch*“[65] noch das „*Protokollbuch*“[66] als Bücher angelegt wurden, sondern erst durch spätere Zusammenheftung ursprünglich zerstreuter Aufzeichnungen zu solchen wurden, gibt es Indizien, die gegen die von Maurer unterstellte Kausalität zwischen Reformbemühungen und Herstellung der Handschriften sprechen.

Das *Gerichtsbuch* enthält Aufzeichnungen vom 29. April 1467 bis zum 28. Dezember 1468. Es beginnt also weder sofort nach Bischof Ulrichs Pachtung noch wird es bis zum Ende der Passauer Zeit fortgeführt. Die Aufzeichnungen des *Gerichtsbuchs* setzen ein mit den in den Sitzungen vom 29. und 30. April 1467 gefällten 15 Urteilen[67] sowie den 20 Urteilen, die in den 5 Audienzen vom 9., 11, 12, 14. und 16. Mai 1467[68] gefällt wurden. Sie wurden von Peter Gamp geschrieben, dem Kanzleiangehörigen, der für Bischof Ulrich den Schriftverkehr des Kammergerichts erledigte.[69] Die Notate des *Gerichtsbuchs* sind anfänglich nach Sitzungen des Gerichts geordnet mit Datum, Besetzung des Gerichts und den in der Audienz durchgeführten Amtshandlungen (Urteile, Bevollmächtigungen, Rufen).[70] Hauptschreiber des *Gerichtsbuchs* ist Peter Gamp, der unter Bischof Ulrich in der Römischen Kanzlei die Spezialaufgaben eines Notars oder Schreibers des Kammergerichts wahrnahm.[71] Die anfänglich klare Struktur verliert sich im Laufe der Zeit, so dass das *Gerichtsbuch* immer mehr den Charakter eines unregelmäßig geführten Gerichts- oder Kanzleibuchs annimmt, in dem auch andere Kanzleikontakte und Parteihandlungen festgehalten wurden.[72] Es fällt schwer, in dieser Quelle den nach Maurers Meinung von Bischof Ulrich angestoßenen, reformerischen Impetus für das Kammergericht zu erkennen.

---

65 Friedrich BATTENBERG/Bernhard DIESTELKAMP (Hrsg.), Die Protokoll- und Urteilsbücher des königlichen Kammergerichts aus den Jahren 1465 bis 1480 mit Vaganten und Ergänzungen (QFHG, 44/1–3), 2004: Julia MAURER/Christine MAGIN, Einleitung und Urteilsbuch (QFHG, 44/1); Christine MAGIN, Protokolle (QFHG, 44/2); Claudia HELM/Christine MAGIN/Julia MAURER, Das Gerichtsbuch, Beigaben und Register (QFHG, 44/3).

66 MAGIN, Protokolle (Anm. 65, Bd. 2), S. 422.

67 MAGIN, Gerichtsbuch (Anm. 65, Bd. 3), G. 1–9; G. 12–20.

68 MAGIN, Gerichtsbuch (Anm. 65, Bd. 3), P.

69 MAGIN, Gerichtsbuch (Anm. 65, Bd. 3), S. 925 ff.; HELM, Gerichtsbuch (Anm. 65, Bd. 3).

70 Gerichtsbücher (Anm. 65), Bd. 3, MAGIN, Gerichtsbuch, S. 925.

71 Gerichtsbücher (Anm. 65), Bd. 3, MAGIN, Gerichtsbuch, Entstehung, S. 925 ff.; Bd. 3, HELM, Gerichtsbuch: G 68 1467 September 28 „*... vor mir peter gamp als einen notarien des keyserlichen camergerichtz*“; Bd. 2, MAGIN, Protokollbuch: P 122 1468 Juli 4: „*... vor mir Peter Gamppen als notarien des keyserlichen camergerichtz.*“ Bd. 3, HELM, Gerichtsbuch: G 7 1457 September 28 „*... vor mir Peter Gamppen als einen notarien des keyserlichen camergerichtz*“.

72 Gerichtsbücher (Anm. 65), Bd. 3, MAGIN, Gerichtsbuch, S. 927. Symptomatisch dafür sind die als Gerichtsnotiz bezeichneten, undatierten Aufzeichnungen: Gerichtsbücher (Anm. 65), Bd. 3, HELM, Gerichtsbuch: G 88–111.

Keinen Zweifel an dem innovativen Charakter gibt es dagegen bei der Protokollierung der Audienzen. Allerdings wird diese Neuerung nicht durch Bischof Ulrich eingeführt. Die in dem *Protokollbuch* zusammengehefteten Protokolle beginnen 1459.[73]. In den Extravaganten ist sogar ein Protokoll aus dem Jahr 1458 überliefert.[74] Die Einführung der Sitzungsprotokolle kann also auch nicht auf Reformbemühungen Bischof Ulrichs zurückgeführt werden.

Im *Gerichtsbuch* sind 60 Urteile verzeichnet,[75] die alle in der kurzen Phase vom 29. April bis 16. Mai 1467 gefällt wurden.[76] Keines dieser Urteile ist auch als Urkunde überliefert, so dass die Aufzeichnungen im *Gerichtsbuch* die einzigen Nachweise für diese Entscheidungen sind. Für die vom Gerichtsbuch abgedeckte Zeit (April 1467 bis Dezember 1468) gibt es keine Urteilsbriefe ohne eine Entsprechung im Gerichtsbuch.[77] Außer den Urteilen wurden im Gerichtsbuch 26 Bevollmächtigungen[78] und 23-mal das Rufen vermerkt. 24-mal wurden allgemeine und undatierte Formulare[79] sowie 9 Protestationen notiert.[80] Das Gerichtsbuch bietet damit Informationen, die in der urkundlichen Überlieferung fehlen. Umgekehrt sind nicht wenige Ladungen oder Terminverschiebungen nur durch Urkunden überliefert.

Eine zweite Quellengattung in der Pachtzeit Bischof Ulrichs von Passau sind einige Sitzungsprotokolle,[81] auch wenn solche Aufzeichnungen weit überwiegend erst in der Pachtzeit Erzbischof Adolfs II. von Mainz zu beobachten sind. Die Dominanz des Kammergerichtsnotars Peter Gamp als Schreiber wie beim *Gerichtsbuch* wiederholt sich bei den ältesten Protokollen nicht. Zwar hat er auch einige der ältesten Sitzungsprotokolle in der Passauer Pachtzeit geschrieben.[82] Doch ist Verfasser des weit überwiegenden Teils der älteren Protokolle ein unbekannter Schreiber.[83] Sie ergänzen zwar das urkundliche Material für diese Phase, weil es zu keinem dieser

73 Gerichtsbücher (Anm. 65), Bd. 2, Magin, Protokollbuch, S. 437. Die aus dem Jahr 1465 stammenden, davor abgehefteten Aufzeichnungen sind keine Sitzungsprotokolle.

74 Gerichtsbücher (Anm. 65), Bd. 2, Magin, Protokoll-Extravaganten: E 1, 2, 3.

75 Gerichtsbücher (Anm. 65), Bd. 3, Helm, Gerichtsbuch: G 1, Gerichtsbücher (Anm. 65), Bd. 3, Helm, Gerichtsbuch: G 4–9, 12–20, 29, 31–35, 39, 41–49, 52–55, 88–110, 122.

76 Gerichtsbücher (Anm. 65), Bd. 3, Helm, Gerichtsbuch, G 4. bis G 55.

77 Das mag damit zusammenhängen, dass das kaiserliche Kammergericht, wie es am 20. Juni 1468 (Heft 10 Nr. 284) heißt, „*momentan nicht in ubung*“ war.

78 Gerichtsbücher (Anm. 65), Bd. 3, Helm, Gerichtsbuch: G. 11, 36, 56–58, 60, 63, 65–67, 71–77, 82–85, 111,112, 114, 118–121, 123–125, 127, 128.

79 Gerichtsbücher (Anm. 65), Bd. 3, Helm, Gerichtsbuch: G. 88–110, 122.

80 Gerichtsbücher (Anm. 65), Bd. 3, Helm, Gerichtsbuch: G 61, 64, 69, 70, 86, 87, 113, 115–117, 126.

81 Gerichtsbücher (Anm. 65), Bd. 2, Magin, Protokolle, Beschreibung, S. 421 ff.

82 Gerichtsbücher (Anm. 65), Bd. 2, Protokolle, S. 427; Magin, Protokoll-Extravaganten E 2, 1458 November 8; E 32, /1468/ November 15; E 34 /1469 Mai 9/ E 35, /1469/ Juni 20; E 36, /1469/ Juni 5.

83 Gerichtsbücher (Anm. 65), Bd. 2, Magin, Protokolle, P 1 – P 31.

Notate Pendants in der urkundlichen Überlieferung gibt, so dass sie die einzigen Quellen für diese Zeit sind. Aber Sitzungsprotokolle sind sie nicht, sondern protokollierte Zeugenaussagen. Die Sitzungsprotokolle verzeichnen für jede Sitzung das Datum und die Parteien, nicht jedoch die Besetzung.

Wichtiger ist, dass es unterschiedliche Formen der Protokollierung gab. Einige Aufzeichnungen waren knappe Ergebnisprotokolle, andere dagegen – so schon im Jahr 1458 – waren umfängliche Verlaufsprotokolle, in denen sich der Gang der mündlichen Verhandlung mit Rede und Gegenrede spiegelt.[84] Die Veränderung der Protokollierung kann nicht durch einen Schreiberwechsel verursacht worden sein, weil Peter Gamp beide Formen benutzte. Den Grund für die Veränderung der Protokollierung muss man nicht im Wechsel der Schreiber, sondern in einer Veränderung ihrer Funktion im Geschäftsgang des Kammergerichts suchen müssen. Ausführliche Audienzprotokolle dürften deshalb notwendig geworden sein, weil das Verfahren beim Kammergericht mündlich war, so dass es mangels Schriftsätzen nicht zur Bildung von Akten kommen konnte, die das Gericht bei seiner Beratung oder der Berichterstatter bei der Urteilsabfassung benutzen konnte. Diese These wird gestützt durch einige der undatierten „*Gerichtsnotizen*“ im *Gerichtsbuch.*[85] Sie sind keine Protokolle, sondern Formulare, wie ein Urteil zu formulieren ist, wenn es zu keinen Verhandlungen vor dem Gericht hatte kommen können, weil eine Partei bei der Verhandlung säumig geblieben war. Zur Illustration seien einige Beispiele angeführt: Der Bischof von Straßburg hatte ein Urteil gegen die von Mutzig gefällt, gegen das diese ans Kammergericht appelliert hatten.[86] Doch erschien niemand von den oder für die Appellanten zur Verhandlung („*es ist nieman dawider gewesen*“). Da keine Schriftsätze vorlagen („*Ist kein auffschreiben vorhannden gewesen*“), werden „*die clag und rechtsatz .... in der ladung /und dem/ urteil erfunden.*“ Danach wurde dann ein Urteilsbrief verfasst. Zum Contumacialurteil gegen Adam von Melberg wird ausdrücklich vermerkt „*wil man urteilbrief oder ander prozeß machen, muss man auß der ladung und der urteil machen.*“[87] Das Urteil, das Meister Anton von Loe gegen Claus Bock erwirkt hatte, „*ist auch in contumaciam ergangen; mag man die proceß auß der ladung machen*“.[88] Weil der Streitstoff durch keine Schriftsätze oder protokollierte mündlichen Vorträge dokumentiert war, musste das Gericht bei seiner Beratung oder die Kanzlei bei Abfassung eines Urteilsbriefes auf andere Schriftstücke zurückgreifen wie auf die Ladung oder in Appellationsverfahren auf das Urteil der Vorinstanz. Die ausführliche Verlaufsprotokollierung

---

84 Gerichtsbücher (Anm. 65), Bd. 2, Magin, Protokolle, Protokoll-Extravaganten EP 1 + 2. 1458 November 3 + 8.

85 Gerichtsbücher (Anm. 65), Bd. 3, Helm, Gerichtsbuch, G 88–110.

86 Gerichtsbücher (Anm. 65), Bd. 3, Helm, Gerichtsbuch: G 88, undatiert.

87 Gerichtsbücher (Anm. 65), Bd. 3, Helm, Gerichtsbuch; G 89, undatiert.

88 Gerichtsbücher (Anm. 65), Bd. 3, Helm, Gerichtsbuch; G 94, undatiert.

zeigt gewissermaßen den Übergang vom mündlichen zum schriftlichen Verfahren an. Sie setzte schon vor der Pachtzeit Bischof Ulrichs ein, wurde aber erst nach 1471 unter seinem Nachfolger Erzbischof Adolf II. von Mainz zur Regel.

Dass die neu angelegten Kanzleibehelfe geeignet gewesen seien – wie allgemein unterstellt wird –, die Tätigkeit des Kammergerichts für den Pächter zu intensivieren, bleibt eine unbewiesene Behauptung. Dagegen zeugen sie von Veränderungen in der Arbeitsweise des Kammergerichts wie den Übergang vom Mündlichkeits- zum Schriftlichkeitsprinzip in der zweiten Hälfte des 15. Jahrhunderts.

2.4 Die Quellen von 1471 bis 1474

Die Passauer Pachtzeit endete 1469. Nach kurzer Bedenkzeit verpachtete der Kaiser die Römische Kanzlei und das Kammergericht erneut, dieses Mal an Erzbischof Adolf II. von Mainz.[89] Unter diesem neuen Kammerrichter gab es bemerkenswerte Fortschritte in der bürokratischen Organisation der Arbeit von Kanzlei und Kammergericht.

Durch die Anlegung eines *Taxregisters* über die Einnahmen und Ausgaben der Römischen Kanzlei, das am 28. Juni 1471, also schon vor Erzbischof Adolfs II. Amtsantritt, einsetzte,[90] hatte dieser einen Überblick über die finanzielle Situation. Anfangs waren die Einnahmen aus Beurkundungen für das Kammergericht größer als die aus normaler Kanzleiarbeit, also für die Ausfertigung von Privilegien und anderen Schriftstücken für den König, obwohl für diese in der Regel zweistellige Beträge zu entrichten. Das wurde jedoch dadurch ausgeglichen, dass die Zahl der auszufertigenden Ladungen so erheblich war, dass die Einkünfte aus dieser Tätigkeit für das Kammergericht letztlich doch größer waren als die für normale Kanzleiprodukte. Überschlägig nahm der Pächter aus der Kanzlei jährlich mehr als 24.000 fl. ein.

Für den 24. Oktober 1471 enthält das Taxregister die Notiz: „*inceptum est iudicium camerae imperialis in Wienna*".[91] Das ist der Zeitpunkt, zu dem Erzbischof Adolf II. von Mainz seine Tätigkeit als Kammerrichter aufnahm. Auf diesen Tag wird auch der Entwurf der ersten Ordnung für das Kammergericht datiert.[92]

89 Heinig (Anm. 2), Bd. 1, S. 102.

90 Das Taxregister der römischen Kanzlei 1471–1475. Regesten Kaiser Friedrichs III. (1440–1493), Sonderband 2, 2001. Am 31. Mai 1471 bekennt Erzbischof Adolf II. von Mainz in einer Urkunde, dass ihm Kaiser Friedrich III. das Kammergericht verpachtet habe. Zur Pachtzeit Erzbischof Adolfs II. von Mainz: Gerichtsbücher (Anm. 65), Bd. 1, Urteilsbuch, Magin, Überlieferung, S. 4.

91 Taxregister (Anm. 90), Einleitung S. XVII.

92 Friedrich Battenberg, Von der Hofgerichtsordnung König Ruprechts von 1409 zur Kammergerichtsordnung Kaiser Friedrichs III. von 1471, in: Beiträge zur Höchsten Gerichtsbarkeit im

Doch schon vor diesem Datum stellte die Kanzlei Ladungen und andere Gerichtsurkunden aus, für die Einnahmen verbucht wurden. Daraus ergibt sich, dass das Kammergericht auch in der kurzen Phase zwischen den beiden Pachtzeiten keineswegs untätig gewesen war.

Zusätzlich zu den unter dem Namen „*Protokollbuch*" zusammengefassten – schon vor Bischof Ulrich von Passau einsetzenden – Sitzungsprotokollen[93] ließ Erzbischof Adolf II. von Mainz als neuen Kanzleibehelf ein „*Urteilsbuch*" anlegen.[94] Beide Kanzleibehelfe beginnen schon vor Erzbischof Adolfs II. Amtsübernahme. Ihre Nutzung bekommt aber nach dem 24. Oktober 1471 eine größere Intensität. Alle Urteile, die die Protokolle im Wortlaut anführen, finden sich auch im *Urteilsbuch* wieder.[95] Auch alle urkundlich überlieferten Urteile haben ein Pendant im *Urteilsbuch*.[96]

Das in der Mainzer Pachtzeit neu angelegte *Urteilsbuch* wurde – anders als das erst nachträglich zusammengebundene Protokollbuch – sofort als Reinschrift in Buchform geführt,[97] indem ein namentlich nicht genannter Schreiber[98] Aufzeichnungen, die während der Audienz gefertigt worden waren, zeitnah in das Buch übertrug.[99] Wenig wahrscheinlich ist, dass dieses *Urteilsbuch* das nicht erhaltene „*Urteilsregister*", das Michael von Pfullendorf für das erste Jahrzehnt des fridericanischen Kammergerichts erwähnt, fortsetzen sollte. Ein solches *Urteilsregister* fehlt in der Passauer Zeit. Stattdessen verzeichnete Peter Gamp in dieser Phase Urteile vermischt mit anderen Gerichtshandlungen in dem *Gerichtsbuch*. Es gibt also keine Kontinuität zwischen dem Urteilsregister des ersten Jahrzehnts und dem späteren Urteilsbuch.

Reich im 15. Jahrhundert (QFHG, 11), 1991, S. 21 ff., 30 ff., 74 ff. Battenberg hat seiner Edition eine Darmstädter Handschrift zugrunde gelegt (S. 30 ff.). Weitere Handschriften dieser Quelle waren damals nicht bekannt. Das hat sich durch die Regesten Kaiser Friedrichs III. verändert. In Heft 10 Nr. 334 wurde eine Papierhandschrift des 15. Jahrhunderts (Thüringisches HStA Weimar, Ernest. Gesamtarchiv E n 17 fol. 50r–53v.) nachgewiesen.

93 Gerichtsbücher (Anm. 65), Bd. 2, Magin, Protokollbuch, P 1 ff.

94 Gerichtsbücher (Anm. 65), Bd. 1, Magin, Urteilsbuch, Beschreibung, S. 15 ff.

95 Die ersten Fälle: Gerichtsbücher (Anm. 65), Bd. 2, Magin, Protokolle: P 40 (9. II. 1471) und P 42 (29. III. 1471) können unberücksichtigt bleiben, weil diese Urteile vor den kontinuierlichen Aufzeichnungen des Urteilsbuchs gefällt wurden. Anders die weiteren Fälle: P 138 (29. I. 1472) = U 14 (21. II. 1472); P 267 = U 672; P 268 = U 531; P 269 = U 814; P 270 = U 801. Weshalb P 138 und U 114 unterschiedlich datiert sind, muss hier nicht erörtert werden.

96 Heft 4 Nr. 555 (1471 zw. November 24 und Dezember) = U 437 (zu 1472 November 20); = P 73 (zu 1471 November 20); Heft 6 Nr. 110 = U 33 (1471 November 25), verkündet 1472 Januar 13; Heft 3 Nr. 119 = Heft 4 Nr. 564 = Heft 5 Nr. 236 = Heft 8 Nr. 331, 332 = U 391; Heft 4 Nr. 566 = U 437; Heft 1 Nr. 99 = U 524; Heft 8 Nr. 335 = U 532; Heft 4 Nr. 528 = U 754 (zu Mai 23).

97 Gerichtsbücher (Anm. 65), Bd. 1 Magin, Urteilsbuch, Entstehung, S. 19.

98 Gerichtsbücher (Anm. 65), Bd. 1, Magin, Urteilsbuch, Schreiber, S. 23 ff.

99 Gerichtsbücher (Anm. 65), Bd. 1, Magin, Urteilsbuch, Entstehung, S. 20.

Das neue *Urteilsbuch* enthält 1.034 Urteile,[100] die vom 26. Oktober 1471 bis zum 16. September 1474 gefällt wurden.[101] Die große Lücke von 9 Monaten zwischen dem 9. August 1473 (U 671) und dem 22. April 1474 (U 672) wurde dadurch verursacht, dass das Kammergericht in dieser Zeit nicht tagte.[102] Da im selben Zeitraum auch Protokolle fehlen, dürfte das Kammergericht in dieser Phase untätig gewesen sein.

Wenn die Kanzlei angestrebt haben sollte, in den Protokollen nur die Vorträge der Parteien zu dokumentieren, die Urteile dagegen dem *Urteilsbuch* vorzubehalten, dann gäbe es von diesem Prinzip doch Ausnahmen, in denen Urteile in den Protokollen teilweise sogar im Wortlaut angeführt werden.[103] Solche Urteile finden sich auch im *Urteilsbuch* wieder.[104] Von diesen Ausnahmen abgesehen, trennte die Kanzlei die Protokollierung von Sitzungsverläufen von der Aufzeichnung der gefällten Urteile. Alle urkundlich überlieferten Urteile sind im *Urteilsbuch* verzeichnet.[105]

Für die Kanzleiarbeiten des Kammergerichts (24. Oktober 1471 bis 6. September 1475)[106] ersetzte Erzbischof Adolf II. von Mainz den Kammergerichtsnotar Peter Gamp durch Johann Waldner.[107] Dieser wurde neu aus der Kanzlei für diese spezielle Aufgabe abgeordnet.[108] Die Eintragungen im Urteilsbuch geben nur den Urteilstenor wieder. Zum Streitgegenstand und zu eventuellen Vorinstanzen machen sie dagegen keine Angaben.[109] Das mindert die Aussagekraft dieser Quelle erheblich.

---

100 Gerichtsbücher (Anm. 65), Bd. 1 Magin, Urteilsbuch, Übersicht, S. 26 ff.

101 Gerichtsbücher (Anm. 65), Bd. 1, Magin, Urteilsbuch: U 1 – U 1034.

102 Gerichtsbücher (Anm. 65), Bd. 1, Magin, Urteilsbuch: Entstehung, S. 19 f.

103 Gerichtsbücher (Anm. 65), Bd. 2, Magin, Protokolle: P 40, 42, 138, 267, 268, 269, 270.

104 Die ersten Fälle (P 40, 1471 Februar 9, P 41, 1471 Februar 22, und P 42, 1471 März 3) können unberücksichtigt bleiben, weil diese Urteile vor dem Beginn der kontinuierlichen Eintragungen in das Urteilsbuch gefällt wurden.

Die weiteren Fälle: P 138 (1472 Januar 29) = U 114 (1472 Februar 21); P 267 = U 672 (1474 April 22) P 268 = U 531 (1473 Februar 23); P 269 = U 814 (1474 /Juni/ 18); P 270 = U 801 (1474 Juni 18).

Die unterschiedlichen Datierungen von P 138 und U 114 seien zwar vermerkt, müssen aber ebenso wenig wie in anderen Fällen nicht erörtert werden.

105 Heft 4 Nr. 555 (1471 zwischen November 14 und Dezember) = U 437 (zu 1472 November 20) = P 73 (zu 1471 November 20); Heft 6 Nr. 110 = U 33 (1471 November 26, verkündet 1472 Januar 30); Heft 3 Nr. 119 = Heft 4 Nr. 564 = Heft 5 Nr. 236 = Heft 8 Nr. 331 = U 391; Heft 4 Nr. 566 = U 437; Heft 1 Nr. 99 = U 524; Heft 8 Nr. 335 = U 532; Heft 4 Nr. 528 = U 754 (zu Mai 23).

106 Zum Anfang und Ende der Pachtzeit: Gerichtsbücher (Anm. 65), Bd. 1, Magin, Urteilsbuch, Überlieferung, S. 4 f.

107 Gerichtsbücher (Anm. 65), Bd. 2, Magin, Protokollbuch; Schreiber, Schriften, S. 435.

108 Gerichtsbücher (Anm. 65), Bd. 2, Magin, Protokollbuch, S. 427, 434.

109 Gerichtsbücher (Anm. 65), Bd. 1, Magin, Urteilsbuch, Entstehung, S. 19 f.

In der *Protokollbuch* genannten Sammlung der Sitzungsprotokolle gibt es zwischen dem Ende der Pachtzeit Bischof Ulrichs von Passau (letztes Protokoll P 39 vom 4. Oktober 1469) und dem ersten Protokoll unter seinem Nachfolger (P 44 vom 25. Oktober 1471)[110] eine Unterbrechung von 23 Monaten, für die nur vier sporadische Protokolle überliefert sind.[111] In dieser Zwischenzeit hatte der Kaiser das Gericht selbst in der Hand, allerdings ohne nachhaltigen Erfolg.

Die Überlieferung der Kammergerichtsprotokolle ist unvollständig. Eine zeitliche Lücke zwischen dem 25. Juni 1472 (P 239) und dem 16. Dezember 1472 (P 262), hat Magin mit Abwesenheit oder Erkrankung des Kammergerichtnotars Johann Waldner erklärt.[112] Diese Erklärung kann jedoch nicht auch für die weiteren Lücken gelten, die in den Jahren 1473 und 1474 zu beobachten sind.[113] Wahrscheinlich war Erzbischof Adolf II. zu diesen Zeiten vom Kaiser mit Aufgaben betraut worden, die ihn vom Hof fernhielten, so dass er sein Amt nicht ausüben konnte, weil Friedrich III. auch ihm nicht gestattet hatte, bei Abwesenheit einen Stellvertreter einzusetzen. Die Protokoll-Lücken sind jedenfalls nicht deckungsgleich mit den auch vorhandenen Lücken in den Reichsregistern.[114] Inhaltlich erfüllen auch die Protokolle leider nicht alle Wünsche des Benutzers, weil sie nicht immer die Besetzung, in der das Gericht jeweils tagte, angeben.[115]

Normalerweise wurden beim Kammergericht die Protokolle auch dann einzeln chronologisch gelagert, wenn sie zum selben Prozess gehörten.[116] Allerdings ist in

---

110 Gerichtsbücher (Anm. 65), Bd. 2, Magin, Protokolle P 44.

111 Gerichtsbücher (Anm. 65), Bd. 2, Magin, Protokolle: P 40 (1471 Februar 9), P 41 (1471 Februar 22), P 42 (1471 März 3), P 43 (1471 August 14).

112 Gerichtsbücher, (Anm. 65), Bd. 2, Magin, Protokolle, Entstehung, S. 425.

113 Nur 4 Sitzungen wurden für Februar und März 1473 protokolliert (P 263–266). Für die drei Monate April bis Juni sind ebenfalls nur 4 Protokolle überliefert (P 267, 269–271). Das Urteilsbuch dokumentiert für diesen Zeitraum weit mehr Sitzungen (Gerichtsbücher (Anm. 65), Bd. 1, Maurer, Urteilsbuch, Inhalt. S. 41 ff.), womit die Unvollständigkeit der Überlieferung der Protokolle offenkundig ist.

114 Auf Überlieferungslücken der Reichsregister dieser Jahre hat Gerhard Seeliger, Die Registerführung am deutschen Königshof bis 1493, in: MIÖG, Erg.Bd. 3, 1892, 223 f., 291, aufmerksam gemacht. Allerdings sind die Lücken der Reichsregister (1449–1453; 1456–1464; 1475–1485) zeitlich nicht deckungsgleich mit denen der Kammergerichtsbücher.

115 Auch beim Reichskammergericht, dessen Verfahren als weitgehend verschriftlich gilt, wurde auf den Sitzungen Entscheidungserhebliches mündlich vorgetragen, das dann durch die Protokollierung Akteninhalt wurde, obwohl es in keinem Schriftsatz vorgebracht worden war: Bernhard Diestelkamp, Von der Arbeit des Reichskammergerichts, in: Recht und Gericht im Heiligen Römischen Reich (Ius Commune, Sonderhefte Studien zur europäischen Rechtsgeschichte, 122) 1999, S. 283 ff., 293 ff., 304 f.

116 Gerichtsbücher (Anm. 65), Bd. 2, Magin, Protokolle: P 32, 33–193; P 49–164, 199, 220; P 51–56; P 52–190 (?); P 53–207; P 52 (?)–191, 232, 233, 234, 235; P 55–142, 173; P 58, 59–247; P 62–194; P 69–289; P 70–88, 96, 97; P 71–89, 223, 245, 246; P 72–90, 110; P 73–104, 228; P 75–262, 263, 264,

immerhin 39 Fällen nach Amtsantritt des Mainzer Erzbischofs am 24. Oktober 1471 die Neuerung zu beobachten, dass die chronologische Abfolge unterbrochen wird, indem dem ersten Protokoll eines Verfahrens ein weiteres oder gar mehrere spätere Aufzeichnungen zum selben Prozess unmittelbar angefügt wurden.[117] Magins Schluss, dass in diesen Fällen die Protokolle zu einem Verfahren in eigenen Konvoluten zusammengefasst aufgezeichnet worden seien, um den Verfahrenszusammenhang zu wahren,[118] ist nur geringfügig zu spezifizieren. Da der Kameralprozess in dieser Zeit noch weitgehend mündlich war, boten die ausführlichen Protokolle einen Ersatz für die fehlenden Akten. Die Kumulierung der Protokolle ist also als Vorstufe für die spätere Aktenbildung beim Reichskammergericht anzusehen. Zur Aktenbildung am Reichskammergericht gibt es zwei unterschiedliche Meinungen. Ich selbst hatte vermutet, dass die Tagesprotokolle zusammen mit den in den Sitzungen eingereichten Schriftsätzen chronologisch abgelegt worden seien.[119] Erst wenn die Parteien das Verfahren für *„completum"* erklärt hätten, habe die Kanzlei anhand des Aktenprotokolls aus den Tagesprotokollen und den bei diesen liegenden Schriftsätzen eine Akte formiert. Dagegen meint der kundige Archivar Wolfgang Prange, dass dies sofort geschehen sei, nachdem ein Verfahren über die Reproduktion des ersten Gerichtsbriefs hinausgekommen sei.[120] Die Kumulierung der zu einem Verfahren gehörenden Protokolle als Form früher Aktenbildung entspricht dieser Vorstellung Pranges, dass die Aktenbildung am Reichskammergericht früher begonnen habe.

Für die 46 Monate der Aktivität des neuen Kammerrichters vom 24. Oktober 1471 bis zum 6. September 1475 – dem Todestag Erzbischof Adolfs II. von

---

265, 266; P 79–83, 84; P 85–195, 226, 230; P 94–175; P 95–175; P 103–105, 106, 107; P 111–130, 216; P 156–236; P 167–204; P 179–214; P 190–232, 233, 234, 235; P 121–218; P 136–148, 150; P 138–172; P 143, 144, 145–159; P 151, 152–196; P 155–178(?), 227; P 156–206, 236; P 157–170, 176, 177; P 163–169; P 167–204; P 168–174; P 171–186; P 179–214; P 181, 182, 183, 184–229, 288; P 190–232, 233, 234, 235; P 198–251, 252, 253, 254; P 214–179; P 225–244; P 225- 244; P 238–243, 257, 258, 259; P 276, 277–285, 286, 287; P 282. 283–390.

117 Gerichtsbücher (Anm. 65), Bd. 2, Magin, Protokolle: P 32, 33, 34–38, 40–42, 44–46, 58, 59; 60, 61, 77, 78, 83, 84, 94, 95, 96, 97, 101, 102, 103, 105–107, 108, 109, 112–114, 123–126, 127–129, 131, 132, 139–141, 143–145; 145, 147; 151, 152; 176, 177; 181–184, 190–191, 208–213, 221–222, 232–235, 239–240, 245–246, 252–254.

118 Gerichtsbücher (Anm. 65), Bd. 2, Magin, Protokolle, ursprüngliche Anlage, S. 426.

119 Diestelkamp (Anm. 115).

120 Wolfgang Prange, Die Urteile des Reichskammergerichts 1495–1587, in: Vom Reichskammergericht in der ersten Hälfte des 16. Jahrhunderts (QFHG, 42), 2002, S. 9 ff., 53 ff. Nach seiner Ansicht wurden die Prozessakten nicht erst bei der Kompilierung angelegt, sondern sogleich, wenn eine Sache über die Reproduktion des ersten Gerichtsbriefes hinaus betrieben wurde (S. 54 f.).

Mainz[121] - sind 236 Protokolle überliefert.[122] Urteile wurden lediglich für neun dieser Sitzungen notiert,[123] von denen wiederum nur zwei Pendants in der urkundlichen Überlieferung haben.[124]

2.5 Die Quellen von September 1474 bis August 1493

Nach dem Tod Erzbischof Adolfs II. von Mainz fielen Kanzlei und Kammergericht wieder zurück an den Kaiser, der sie nicht wieder verpachtete. Allerdings widmete er dem Kammergericht nicht dieselbe Aufmerksamkeit wie die beiden Pächter. Die von diesen eingeführten Kanzleibehelfe - das *Taxregister* sowie die *Protokolle* und das „*Urteilsbuch*" - wurden bald nicht mehr kontinuierlich fortgeführt und liefen schließlich ganz aus. Das Taxregister endet am 6. Juli 1476. Die Reihe der Protokolle bricht 1475 ab.[125] Zwar gibt es 1479 und 1480 noch einmal unregelmäßig einige Protokolle.[126] Aber auch diese Quellengruppe endet vollständig mit zwei singulären Extravaganten im Oktober 1491.[127] Von den Protokollen dieser Jahre enthalten nur vier eine Urteilsfällung.[128] Auch das bis 1474 sorgsam geführte „*Urteilsbuch*" weist nach 1475 nur noch unregelmäßig einige Aufzeichnungen auf.[129]

Diese Feststellungen sind für die Bewertung des Quellenvolumens wichtig, das für diese letzten Jahre zur Verfügung steht. Zudem liefern sie auch Kriterien für die Beurteilung der Aktivität des Kammergerichts in dem letzten Jahrzehnt der Herrschaft Kaiser Friedrichs III.. Aus dieser Phase sind bis jetzt nur drei Kammergerichtsurteile urkundlich belegt,[130] von denen keines auch in einem Protokoll oder einem Urteilsbucheintrag überliefert ist.

Der Eindruck, dass das Kammergericht in diesen letzten Regierungsjahren Kaiser Friedrichs III. nur eine untergeordnete Rolle gespielt habe, verfestigt sich durch

---

121 Zum Anfang und Ende der Mainzer Pachtzeit: Gerichtsbücher (Anm. 65), Bd. 1, Magin, Überlieferung, S. 4 f.

122 Gerichtsbücher (Anm. 65), Bd. 2, Magin, Protokolle: P 44–275, 288, 289; P 2, EP 43, 44.

123 Gerichtsbücher (Anm. 65), Bd. 2, Magin, Protokolle: P 40, 42, 73, 110, 138, 267, 268, 269, 270.

124 P 72 = Heft 4 Nr. 555; P 110 = Heft 6 Nr. 110.

125 Gerichtsbücher (Anm. 65), Bd. 2, Magin, Protokolle: P 275.

126 Gerichtsbücher (Anm. 65), Bd. 2, Magin, Protokolle: P 276–287, 290, Protokoll-Extravaganten: EP 47–50.

127 Gerichtsbücher (Anm. 65), Bd. 2, Magin, Protokoll-Extravaganten: EP 51–53.

128 Gerichtsbücher (Anm. 65), Bd. 2, Magin, Protokolle: P 276 (1478 Dezember 17); P 277 (1478 Dezember 22); Protokoll- Extravaganten EP 47, 49, 53.

129 Gerichtsbücher (Anm. 65), Bd. 1, Maurer, Urteilsbuch: 1475: BU 96–102; 1476: BU 103–106, 109–111, 116–119; 1477: BU 93–95, 107, 108.

130 Heft 3 Nr. 143 (etwa 1476 November 12); Heft 4 Nr. 781 (vor 1477 Juni 1); Heft 1 Nr. 101 (1477 November 11); Heft 5 Nr. 292 (1478 Juni 18).

Bemerkungen in den Jahren 1477 und 1478, dass der Kaiser Kommissare habe bestellen müssen, weil das Kammergericht gerade nicht in Übung sei.[131] Am 9. September 1490 bekennt der Kaiser allgemein, dass sein Kammergericht etliche Zeit nicht in gemeiner Übung gewesen sei und erst mit dem ersten Gerichtstag nach dem 2. Februar 1491 am Hof wieder aufgerichtet werden solle.[132] In einer Nachricht an die Reichsstände vom 16. April 1492 meldet der Kaiser jedoch, dass er schon zwei Mal vergeblich versucht habe, sein Kammergericht wieder aufzurichten.[133] Doch sei er zuerst durch Kriegsläufte und andere Geschäfte daran gehindert worden. Sodann habe König Maximilian I. den Kammerrichter, Graf Eitel Friederich II. von Zollern, für dringende Geschäfte im Königreich Ungarn gebraucht. Diese Argumentation ist nur dann schlüssig, wenn der Zollerngraf dauerhaft zum Kammerrichter ernannt worden war. Wenn der Kaiser noch wie früher nach Belieben für jede Sitzung einen Richter hätte ernennen können, wäre die Abwesenheit Graf Eitel Friederich II. von Zollerns kein Grund gewesen, das Kammergericht nicht abzuhalten. Stattdessen befand der Kaiser, dass Graf Eitel Friederich II. von Zollern das Kammergericht am nächsten Gerichtstag nach Pfingsten dort abhalten solle, wo sich der kaiserliche Hof dann befinde. Weder durfte der Kaiser das Problem der Abwesenheit Graf Eitel Friederich II. von Zollerns lösen, indem er einen beliebigen Richter an seiner Stelle ernannte, noch durfte dieser sich vertreten lassen, so dass das Gericht nicht tagen konnte, wenn der vom Kaiser berufene Kammerrichter abwesend war.

2.6 Quellenfundus und Methode

Die kritische Sichtung der zur Verfügung stehenden Quellen hat ergeben, dass die urkundliche Überlieferung den geringsten Teil des Materials ausmacht. Durch die noch nicht erschlossenen Urkundenbestände ist danach keine grundlegende Erweiterung der Quellengrundlage zu erwarten. Ohne die Aufzeichnungen Michael von Pfullendorfs oder das *Gerichtsbuch* sowie die *Protokolle* oder das *Urteilsbuch* wäre es überhaupt nicht möglich, die Rolle des königlichen/kaiserlichen Kammergerichts als Vorgängerinstitution des Reichskammergerichts von 1495 auch nur annähernd plausibel herauszuarbeiten. Allerdings decken Pfullendorfs Aufzeichnungen und die anderen Kammergerichtsbücher nicht den gesamten Zeitraum ab. Auch ist ihre Aussagekraft sehr unterschiedlich. Pfullendorfs Text erfasst nur das erste Jahrzehnt der Herrschaft Friedrichs III. Auch will der Autor nur diejenigen

131 Heft 1 Nr. 101 (1477 November 11); Heft 5 Nr. 271 (1478 März 13).

132 Heft 3 Nr. 187 (1490 September 9).

133 Johann Heinrich Harpprecht, Staats-Archiv des Kayserl[ichen] und des H[eiligen] Röm[ischen] Reichs Cammer-Gerichts oder Sammlung von gedruckten und mehrentheils ungedruckten Actis publicis, Archival-Urkunden, Bd. 1, Ulm 1757, S. 282 f. Nr. L.

Gerichtshandlungen festhalten, „*que coram me protestata, ordinata et iuridicata iudicialiter fuerint*“, so dass diejenigen, die es nötig haben, sie „*quasi ex autentico registro suis possint necessitatibus satisfacere.*“ Es handelt sich also um eine Privataufzeichnung Pfullendorfs, in der er lediglich das festhält, was ihn und seine Tätigkeit am Kammergericht betrifft. Gleichwohl erhebt er den Zuverlässigkeitsanspruch eines authentischen Registers. An der Kategorisierung als private Aufzeichnung ist auch gegen Daniel Luger, den verdienstvollen Finder und Editor der Quelle, festzuhalten, der ihr fälschlicherweise den Charakter eines Amtsbuches zuschreibt.[134] Leider verzeichnet Pfullendorf häufig nur Datum und Besetzung des an einem Termin tagenden Gerichts, ohne zu vermerken, was in dieser Sitzung verhandelt wurde. Der Wortlaut der aufgezeichneten Urteile stimmt nicht immer mit den Formulierungen des entsprechenden Urteilsbriefs überein. Die neue Quelle ergänzt das urkundliche Material also nur partiell und spezifisch aus der Sicht eines Kanzlisten. Hinzu kommt, dass das *Urteilsregister*, auf das Pfullendorf mehrfach verweist, nicht überliefert ist.

Wie wichtig die Ergänzung durch die überlieferten Bücher ist, zeigt schon die Quellenlage der nächsten Phase (1452–1464), in der solche zusätzlichen Informationen fehlen, so dass man auf das demgegenüber eher dürftige Urkundenmaterial angewiesen ist. Abgesehen von einigen Vorläufern werden erst unter dem ersten Pächter des Gerichts mit dem *Gerichtsbuch* und den ersten *Protokollen* amtliche Aufzeichnungen angefertigt, die dem Geschäftsbetrieb des Gerichts und seiner Kanzlei dienten. Der zweite Pächter, Erzbischof Adolf II. von Mainz (1471–1474), organisierte die Arbeit derjenigen Teile der römischen Kanzlei, die für das Kammergericht arbeiteten, neu, indem er ein kurz zuvor angelegtes *Taxregister* intensiver nutzte und ein *Urteilsbuch* anlegen ließ. Auch ließ er die *Protokollführung* perfektionieren. Damit wird die Quellenbasis für diese Jahre beachtlich erweitert. Die Aussagekraft des neuen *Urteilsbuchs* ist allerdings dadurch gemindert, dass von den Urteilen nur der Tenor dokumentiert wird, während Angaben zu Parteien und Vorinstanzen fehlen. Die letzten Herrscherjahre Friedrichs III. sind durch eine dürftige Quellenlage geprägt, die keineswegs auf Quellenverluste oder auf das Fehlen systematischer Aufzeichnungen zurückzuführen ist. Sie erklärt sich vielmehr daraus, dass das Kammergericht in dieser Periode immer wieder seine Tätigkeit vorübergehend hatte einstellen müssen.

Bei der Masse der Quellen läge es nahe, sie statistisch auszuwerten. Doch weichen Struktur und Informationsgehalt der Aufzeichnungen in den Büchern so stark von den Urkunden ab, dass man nicht von seriellen Quellen mit regelmäßig wiederkehrenden Merkmalen sprechen kann. Deswegen kann für die Interpretation

---

134 Pfullendorf (Anm. 40), S. 10. Lugers (Anm. 40), S. 18 ff., Argumentation zeigt, dass er bewusst die in der Archivkunde und Diplomatik übliche Definition eines „Amtsbuchs“ negiert.

der Quellen die statistische Methode nicht verwendet werden. Wenn gleichwohl gelegentlich quantifizierende Aussagen gemacht werden, was angesichts der Materialfülle nicht zu vermeiden sein wird, sind diese nicht präzise statistisch ermittelt, sondern bloße Annäherungswerte.

3. Zur Vorgeschichte

Die Geschichte des Kammergerichts in der ersten Hälfte des 15. Jahrhunderts könnte nur dann geschrieben werden, wenn die Urkunden Kaiser Sigmunds und König Albrechts II. genauso sorgfältig gesammelt und erschlossen wären wie die Friedrichs III. Ersatzweise sollen für diese Zeit zwei Spezialbetrachtungen angestellt werden, die wenigstens vorläufige und partielle Einblicke erlauben.

3.1 Der politische Diskurs über die Königsgerichtsbarkeit bis 1437

Die Neuordnung des Kammergerichts im Jahr 1495 war der einzige Reformakt aus dem Bündel der Reformwünsche, der wirklich erfolgreich war und deshalb überdauert hat. Allein deswegen lohnt es, herauszuarbeiten, ab wann und in welcher Form diese Thematik im politischen Diskurs zwischen den Herrschern und den Reichsständen wichtig zu werden begann.

Unter Sigmunds Vorgängern wurde die königliche Gerichtsbarkeit zum ersten Mal im Zusammenhang mit König Wenzels Absetzung thematisiert. Ihm wurde unter anderem vorgeworfen, dass er viele Leute vor sein Hofgericht geladen habe „*nit umb rechtes willen, sunder das er gelt von in haben wolt.*“[135] Das Interesse hatte also nach diesem Vorwurf nicht der Verbesserung der Arbeit des königlichen Hofgerichts, sondern nur der Abstellung eines angeblichen Missbrauchs der Gerichtsbarkeit durch den König gegolten. Dieser Vorwurf war Teil der Propaganda, mit der Wenzels Absetzung begründet werden sollte. Man darf diese Aussage also nicht als Realitätsbeschreibung missverstehen. Die Quellen beweisen vielmehr eine durchaus effektiv arbeitende Königsgerichtsbarkeit auch unter König Wenzel.[136]

In den nachfolgenden dreieinhalb Jahrzehnten interessierten sich weder die Herrscher noch die Reichsstände für die Gerichtsbarkeit am Hof des Königs und im Reich. Erst auf dem Reichstag zu Eger im Juli 1437 wurde die Gerichtsbarkeit in spezifischer Weise zum Thema des politischen Diskurses. Die Kurfürsten hatten Ende des Jahres 1436 dem Kaiser Beschwerden über die Heimlichen Gerichte und

---

135 Deutsche Reichstagsakten (DRTA), Bd. 3, 3. Abtheilung (unter König Wenzel), herausgegeben von Julius Weizsäcker, 2. Aufl., 1956, S. 272, Nr. 213, Artikel 9 (1400 um August 21 Oberlahnstein). Schon 1400 August 20 Oberlahnstein (S. 272, Nr. 212 Artikel 9) und zum selben Datum (S. 273, Nr. 214 Artikel 9) und (S. 274, Nr. 215 Artikel 9) und S. 275, Nr. 216 Artikel 8; S. 276 f., Nr. 217 Artikel 8.

136 Urkundenregesten (Anm. 1), Bd. 11 (Die Zeit König Wenzels 1376–1387); Bd. 12 (1388–1392; Bd. 13 (1393–1396); Bd. 14 (1397–1400).

die Handhabung der Acht und der Oberacht vorgebracht.[137] Daraufhin beauftragte Kaiser Sigmund am 1. Dezember 1436 sechs Kurfürsten, eine Versammlung der Reichsstände zur Abstellung von Gebrechen des Reiches einzuberufen. Dabei benannte auch er als abzustellende Beanstandung nur die Heimlichen Gerichte und die Handhabung von Acht und Oberacht.[138] Noch die Beratung der kurfürstlichen Gesandten am 25. Januar 1437 in Frankfurt am Main befasste sich allein mit diesen beiden konkreten Punkten.[139] Erst die städtischen Gesandten verallgemeinerten und konkretisierten zugleich die Thematik einer Gerichtsreform in ihrer Beratung am 3./4. Juli in Eger.[140] Ihr Anliegen war es, dass alle Gerichte redlich gehalten werden sollten, weil dies dem Frieden diene, während Ladungen vor fremde Gerichte Unfrieden schafften (Protokoll Artikel 2, Artikel 3 des Vortrags beim Kaiser). Die Probleme mit den Heimlichen Gerichten waren für die Städte nur ein, allerdings besonders lästiger Unterfall ihrer generellen Forderung, nur Verfahren vor zuständigen Gerichten zuzulassen (Artikel 3a des Vortrags beim Kaiser), weil manche Gerichte wie die Westfälischen tätig würden, obwohl die Städte *„sich entbieten, inen zu helfen"*, also kein Fall von Rechtsverweigerung vorliege. Die Fürsten und Städte berieten über die kaiserlichen Propositionen am 3. bis 5. Juli 1437 in Eger in dieser von den Städten verallgemeinerten Problematik.[141] Sie forderten als erstes, dass der Kaiser sein Hofgericht ordnungsgemäß mit einem Hofrichter und den dazu nötigen Rittern bestellen solle (Artikel 1). Dasselbe wurde auch von den Fürsten und anderen adligen Gerichtsherren (Artikel 1a) sowie den Reichsstädten (Artikel 1b) erwartet. Auch das Problem der Urteilsvollstreckung wurde mit der Forderung angesprochen (Artikel 1c), dass jede Gerichtsherrschaft demjenigen, der etwas an ihrem Gericht durch Recht erlangt oder erklagt habe, zu dem Erklagten verhelfen solle. Die Begrenzung der Problematik auf die Heimlichen Gerichte und die Probleme der Acht waren durch die Generalisierung hinfällig geworden.[142] Die Städte hatten es also geschafft, die Funktionsfähigkeit der Gerichtbarkeit überhaupt zum Gegenstand der Debatte zu machen mit dem Ziel, dass die zuständigen Gerichte nicht durch nur zum Schein geltend gemachte Rechtsverweigerung übergangen werden dürften, wenn das zuständige Gericht sich zu Recht erboten habe. Alle Überlegungen bewegten sich im Rahmen der dinggenossenschaftlichen, einstufigen Gerichtsbarkeit. Das wird besonders deutlich bei dem gleichfalls angesprochenen Rechtszugverfahren. In Artikel 2 heißt es dazu:

---

137 DRTA (Anm. 135), Ältere Reihe, Bd. 12, 6. Abtheilung, unter Kaiser Sigmund (1435–1437), 2. Aufl., 1957, S. 52 ff. Nr. 32, Artikel 14, 15.

138 DRTA (Anm. 135, 137), S. 116 Nr. 62, Zeile 13 f., 16 f.

139 DRTA (Anm. 135, 137), S. 118 ff. Nr. 64.

140 DRTA (Anm. 135, 137), S. 149 f. Nr. 94, Artikel 2, 3.

141 DRTA (Anm. 135), S. 143 ff., S. 144, Nr. 93, Artikel 1.

142 DRTA (Anm. 135), S. 143 ff., Nr. 93, Artikel 1b-1f, 2, 3.

Bedeuchte dan, das er durch soliche orteil beswert were, der sol macht haben, sich von derselben orteil furbas als von alter herkommen is, zu beruffen an den herrn oder das gericht, do dasselbe gericht sin orteil von alters her gehold hat. und was do erkandt wordet, dabei sol es bleiben und soll sich niemant verrer davon beruffen."

Das ist keine neue Appellation, sondern, wie die Berufung auf das alte Herkommen zeigt, das traditionelle Rechtszugverfahren.

Die ganze Debatte erweckt den Eindruck einer grundlegenden Verunsicherung des traditionellen Justizsystems. Wodurch diese Verunsicherung verursacht worden war, ist nicht zu sagen. Fest steht nur, dass die zunehmende Inanspruchnahme unzuständiger Gerichte insbesondere den handeltreibenden Stadtbürgern lästig geworden war. Dem wollte man begegnen mit einem Rückgriff auf das Herkommen, nicht etwa durch eine grundsätzliche Veränderung durch Übernahme des gelehrten Prozessrechts. Man glaubte, durch Wahrung oder gegebenenfalls Wiederherstellung des ursprünglichen Zustands der eingetretenen Unsicherheit Herr werden zu können. Ausdrücklich kommt dies zum Ausdruck im Zusammenhang mit den Heimlichen Gerichten.[143] Dort heißt es, dass der Kaiser „*bestellen*" (nicht wie bei anderen Forderungen „*gebieten*") solle, dass die Heimlichen Gerichte verfahren sollten „*nach erstem und anfänglichem herkommen und wozu sie einmal erdacht und bestätigt wurden. Niemand sol vor sie geheischen oder geladen werden als wegen sachen, die vor sie gehören.*" Der Missbrauch des Prozessierens in Westfalen durch Kläger aus dem ganzen Reich unter falscher Berufung auf Rechtsverweigerung durch das zuständige Gericht wäre in der Tat dadurch zu steuern gewesen, dass man die Heimlichen Gerichte wieder zu den regionalen/lokalen Gerichten gemacht hätte, die sie ursprünglich einmal gewesen waren. Dass dies nur in einem langen, mühsamen Prozess gelingen werde, war damals kaum absehbar.[144] Die Fokussierung der Gerichtsbarkeitsreform auf die Zuständigkeitsregeln[145] bewirkte im Zusammenhang mit den Gerichtsstandsurkunden, die den privilegierten Ständen Prozesse nur vor ihren eigenen Gerichten zugestanden, dass sich allmählich die zersplitterte Gerichtslandschaft schichtweise vereinheitlichte. Das gelehrte Prozessrecht und die für seine Handhabung notwendigen neuen Gerichtsstrukturen führten zur Ausbildung einer hierarchischen Gerichtsorganisation. Weitere Dispute über eine Verbesserung oder Umorganisation der Gerichtsbarkeit des Königs am Hof gibt es nicht.

143 DRTA (Anm. 135, 137), S. 153 Artikel 3a.

144 Dazu: Diestelkamp (Anm. 19), S. 88 ff.

145 Jürgen Weitzel, Wege zu einer hierarchisch strukturierten Gerichtsverfassung im 15. und 16. Jahrhundert, in: Akten des 26. Deutschen Rechtshistorikertages. Frankfurt am Main, 22. bis 26. September 1986 (Jus Commune, Sonderhefte 30), 1987, S. 333 ff., 335 ff., 339 ff.

3.2 Das Kammergericht von 1415 bis 1437

Als erste Erwähnung eines königlichen Kammergerichts galt lange Zeit König Sigmunds Bestätigung der Befreiung der Stadt Köln von auswärtigen Gerichten vom 6. April 1415.[146] Bei der Edition der Gerichtsurkunden der Zeit König Wenzels wurde allerdings schon in einem Bericht des Hofgerichtsschreibers Johann Kirchen an den Rat der Stadt Frankfurt vom 3. März 1400 die Kammer als Akteur in einer Gerichtssache erwähnt.[147] Diese Quelle belegt zwar, was bis dahin bloße Vermutung gewesen war, dass nämlich das Kammergericht schon vor der Befreiung Kölns aus dem Jahres 1415 existiert und gewirkt haben muss. Wenn sich die Kölner 1415 von ihm befreien ließen, mussten sie sich schon früher von ihm von ihm belästigt gefühlt haben. Die frühere Erwähnung von 1400 ist aber im Gegensatz zum Privileg von 1415 nur wenig aussagekräftig. 1415 ordnete der Herrscher an, dass die Befreiung der Kölner von fremden Gerichten auch für das kaiserliche Hof- und Kammergericht gelten solle. Diese Anordnung gilt es zu interpretieren.

Er berief sich dafür auf das Vorbild früherer Kaiser und Könige. Allerdings wird in früheren Privilegierungen weder für die Untertanen des Kölner Erzbischofs[148] noch gar unmittelbar für die Bürger der Stadt Köln[149] das Kammergericht jemals ausdrücklich genannt. Seit 1346 heißt es in Privilegien für die Erzbischöfe nur gelegentlich, dass mit der Befreiung von auswärtigen Gerichten nicht nur das königliche Hofgericht, sondern auch die delegierten Richter des Herrschers gemeint seien.[150] Da das Kammergericht anfänglich keine fest organisierte Institution war, könnten die vom Herrscher jeweils zum Richter ernannten Vorsitzenden des Kammergerichts durchaus die delegierten Richter dieser Privilegien sein. Selbst diese Erweiterung der Befreiung um die delegierten Richter des Herrschers wird jedoch nicht direkt der Stadt Köln und ihren Bürgern gewährt, sondern dem Erzbischof für seine Untertanen, zu denen die Kölner Bürger damals allerdings noch zählten. Die ausdrückliche Nennung des Kammergerichts zusätzlich zum Hofgericht im Jahr 1415 wäre dann also nur eine verbale Klarstellung im Gewand einer Bestätigung alter Rechte. Wohl wegen der Besonderheit dieses Zusatzes ließen sich die

---

146 Friedrich BATTENBERG, Die Gerichtsstandsprivilegien der deutschen Kaiser und Könige bis zum Jahr 1451 (QFHG. 12/II), 1983, Nr. 1169.

147 URHG Bd. 14 Nr. 381; DIESTELKAMP (Anm. 19), S. 27 Anm. 37.

148 BATTENBERG (Anm. 146), Nr. 44 (1247 Oktober 9); Nr. 166 (1298 August 28); Nr. 463 (1346 Juni 22); Nr. 469 (1346 November 26); Nr. 804 (1375 Oktober 20); Nr. 816 (1376 Juli 6); Nr. 1018+ 1019 + 1020 + 1021 (1401 Januar 7); Nr. 1158 + 1159 + 1160 (1414 November 8).

149 BATTENBERG (Anm. 146), Nr. 266 (1314 Dezember 4); Nr. 520 (1349 Februar 8); Nr. 619 (1355 Dezember 8, Bestätigung von Nr. 520).

150 BATTENBERG, (Anm. 146), Nr. 469. (1346 November 26), Karl IV.; Nr. 816, 1376 Juli 6, Wenzel; Nr. 1018, 1401 Januar 7, Ruprecht; Nr. 1158, 1414 November 8, Sigmund.

Städte Bamberg und Freiburg im Breisgau deutsche Übersetzungen dieser Urkunde übersenden.[151] Worin diese Besonderheit bestand, wäre nur durch Analyse der Rechtspraxis zu ermitteln, wofür jedoch die Urkundenüberlieferung Sigmunds und Albrechts II. nicht hinreichend erschlossen ist.

Wenn die Stadt Köln es 1415 für notwendig hielt, sich die Befreiung ihrer Bürger auch vom Kammergericht ausdrücklich zusichern zu lassen, dann muss dieses Gericht wenigstens schon so lange davor existiert haben, dass es den Kölnern lästig geworden sein muss. Genauere Aussagen dazu lassen sich mangels Quellenerschließung nicht machen. Weil sich nach dem frühen Tod Gunter Gudians († 1993) niemand fand, der dessen Aufgabe, die Quellen des Kammergerichts systematisch zu sammeln, übernehmen wollte/konnte, gibt es für diese Zeit nur Zufallsfunde, die kein sicheres Urteil, sondern bestenfalls begründete Vermutungen erlauben.

In den Gerichtsstandsurkunden, die Köln von Sigmunds Vorgängern – Karl IV.,[152] Wenzel[153] und Ruprecht[154] – erhalten hatte, wird das Kammergericht nicht erwähnt. Die Zuständigkeit der Kammer als Gericht für Streitigkeiten von Juden als Kammerknechten des Königs, die König Ruprecht in den Jahren 1404 und 1407 erwähnt,[155] hat nichts mit einer allgemeinen Zuständigkeit des Kammergerichts als Gericht des Herrschers zu tun.

Das neue, 1415 zum ersten Mal unter der Bezeichnung Kammergericht bezeugte, Gericht am Königshof könnte durchaus noch eine dinggenossenschaftlich organisierte Formation gewesen sein, in der der König selbst oder ein von ihm für eine Sitzung ernannter Richter tätig war, der die Beisitzer um ein Urteil fragte, das er dann verkündete.[156] Damit würde sich dieses Kammergericht verfahrensrechtlich nicht vom Hofgericht unterscheiden. Diese Vermutung wird dadurch gestützt, dass das Kammergericht in der Gerichtsstandsurkunde für Köln von 1415 undifferenziert zusammen mit dem königlichen Hofgericht und anderen königlichen Landgerichten, die alle dinggenossenschaftlich organisiert waren, aufgeführt wird. Das Kammergericht wäre dann nur eine von mehreren Formen dinggenossenschaftlicher Königsgerichtsbarkeit am Hof gewesen.

Anhand seiner, wenn auch nur sporadisch zu erhellenden Praxis lässt sich jedoch sagen, dass das Kammergericht schon in der ersten Hälfte des 15. Jahrhunderts

151 Battenberg (Anm. 146), Nr. 1170, 1415 April 6.

152 Battenberg (Anm. 146), Nr. 469, Nr. 520, Nr. 538, Nr. 804, Nr. 816.

153 Battenberg (Anm. 146), Nr. 816, Nr. 1011.

154 Battenberg (Anm. 146), Nr. 1018, Nr. 1020, Nr. 1021.

155 Urkundenregesten (Anm. 1), Bd. 16, Nr. 12, 1404 Februar 10; Bd. 17, Nr. 171, 1407 November 23. Diese Tätigkeit der Kammer als Gericht erklärt sich hier daraus, dass die Juden Kammerknechte waren.

156 Jürgen Weitzel, Dinggenossenschaft und Recht. Untersuchungen zum Rechtsverständnis im fränkisch-deutschen Mittelalter (QFHG, 15/II), 1985, S. 1261 ff.

immer häufiger nicht im dinggenossenschaftlichen Verfahrensmodus verfuhr, sondern nach gelehrtem Prozessrecht arbeitete. Dadurch begann es, sich grundsätzlich vom Hofgericht zu unterscheiden.[157] Ein wichtiger Indikator dafür ist das Auftreten der Appellation, weil das dinggenossenschaftliche Verfahrensrecht dieses Rechtsmittel nicht kannte. Mit der Appellation änderten sich die Organisation, die Funktion und die Arbeitsweise des Kammergerichts, das mit der Durchsetzung der Appellationsverfahren zum obersten Gericht des Reichs wurde. Nicht zuletzt veränderte sich dabei die Stellung des Gerichts in der Verfassungsordnung des Reiches. Das Kammergericht wurde dadurch zur Spitze eines hierarchischen Instanzenzuges. Anders als im dinggenossenschaftlichen Verfahren, das solche Über- und Unterordnungen nicht kannte, fiel ihm dabei die Aufgabe zu, die reichsständischen Gerichte im Zuge der Appellationsverfahren zu kontrollieren und zu korrigieren. Das verschob die Gewichte im Verfassungsgefüge des Reiches zugunsten des Herrschers,[158] und zwar unabhängig vom Willen der Beteiligten. Sobald die Gerichte das gelehrte Prozessrecht anstatt der dinggenossenschaftlichen Verfahrensregeln anwandten, wurde das Kammergericht automatisch zur übergeordneten Instanz, die die Rechtsprechung der reichsständischen Gerichte korrigieren sollte.

Von einer solchen neuen Funktion des Kammergerichts spricht offenbar die Urkunde Kaiser Sigmunds für Köln vom 14. April 1434.[159] Mit ihr widerrief Sigmund ausdrücklich die 1415 gewährte Befreiung vom Kammergericht und von den Heimlichen Westfälischen Freigerichten. Dass das Kammergericht am Königshof nunmehr eine besondere Stellung einnahm und auch die Freigerichte zur Jurisdiktionsgewalt des Herrschers neu positioniert werden sollten, erweist sich auch daran, dass von den genannten Befreiungen von den königlichen Gerichten am Hof allein die vom Kammergericht und die von den Heimlichen Gerichten zurückgenommen wurde. Die Freiheit von den anderen, dinggenossenschaftlich organisierten königlichen Gerichten blieb dagegen aufrechterhalten.

Die Besonderheit des jetzt offenbar neu organisierten und arbeitenden Kammergerichts forderte auch eine eigenständige Begründung für den Widerruf. Die 1415 ebenfalls gewährte Freistellung der Kölner von den Heimlichen Gerichten Westfalens nahm Kaiser Sigmund 1434 deshalb zurück, weil eine solche Befreiung früher nie gewährt worden sei. Obwohl diese schlichte Begründung auch auf das Kammergericht zutraf, begnügte sich der Kaiser bei diesem nicht mit diesem einfachen Argument, sondern bediente sich stattdessen eines differenzierten Gedankengangs. Niemand solle „*von des heiligen richs camergericht, das unser keiserlichen person und unser nachkomen am rich bedeutet*“, befreit werden, weil kein „*Romischer keiser*

157 Diestelkamp (Anm. 19), S. 61 ff.

158 Diestelkamp (Anm. 19), S. 146 ff.

159 Battenberg (Anm. 146), Nr. 1347.

oder kunig im selbs die volkomenheit seiner macht nicht slissen mag". Die Sonderstellung des Kammergerichts resultierte danach daraus, dass das Gericht mit der Person des Herrschers identisch sei, weshalb davon selbst der Herrscher in seiner Machtvollkommenheit nichts abteilen dürfe. Diese Überlegungen verbinden die neue Vorstellung vom kaiserlichen Gericht als oberstem Gericht im Reich mit der alten Vorstellung, dass alle Gerichtsgewalt vom König ausgehe.[160]

Die neue Auffassung setzte sich allerdings nicht schlagartig, sondern nur partiell durch. In einem schleichenden Prozess entwickelte sich im Reich die hierarchische Juristengerichtsbarkeit neben den tradierten, dinggenossenschaftlichen Gerichten. Deshalb bringen auch danach noch manche Zeugnisse das Kammergericht in einen Zusammenhang mit Gerichten der einstufigen Gerichtsbarkeit. Das ist etwa der Fall bei Kaiser Sigmunds Anordnung vom 22. Februar 1437, dass niemand vor sein und des Reiches Kammergericht oder Landgerichte geladen werden dürfe wegen Gütern, die die Fürsten von Bayern in Regensburg hätten.[161] Hier wird das Kammergericht entsprechend den Grundsätzen der einstufigen Gerichtsbarkeit wieder auf eine Ebene gestellt mit kaiserlichen Landgerichten. Die neuen Vorstellungen prägten das Bild des Kammergerichts also nicht sofort und ausschließlich.

Auch wenn bei der Befreiung der Kölner vom Kammergericht im Jahr 1415 offenbleiben muss, wie lange vorher ein solches Gericht am deutschen Königshof schon existiert hatte, gibt es Gründe für die Vermutung, dass das Kammergericht des deutschen Königs einem Vorbild am Hof der Luxemburger als Könige von Böhmen nachgebildet wurde. In Böhmen funktionierte die Kammer schon im 14. Jahrhundert als Gericht. Das zeigt sich, als Karl IV. am 5. April 1355 einige Städte und Schlösser der Oberpfalz, die ihm nach dem Tod der Pfalzgrafen Ruprecht d. Ä. und d. J. angefallen waren, dem Königreich Böhmen inkorporierte.[162] In dem Zusammenhang befreite er die Bewohner dieser Städte und Schlösser von jeder fremden Gerichtsbarkeit. Im Fall der Rechtsverweigerung oder „*propter iniquitatem sentencie*" könne der Beschwerte „*ad nostrum .... regum Boemie auditorium appellare*". Zudem ordnete Karl IV. an, dass von der Entscheidung eines vom König delegierten Richters „*ad illustrium regum Boemie cameram ... appellari*" werden könne. Das Justizsystem des Königreichs Böhmen kannte also schon im 14. Jahrhundert eine Appellation an die Kammer, wobei es in diesem Zusammenhang unerheblich ist, ob es schon um eine echte Appellation oder noch um einen Rechtszug geht, weil es hier nur darauf ankommt, dass in Böhmen schon im 14. Jahrhundert die königliche Kammer Teil des königlichen Justizsystems war. Einer der Luxemburger – Karl IV., oder dessen Nachfolge Wenzel oder gar Sigmund selber – könnten die Kammer

---

160 Diestelkamp (Anm. 19), S. 17 ff.

161 Regesta Imperii Bd. XI/2 Nr. 11679.

162 Battenberg (Anm. 146), Nr. 591.

des Reiches nach dem Vorbild seines böhmischen Königreichs als Gericht am Hof des deutschen Königs etabliert haben. Gesicherte Aussagen zu diesem Punkt könnten allerdings bestenfalls nach der Erschließung der urkundlichen Überlieferung Sigmunds und Albrechts II. gemacht werden.

4. Das Kammergericht Friedrichs III.

4.1 Das Personal

4.1.1 Die Richter am Kammergericht

Das Kammergericht von 1442 bis 1451

Wann Friedrich III. sein Kammergericht installierte, ist nicht anhand einer Gründungsurkunde festzustellen. Dafür waren – anders als beim Hofgericht – die Strukturen des Kammergerichts noch nicht fest genug, Das traditionsreiche Hofgericht machte der im Februar 1440 zum König gewählte Friedrich III. erst am 29. Juli 1441 arbeitsfähig, indem er Graf Gumbrecht II. von Neuenahr zum Hofrichter ernannte.[163] Das geschah noch in Wiener Neustadt vor der Krönung.[164] Es gibt keine Anhaltspunkte dafür, dass er auch sein Kammergericht schon vor dem Aufbruch zur Krönung in Aachen einsatzfähig gemacht hätte.

Michael von Pfullendorf verzeichnete die erste Sitzung des Kammergerichts am Hof Friedrichs III. vielmehr erst am 16. Juli 1442 in Frankfurt am Main.[165] Auch wenn er die ersten fünf Jahre seiner Aufzeichnungen nicht zeitgleich dokumentiert hatte, sondern sie erst im Jahr 1455 nachträglich aus den Unterlagen rekonstruierte, dürften seine Angaben zuverlässig sein. Mit dieser ersten Erwähnung bei Michael von Pfullendorf beginnt das fridericianische Kammergericht. Zu dieser Zeit befand sich der Herrscher in Frankfurt am Main, um in der zweiten Phase seines durch die Krönung in Aachen unterbrochenen ersten, großen Hoftags[166] mit den Reichsständen vom 7. Juli. bis zum 16. August 1442 die Nöte des Reiches zu erörtern. Dazu gehörte auch, dass er in dieser Zeit mit ihnen seine „*Reformation*" besprach, die er am Ende der Versammlung am 14. August 1442 verkündete.[167] Dabei mochte den Beteiligten auch das Fehlen eines Kammergerichts bewusst geworden sein,

---

163 HEINIG (Anm. 2), S. 98 f.

164 HEINIG (Anm. 2), S. 1348.

165 Pfullendorf (Anm. 40), Nr. 1.

166 Zu der Problematik, ob es noch ein Hof- oder schon ein Reichstag war: Hartmut BOOCKMANN, Geschäfte und Geschäftigkeit auf dem Reichstag im späten Mittelalter (Schriften des Historischen Kollegs, Vorträge 17), 1988, S. 10 ff.

167 Text: DRTA (Anm. 135), Ältere Reihe unter Kaiser Friedrich III., 2. Abteilung 1441–1442, Bd. 16, 1927, S. 396 ff., Nr. 209; Bernhard DIESTELKAMP, Die Frankfurter Reformation König Friedrichs III. vom 2. August 1442: Ein bedeutsames Gesetz der Reichsreformzeit, in: ZRG GA 138 (2021), S. 101 ff.

war die „*Reformation*“ doch weitgehend der Reform des Gerichtswesens gewidmet. Die „*Frankfurter Reformation*“ wurde zur am häufigsten zitierten Grundlage für Entscheidungen des Kammergerichts. Von den in Frankfurt am Main anwesenden Reichsständen mochte auch mancher als Kläger veranlasst worden sein, seinen unerledigten Prozess zur Fortführung vorzulegen.

Die erste Phase des fridericianischen Kammergerichts dauerte von 1442 bis 1451. Sie ist charakterisiert durch das Nebeneinander des traditionellen, 1235 gegründeten Hofgerichts mit dem Kammergericht.[168] Dass die letzte Eintragung in der Aufzeichnung des Michael von Pfullendorf[169] zeitlich mit dem sang- und klanglosen Verschwinden des königlichen Hofgerichts zusammenfällt,[170] ist nicht kausal zu erklären. Sicher ist nur, dass die Aufzeichnungen deshalb enden, weil Friedrich III. seinen Kammergerichtsschreiber als Mitglied einer Gesandtschaft abordnete, die in Italien Verhandlungen mit dem Papst führen und später seine portugiesische Braut empfangen sollte. Von dieser Reise kehrte Michael von Pfullendorf nicht wieder heim, weil er in Siena starb. In dieser Zeit verschwindet das Hofgericht. Seit 1451 ist es nicht mehr bezeugt, sondern es taucht in den Quellen nur noch das Kammergericht auf. Damit beginnt eine neue Phase der Geschichte der deutschen Königsgerichtsbarkeit.

Die von Michael von Pfullendorf dokumentierte Zeit des Kammergerichts von 1442 bis 1451 war geprägt durch den allmählichen Rückgang der kontradiktorischen Tätigkeit des Hofgerichts. Das ist darauf zurückzuführen, dass die Zahl von Prozessen nach gelehrtem Prozessrecht, insbesondere Appellationsprozesse, zunahmen. Diese konnten nicht nach dem dinggenossenschaftlichen Verfahrensrecht des Hofgerichts verhandelt und entschieden werden, weil die dinggenossenschaftlichen Verfahren einstufig waren, also keinen Rechtsmittelzug kannten. Das Königliche Hofgericht versuchte, in seinem vorgegebenen Rahmen einen Ersatz für die Appellation zu entwickeln, indem es unter analoger Anwendung von Regeln der Appellation die Verbriefung von Urteilen in Prozessform überprüfte und sie dann mit Urteil bestätigte oder verwarf. Doch konnte es damit das Vordringen der Appellation als Rechtsmittel nicht aufhalten.[171]

Die allmähliche Ergänzung des dinggenossenschaftlichen Verfahrensrechts durch das gelehrte Prozessrecht sei kurz anhand der ersten Sitzungen des fridericia-

---

168 Dies in Ergänzung zu Maurer (Anm. 2), S. 86 f., die das erste Jahrzehnt der Regierungszeit Friedrichs III. ohne inhaltliche Kriterien nur wegen der Kaiserkrönung bis 1551 laufen lässt.

169 Pfullendorf (Anm. 40), Nr. 1–690.

170 Heinig (Anm. 2), S. 100, weist darauf hin, dass dieser Vorgang kaum Aufsehen erregte. Vielleicht war er tatsächlich weniger aufsehenerregend, als es uns heute vorkommt, weil das Kammergericht zunächst die anfallenden dinggenossenschaftlichen Verfahren ebenso gut erledigte wie das Hofgericht, so dass der Übergang praktisch nicht spürbar war.

171 Diestelkamp (Anm. 19), S. 46 ff.

nischen Kammergerichts illustriert. Die ersten Verfahren, die das Kammergericht Friedrichs III. durchführen musste, hatten alle einen längeren Vorlauf gehabt.

In der ersten Sitzung am 16. Juli 1442 verkündete das Gericht ein Beweisurteil in der Sache des Hans von Kaltental gegen Brigitte von Kaltental.[172] Das Kammergericht löste den Fall am 23. Juli 1442 so, dass das Verfahren an das Hofgericht zu Rottweil verwiesen wurde, weil die streitigen Güter in Schwaben lägen und man dort am besten wisse, was nach des Landes Recht in diesem Falle rechtens sei.[173] Dieses Urteil wurde im dinggenossenschaftlichen Verfahren gefunden. Ein „*forum rei sitae*" gab es im gelehrten Recht zwar als Zuständigkeitsregel, nicht aber für Beweisprobleme. Im gelehrten Prozess wäre das Beweisproblem so gelöst worden, dass die Partei, die sich auf einen partikularen Rechtssatz berief, dessen Geltung hätte beweisen müssen. Statt dieser Lösung des gelehrten Prozessrechts verwies das Kammergericht den Fall an das Hofgericht Rottweil, weil man dort das anzuwendende Landesrecht besser kenne. Das entsprach den Regeln des dinggenossenschaftlichen Verfahrens, bei dem das Gericht das anzuwendende Recht im Konsens feststellte oder sich zur Konsensbildung Rechtsbelehrung von außerhalb holte.

Am 18. Juli 1442 trat das Gericht erneut zusammen und verwarf nach Prüfung aller vorgebrachten Urkunden die Appellation gegen ein Urteil des Würzburger Hofmeisters und seiner Mannen.[174] Prozessrechtlich wurde das Kammergericht in diesem Fall als Spitze eines Instanzenzuges tätig, verfuhr also im Modus des gelehrten Prozessrechts. Nur im Zuge eines Appellationsprozesses konnte ein vorinstanzliches Urteil überprüft und danach bestätigt oder verworfen werden.

In der Sache der Stadt Chur gegen Rudolf von Unterwegen ging es darum, dass ein von Rudolf von einem Freigericht erwirkter Achtbrief der beklagten Stadt Chur nicht schaden solle.[175] Es war dies einer der fortan immer wieder auftauchenden Fälle, in denen Friedrich III. seinen Jurisdiktionsanspruch gegen die Heimlichen Gerichte Westfalens durchzusetzen versuchte, indem er ihr Vorgehen auf Grund einer Extrajudizialappellation der Betroffenen[176] für nichtig erklärte. Die beiden in der Sitzung vom 18. Juli 1442 gefällten Urteile wurden also nach gelehrtem Recht entschieden.

Am 24. Juli 1442 fällte das Kammergericht zunächst ein *einhelliges Urteil* in der Sache zwischen denen von Ulm und *Ulrich von Westerstetten „nach clag, antwurt red und widerrede, brieve und wort zu beider seit verhört.*" Die Ulmer sollten ihre Mitbürger dazu anhalten, Ulrich von Westerstetten von den für sie eingegangenen

---

172 Pfullendorf (Anm. 40), Nr. 1.

173 Pfullendorf (Anm. 40), Nr. 4.

174 Pfullendorf (Anm. 40), Nr. 2.

175 Pfullendorf (Anm. 40), Nr. 3 = Heft 6 Nr. 26 (zu 1442 August 2 Frankfurt). Zu dem Verfahren: Diestelkamp (Anm. 19), S. 98 f.

176 Tilman Seeger, Die Extrajudizialappellation (QFHG, 25), 1992.

Verpflichtungen zu lösen, mit denen er mit ihrem Wissen einige der Ihren durch Bürgschaften aus dem Gefängnis befreit hatte.[177] Der Duktus dieses Urteils ist der einer im dinggenossenschaftlichen Modus gefundenen Entscheidung, bei der es auf die Einhelligkeit der Urteilsfindung ankam.

Das zweite Urteil dieses Sitzungstages betraf die Ladung des Stuhlherrn Dietrich von Nortkirch und seines Freigrafen Dietrich Pflüger.[178] Der Kölner Bürger Wilhelm Krebs hatte vor deren Freistuhl zu Brüninghaus oder in der Krummen Grafschaft gegen den Nürnberger Bürger Heinrich Imhof ein Urteil erwirkt. Gegen dieses Verfahren hatte die Stadt Nürnberg wegen Verletzung ihrer Privilegien an den König in Form einer Extrajudizialappellation appelliert. Weder der Stuhlherr noch sein Freigraf hatten der Ladung an den Hof Folge geleistet. Deshalb sprach das Kammergericht Heinrich Imhof von allen Urteilen des Freigrafen los und ledig. Wiederum urteilte das Kammergericht in einem nur dem gelehrten Recht bekannten Extrajudizialappellationsprozess.

Diesen ersten Entscheidungen von Friedrichs III. Kammergericht war gemeinsam, dass sie Verfahren abschlossen, die schon länger rechtshängig gewesen waren. Das Kammergericht des neuen Königs musste zwar institutionell neu etabliert werden, setzte inhaltlich aber die Arbeit der Vorgängereinrichtung fort und schloss sie ab. Das war 1442 schon ebenso wie wieder 1495, als das reformierte Reichskammergericht Prozesse weiterführte, die am kaiserlichen Kammergericht begonnen hatten, aber nicht hatten abgeschlossen werden können.[179] Je nach Bedarf wurden diese Urteile nach Gelehrtem Prozessrecht oder im dinggenossenschaftlichen Verfahrensmodus gefunden. Das war möglich, weil das frühe Kammergericht noch keine feste Struktur besaß, sondern vom Herrscher beliebig zusammengesetzt werden konnte.

Nach einem Brief Pfullendorfs vom Januar 1447[180] hat Friedrich III. Kaspar Schlick zum Generalkommisssar „*und richter aller sachen*“ ernannt. Heinig folgert daraus, dass Friedrich III. damit „*die noch 1442/1444 zu beobachtende ad-hoc-Ernennung unterschiedlicher Kammerrichter* aufgegeben“ habe.[181] Kaspar Schlick sei die Funktion eines Richters am Kammergericht auf Dauer übertragen worden. Die Quellen zeigen aber, dass Friedrich III. ihn lediglich vom März bis Juni 1447,

---

177 Pfullendorf (Anm. 40), Nr. 5.

178 Pfullendorf (Anm. 40), Nr. 6 = Heft 14 Nr. 230.

179 Matthias Kordes, Der Nordwesten des Reiches und das Prozessaufkommen am Reichskammergericht in den ersten fünf Jahren seines Bestehens. Zugleich einige Beobachtungen zur Frage der Kontinuität zwischen königlichem Kammergericht und Reichskammergericht, in: Das Reichskammergericht. Der Weg zu seiner Gründung und die ersten Jahrzehnte seines Wirkens (1451–1527) (QFHG, 45), 2003, S. 197 ff., 206 ff.

180 Heinig (Anm. 2), S. 645, Anm. 334; Pfullendorf (Anm. 40), Nr. 229, 1447 Juni 21.

181 Heinig (Anm. 2), S. 656.

also nur in einer kurzen Phase, für bloße acht Sitzungen in Folge zum Richter am Kammergericht berufen hatte.[182] Dies entsprach durchaus dem hergebrachten Verfahren. Wie wenig gefestigt in diesen Jahren die personelle Besetzung des Richterpostens beim Kammergericht noch war, zeigt sich auch daran, dass dieselbe Person in der einen Audienz als Richter fungieren konnte,[183] während sie in anderen Sitzungen unter den Beisitzern zu finden ist.[184]

Die Phase nur ephemer berufener Richter endete also nicht schon 1447, sondern erst am 1. Dezember 1449 mit der Ernennung Albrechts von Pottendorf.[185] Dieser übte – mit Ausnahme einer kurzen Unterbrechung vom 5./6. bis 17. April 1451[186] – kontinuierlich die Funktion eines Richters am Kammergericht bis zum September 1453 aus.[187] In der kurzen Zeit der Unterbrechung saß einige Male der Kaiser selbst und danach kontinuierlich in acht Audienzen Johann von Stubenberg[188] dem Gericht vor. Bei dieser Verstetigung der Besetzung der Funktion des Richteramtes am Kammergericht griff Friedrich III. also zunächst auf den erbländischen Adel zurück.

Albrecht von Pottendorf gehörte einer einflussreichen österreichischen Familie an, die das österreichische Erbschenkenamt innehatte.[189] Die Familie und auch Albrecht selbst spielten in der Politik der österreichischen Stände eine bedeutende Rolle.[190] Trotzdem war Albrecht von Pottendorf dem König immer treu ergeben.[191] Er hatte in Wien studiert. Dann aber hatte er, anstatt akademische Würden zu erwerben, in Spanien gegen die Mauren gekämpft. Albrecht von Pottendorf war also nicht nur akademisch gebildet, wenn auch ohne Abschluss mit einem akademischen Grad, sondern er war auch ein Mann mit internationalen, kriegerischen Erfahrungen. Trotz dieser dauerhaften Wahrnehmung der Richterfunktion am Kammergericht, blieb er nur der „*judex*" und wurde nicht als Kammerrichter tituliert.[192] Ob der Herrscher ihn mit der längeren Übertragung der Funktion eines

182 Anm. 387.

183 Jakob Truchsess von Waldburg, Pfullendorf (Anm. 40), Nr. 1. Bischof Peter von Augsburg, Pfullendorf (Anm. 40), Nr. 11 etc.

184 Truchsess von Waldburg, Pfullendorf (Anm. 40), Nr. 8. Bischof Peter von Augsburg, Pfullendorf (Anm. 40), Nr. 1–10 etc.

185 Pfullendorf (Anm. 40), Nr. 471.

186 Pfullendorf (Anm. 40), Nr. 619–654.

187 1451 August 14, Heft 8 Nr. 134; 1451 August 16, Heft 8 Nr. 137;1451 August 22, Heft 8 Nr. 141; 1453 August 13, Heft 13 Nr. 277; 1453 August 13, Heft 8 Nr. 152; 1453 September 15, Heft 16 Nr. 36.

188 Zu den Stubenbergern und besonders Johann von Stubenberg: Heinig (Anm. 2), S. 182 f., 183.

189 Heinig (Anm. 2), S. 254 ff.

190 Heinig (Anm. 2), S. 254 ff. Friedrich III. hatte Albrecht von Pottendorf sogar in die von ihm am 16. Juli 1441 eingesetzte ständische Regentschaft berufen, Heinig (Anm. 2), S. 49 f., bes. Anm. 23.

191 Heinig (Anm. 2), S. 255.

192 Pfullendorf (Anm. 40), Nr. 690.

Richters am Kammergericht für seine Treue auszeichnen oder gar entlohnen wollte, mag dahinstehen. Die erste Variante würde allerdings voraussetzen, dass die Funktion des Richters am Kammergericht schon in ein (besoldetes) Amt umgewandelt worden wäre.

Der Wechsel von einer jeweils neuen Besetzung des Richterstuhls am Kammergericht zu einem auf längere Zeit agierenden Amtsinhaber[193] beginnt kaum zufällig kurz vor dem Verschwinden des Hofgerichts um die Kaiserkrönung im Jahr 1451. Der Wegfall des besoldeten Hofrichteramtes mochte den Weg gedanklich wie finanziell frei gemacht haben für eine Verstetigung der Funktion eines Richters am Kammergericht zum besoldeten Amt eines Kammerrichters.

Erst in dieser verfestigten Form konnte Friedrich III. das Kammergericht und das Amt eines Kammerrichters dazu nutzen, auch Reichsfürsten für sich zu gewinnen oder fester in sein Hofsystem einzubinden. Ob diese neue Phase schon 1455/56 mit Markgraf Albrecht von Brandenburg begann, wie Heinig meint,[194] ist mit den wenigen Nachweisen, die es vorläufig für dessen Tätigkeit als Kammerrichter in diesen Jahren gibt,[195] kaum sicher zu belegen.

Markgraf Wilhelm von Baden-Hachberg amtierte zwar nachweisbar über ein ganzes Jahr vom 12. März 1459 bis zum 27. Mai 1460 als Richter am Kammergericht.[196] Er war aber nur ein mindermächtiger Reichsfürst, dessen Möglichkeiten, für den Herrscher im oder ins Reich zu wirken, nicht bedeutend gewesen sein können. Allerdings agierte der Markgraf auch als Vertreter Herzog Albrechts VI. von Österreich und war damit mächtiger als sein geringer reichsständischer Rang es vermuten lässt.

Muss dies bloße Spekulation bleiben, so ist der nächste Akt einer politischen Nutzung des Kammergerichts durch Friedrich III. gut belegt. Im Rahmen der Versöhnung mit seinem störrischen Bruder, Herzog Albrecht VI. von Österreich, hatte er diesen am 1. September 1458 zu seinem Rat mit einem Jahressold von 4.000 Pfd. ernannt.[197] Zudem übertrug er ihm oder einer Person seiner Wahl das Kammergericht, aus dessen Einkünften auch Albrechts Sold bezahlt werden sollte. Das Kammergericht und das Amt des Kammerrichters waren hier also nicht der

193 Maurer (Anm. 2), S. 112 ff.

194 Heinig (Anm. 2), S. 101.

195 Abgesehen von den Aufzeichnungen Pfullendorfs (Anm. 40), S. 41 f. 1443 Juli 1+ 2, Nr. 67, 1445 Februar 15. S. 72. 1446 März 28 + 29; S. 73, 1446 März 31, gibt es bis jetzt für seine Tätigkeit am Kammergericht nur zwei neue Nachweise: 1455 September 22, Heft 10 Nr. 138; 1456 Juli 15, Heft 28 Nr. 31.

196 1458 Januar 22, Heft 10 Nr. 95; 1459 März 12, Heft 10 Nr. 164; März 14, Heft 11 Nr. 330; April 23, Heft 28 Nr. 171; Juni 16, Heft 1 Nr. 54; Juni 22, Heft 18, Nr. 126, 127; Heft 4, Nr. 293; Juni 25, Heft 28, Nr. 177; Juli 19, H. 18, Nr. 130; Juli 31, H. 28, Nr. 183; Oktober 27, H. 15, Nr. 146; November 28, Heft 18, Nr. 165. 1460 Mai 27, Heft 28, Nr. 244.

197 Heft 18 Nr. 40.

eigentliche Gegenstand des Geschäftes. Beide dienten nur der Sicherung der Rats-Besoldung, so wie im Lehnrecht Geldlehen radiziert sein mussten auf eine konkrete Einnahmequelle.

Dieses Arrangement endete spätestens mit Albrechts VI. Tod am 3. Dezember 1463.[198] Danach konnte Friedrich III. wieder über das Gericht und das Richteramt verfügen. Dass er Graf Eberhard V. von Württemberg im Sommer des Jahres 1463 (vor Juni/Juli) zum Kammerrichter ernannt habe,[199] ist nur indirekt durch einen Bericht belegt. Nachweise einer Tätigkeit Graf Eberhards als Kammerrichter haben sich aber in dem bisher erschlossenen urkundlichen Material nicht gefunden.

Schließlich nutzte der Kaiser das Gericht und das Amt des Kammerrichters unmittelbar zur Beschaffung liquider Mittel, indem er sie verpachtete. Die Verpachtung staatlicher Ämter und Aufgaben, die für die französischen Könige ein gängiges Finanzierungsmittel war, war im Reich sonst nicht üblich. Von 1464 bis 1469 war Bischof Ulrich von Passau Pächter des Kammergerichts und damit Inhaber des Richteramtes. Trotzdem wurde auch er nicht einmal in dem für ihn angelegten Gerichtsbuch als „*Kammerrichter*" tituliert.[200]

Das Kammergericht von 1451 bis 1464

War die erste Phase des fridericianischen Kammergerichts geprägt durch das Nebeneinander der neuen Institution mit dem 1235 gegründeten Hofgericht, so verschwand das dinggenossenschaftlich arbeitende Hofgericht bis zur Romfahrt 1451 sang- und klanglos aus den Quellen. Es war funktionslos geworden. Dinggenossenschaftliche Prozesse konnte auch das Kammergericht verhandeln, wenn der Herrscher die Urteilerbank angemessen besetzte. Umgekehrt war das Hofgericht aber nicht in der Lage, nach gelehrtem Prozessrecht zu verhandeln und zu entscheiden. Der Kaiser brauchte deshalb immer häufiger allein das Kammergericht, um seine Gerichtsbarkeit auszuüben, wenn er nicht selbst tätig werden oder keine Richterkommissare ernennen wollte, die ihn auch fern vom Hof vertreten konnten.

Schon in dieser Phase setzten Kanzleibehelfe ein, die im Allgemeinen erst der Aktivität der Pächter des Kammergerichts und der Kanzlei – also Bischof Ulrich von Passau und ihm folgend vor allem Erzbischof Adolf II. von Mainz – zugeschrieben werden. Es sind jedoch schon Protokolle aus dem Jahr 1458 überliefert. Sie hat Peter Gamp geschrieben, der unter Bischof Ulrich von Passau kontinuierlich für das

---

198 Heinig (Anm. 2), S. 652.

199 Heft 23 Nr. 543.

200 Gerichtsbücher (Anm. 65), Bd. 3, Helm, Gerichtsbuch, S. 938 ff.

Gericht tätige Kammergerichtsnotar.[201] Die Einführung dieser Neuerung fällt also schon in die Phase zwischen Pfullendorf und der Passauer Pachtzeit, auch wenn sie sich voll umfänglich erst in der zweiten Pachtzeit unter Erzbischof Adolf II. von Mainz durchsetzte.

Die Pachtzeit Bischof Ulrichs von Passau (1464–1469)

Danach nutzte der Kaiser das Kammergericht zur Geldbeschaffung, indem er es zusammen mit der Römischen Kanzlei an Bischof Ulrich von Passau verpachtete.[202] Die Kombination der beiden Institutionen war deshalb zweckmäßig, weil das Kammergericht – anders als das Reichshofgericht – damals noch keine eigene Kanzlei besaß, so dass die Römische Kanzlei die in kammergerichtlichen Verfahren anfallenden Beurkundungen vornehmen musste.

Mit der Entscheidung für eine Verpachtung beendete Friedrich III. nach der Niederringung seines gegen ihn rebellierenden Bruders, Erzherzog Albrecht VI., den Versuch einiger seiner Räte, dem Wittelsbacher Herzog Ludwig von Niederbayern eine machtvolle Position am Hof zu verschaffen in Gestalt eines erblichen Amtes, in dem das Amt des Hofmeisters mit dem des Hofrichters und den Funktionen des Kammerrichters kombiniert werden sollte. Stattdessen legte der Herrscher die Funktion eines Kammerrichters mit der des Kanzlers seiner Römischen Kanzlei zusammen und verpachtete beide an Ulrich von Nußdorf, Bischof von Passau.[203]

Dieser Akt ist deshalb erstaunlich, weil Ulrich von Nußdorf in den vorausgehenden Wirren keineswegs ein treuer Parteigänger des Kaisers gewesen war. Wegen dieser Haltung hatte er sogar längere Zeit um seine Anerkennung als Bischof von Passau ringen müssen. Ulrich von Nußdorf war Mitglied einer niederadligen Familie, die die Erbmarschallwürde des Erzbistums Salzburg innehatte. Er hatte nach Studien in Wien und Bologna in Padua den Grad eines Dr. iuris utriusque erworben. Eine solche juristische Qualifikation war für den Kammerrichter mittlerweile notwendig geworden, weil der Richter am Kammergericht im gelehrten Prozess im Gegensatz zum dinggenossenschaftlichen Verfahren an der Entscheidungsfindung beteiligt war.

Ulrich von Nußdorf sammelte Pfründen wie die des Dompropstes von Freising, die Propstei des Freisinger Andreasstifts, ein Passauer Dom-Kanonikat und die Stadtpfarrei in Linz, bevor er 1451 die Passauer Bischofswürde anstrebte. Dabei wurde er in den Konflikt zwischen Friedrich III. und Papst Nikolaus V. um die Stellung

201 Gerichtsbücher (Anm. 65), Bd. 2, Magin, Protokolle, Protokoll-Extravaganten: EP 1–3. Gerichtsbücher (Anm. 65), Bd. 1, Magin/Maurer, Urteilsbuch, Beigebundene Blätter: BU 115, von einem unbekannten Schreiber (S. 365).

202 Heinig (Anm. 2), S. 101 f.

203 Zu diesem Heinig (Anm. 2), S. 654 ff.

des Passauer Bistums verwickelt. Friedrich III. wollte die beiden österreichischen Herzogtümer aus dem Passauer Diözesanverband lösen und zu einem neuen Wiener Bistum erheben lassen. Zudem war Ulrich von Nußdorf wittelsbachisch orientiert und österreichischer Kanzler des böhmischen Königs Ladislaus Postumus gewesen, über den Friedrich III. die Vormundschaft ausgeübt hatte.[204] Zwischen Vormund und Mündel war es nach dessen Mündigwerdung zu Streitigkeiten gekommen, an deren Beilegung am 24. August 1455 Ulrich von Nußdorf maßgeblich beteiligt war. Nach dem plötzlichen Tod seines böhmischen Dienstherrn im Jahr 1457 gelang es ihm, in den folgenden Jahren eine vermittelnde Position einzunehmen. Damit erwarb er sich schließlich das Vertrauen Friedrichs III., so dass dieser ihn mit den Passauer Regalien belehnte und ihn zugleich zum königlichen Rat ernannte. Im Dezember 1464 verpachtete Friedrich III. ihm die Römische Kanzlei und das Kammergericht.

Bischof Ulrich soll Reformen am Kammergericht durchgeführt haben, um die hohe Pachtsumme valutieren zu können. Heinig spricht davon, Ulrich habe deswegen die Rechtspflege intensivieren, rationalisieren und vor allem verstetigen müssen.[205] Gewiss war Ulrich auch daran gelegen, wenigstens seine Pachtsumme zu erwirtschaften. Doch fragt es sich, ob die ihm zugeschriebenen Maßnahmen geeignet gewesen wären, dieses Ziel zu erreichen. Julia Maurer hatte über Heinig hinausgehend sogar einen unmittelbaren Zusammenhang zwischen Ulrichs unterstellter Absicht einer Vermehrung der Einkünfte aus dem Kammergericht und der Anlegung des *Gerichtsbuchs* hergestellt.[206] Gerichtsbarkeit ist jedoch ein passives System, das nur dann vermehrt tätig werden kann, wenn mehr Rechtsuchende ihre Probleme gerichtlich geltend machen. Das konnte etwa eintreten, wenn die Litigiosität insgesamt zunahm oder das Vertrauen in die Arbeit des Gerichts mehr Rechtsuchende dazu veranlasste, ihre Konflikte im Klageweg zu verfolgen. Es ist nicht ersichtlich, auf welche Weise die Anlegung eines *Gerichtsbuchs* in diesem Sinne die Zahl der Klagen hätte erhöhen können. Das Gerichtsbuch (29. April 1467 bis 28. Dezember 1468) konnte die Arbeit des Kammergerichts vielleicht verstetigen, rationalisieren oder intensivieren, aber kaum die Gerichtstätigkeit so vermehren, dass die Einnahmen aus der Gerichtsbarkeit signifikant hätte gesteigert werden können. Dasselbe gilt für den Beginn der regelmäßigen Sitzungsprotokollierung (41 Protokolle von 1465 bis 1469).[207]

Wenn die Einführung der Sitzungsprotokollierung die Einnahmen aus der Gerichtstätigkeit nicht erhöhen konnte, so muss es andere Gründe für diese Neuerung

---

204 Heide Dienst, Ladislaus Postumus, in: Lexikon der deutschen Geschichte, 1977, S. 689.

205 Heinig (Anm. 2), S. 636 f.

206 Maurer (Anm. 2), S. 88.

207 Gerichtsbücher (Anm. 65), Bd. 2, Magin, Protokolle: P 1–11 (1465); P 12–14 (1466); Protokoll-Extravaganten: EP Nr. 6–28 (1466); EP 29 (1467); EP 30–32 (1468); P 15–39 (1469).

gegeben haben. In den Protokollen bekam der in den Sitzungen mündlich vorgetragene Prozessstoff Schriftform. Teilweise wurden nur die Ergebnisse der Audienz knapp festgehalten. Teilweise aber wurde der Sitzungsverlauf bis hin zur Wiedergabe von Rede und Gegenrede ausführlich dokumentiert. Die Protokollierung markiert den Übergang vom Mündlichkeits- zum Schriftlichkeitsprinzip. Unter Bischof Ulrich von Passau finden sich nicht mehr als erste Ansätze dazu. Voll umfänglich setzten sich Sitzungsprotokolle erst unter dem nächsten Pächter durch. Die Argumentation, dass die Kanzleibehelfe (Gerichtsbuch, Protokolle, Urteilsbuch) von den Pächtern angelegt worden seien, um die Einnahmen aus dem Kammergericht zu erhöhen, hat sich also als nicht schlüssig erwiesen.

Während der Passauer Pachtzeit arbeitete das Kammergericht nur in wechselnder Intensität. Das „*Gerichtsbuch*" dokumentiert eine kontinuierliche Urteilstätigkeit mit 60 Urteilen nur für die 18 Tage vom 29. April bis zum 16. Mai 1467.[208] Die undatierten Gerichtsnotizen[209] sind keine Produkte konkreter Prozesse, sondern Anweisungen, wie Urteilsbriefe auszufertigen sind, wenn inhaltliche Angaben über den Streitgegenstand fehlen, etwa weil eine der Parteien nicht erschienen ist, so dass nicht kontradiktorisch hatte verhandelt werden können. Sie sind also Formulare für den Kanzleigebrauch.

Bischof Ulrich klagte als Pächter bitter darüber, dass das Kammergericht häufiger habe suspendiert werden müssen, weil der Herrscher ihn als Diplomat zu auswärtigen Missionen verwendet habe, ohne ihm zu gestatten, für die Zeit seiner Abwesenheit einen Stellvertreter einzusetzen.[210] Diese Untätigkeit seines Kammergerichts minderte Friedrichs III. Gerichtsbarkeit insgesamt keineswegs. Wenn er es für nötig hielt, konnte er jederzeit einen delegierten Richter ernennen, wie er es am 20. Juni 1458 handhabte, als er dem Grafen Wilhelm III. von Henneberg-Schleusingen ein Appellationsverfahren übertrug, weil das kaiserliche Kammergericht momentan „*nicht in ubung*" sei.[211]

Für die Vermutung, der für den 21. Oktober 1467 bezeugte Versuch, die Beisitzerbank mit Räten von Reichsfürsten zu besetzen,[212] habe dazu dienen sollen, das Kammergericht dem Einfluss der Reichsstände zu öffnen, fehlt es an Anhaltspunkten. Es mag sein, dass man die notwendige Ausstattung des Kammergerichts mit juristischem Sachverstand durch Delegation reichsständischer Juristen sichern wollte. Dass dies in reichsreformerischer Intention geschehen sei, um den Reichs-

208 Gerichtsbücher (Anm. 65), Bd. 3, Helm, Gerichtsbuch: G 4–9, 12–20, 29, 31–35, 38, 39, 41–49, 52–55.

209 Gerichtsbücher (Anm. 65), Bd. 3, Helm, Gerichtsbuch: G 88–110, 122.

210 Heinig (Anm. 2), S. 102 Anm. 186.

211 Heft 10 Nr. 284.

212 Heinig (Anm. 2), S. 638, Anm. 376.

ständen Einfluss auf das Kammergericht zu verschaffen, ist jedoch lediglich eine unbegründete Vorwegnahme späterer Vorstellungen in das Jahr 1467.

Insgesamt war die Pachtzeit Bischof Ulrichs von Passau für das Kammergericht keine Erfolgsgeschichte. Aus verschiedenen Gründen, unter denen die Höhe des Pachtzinses wohl sekundär war, zerstritt sich Ulrich mit dem Kaiser, der schließlich 1469 die Pacht beendete.[213]

Die Pachtzeit Erzbischof Adolfs II. von Mainz (1471–1474)

Die sich damit eröffnende Chance, das Kammergericht wieder selbst zu übernehmen, nutzte der Kaiser jedoch nicht, sondern verpachtete es erneut zusammen mit der Römischen Kanzlei an den ranghöchsten Reichsfürsten, Erzbischof Adolf II. von Mainz.[214]

Adolf wurde um 1422/23 in die königsnahe Familie der Grafen von Nassau-Idstein-Wiesbaden hineingeboren.[215] Er begann seine Studien Ende 1441 in Heidelberg. 1444 wechselte er an die Universität Köln, wo er kanonisches Recht studierte und den Grad eines *licenciatus decretorum* erwarb. Er war also genau wie Ulrich von Nußdorf studierter Jurist. Den geringeren akademischen Grad eines Licenciaten konnte er durch seinen höheren ständischen Rang als Angehöriger einer am Mittelrhein einflussreichen reichsgräflichen Familie ausgleichen. Schon 1444 erwarb er ein Domkanonikat in Köln. 1451 erhielt er die Stelle eines mainzischen Provisors in Erfurt und bald danach die Position des Leiters des dortigen erzbischöflichen Generalgerichts. Sodann wurde er zum Oberamtmann des Eichsfeldes ernannt. Von dieser machtvollen Stellung im Mainzer Oberstift aus bemühte er sich schließlich um den Mainzer Erzstuhl. Das begann mit dem Erwerb der Propstei des Mainzer Peterssstifts im Jahr 1451. 1456 erkämpfte er sich die Propstei des Marienstifts. 1459 unterlag er zwar seinem Rivalen Diether von Isenburg in der Wahl zum Mainzer Erzbischof. Doch dieser machte sich sowohl Papst Pius II. als auch Kaiser Friedrich III. zum Gegner. Mit deren Hilfe konnte sich Adolf von Nassau in dem erbitterten Streit um den Mainzer Erzstuhl schließlich doch durchsetzen.

Die Pachtung von Kammergericht und Kanzlei war für Erzbischof Adolf II. finanziell kein gutes Geschäft. Er konnte nicht einmal die Pachtsumme aus den Gerichts- und Kanzleigebühren erwirtschaften, weil sie zu hoch war.[216] Das konnten auch die in seiner Zeit eingeführten bürokratischen Reformen nicht bewirken, wie das kurz vor seiner Amtsübernahme angelegte Taxregister zeigt.[217] Weder

213 Heinig (Anm. 2), S. 637 f.

214 Heinig (Anm. 2), S. 658 ff., S. 1183 ff.

215 Heinig (Anm. 2), S. 659 ff.

216 Heinig (Anm. 2), S. 662.

217 Taxregister (Anm. 90).

stiegen in seiner Pachtzeit die Einkünfte aus der Beurkundung von Gerichtsakten noch bestätigt sich Heinigs Annahme, der Pächter habe die Pachtsumme nur durch Steigerung der Gebühren für Gerichtsurkunden erwirtschaften können, weil die reine Beurkundungstätigkeit der Kanzlei ohne die Gerichtsurkunden damals nicht sehr umfangreich gewesen sei.[218] Im September 1471, dem letzten Monat vor der Neuinstallierung des Kammergerichts durch Erzbischof Adolf II. nahm die Kanzlei für gerichtliche Urkunden wie z. B. Zitationen nur etwas mehr als 288 fl. ein.[219] Dagegen erbrachten andere Kanzleiarbeiten wie die Ausfertigung von Wappenbriefen immerhin 509 fl.[220] Die Differenz beruht darauf, dass für Ladungsbriefe nur 1 fl. oder bestenfalls 2 fl. zu zahlen waren, während Privilegien mit meist zweistelligen Summen zu Buche schlugen. Ein Jahr später im September 1472 hatte sich das Verhältnis umgekehrt. Für Privilegien nahm die Kanzlei nur noch 122 fl. ein,[221] während ihr für Gerichtsurkunden 410 fl. zuflossen. Die Vermutung, dass durch Reformmaßnahmen die Gerichtstätigkeit doch intensiviert worden sei, erweist sich jedoch als falsch. Die Gebühren für Gerichtsurkunden waren nicht deshalb so signifikant gewachsen, weil die Zahl der Prozesse am Kammergericht zugenommen hätte, sondern weil vermehrt kammergerichtliche Urkunden ausgefertigt wurden, für die hohe Gebühren zu zahlen waren, wie etwa Urteilsbriefe. Im September 1471 hatte die Kanzlei keinen einzigen Urteilsbrief beurkundet. Doch schon im November 1471[222] und vollends seit Dezember 1471[223] nehmen solche Beurkundungen stetig zu. Die Zahl gerichtlicher Beurkundungen wuchs auch dann, wenn der Prozess „*umb costen und schaden*“ fortgesetzt werden musste, so dass zusätzlich zu dem Urteil in der Sache auch die für das Folgeverfahren notwendigen Maßnahmen zu beurkunden waren. Diese Urkunden waren nur für zweistellige Gebühren zu erlangen. Emendiert man solche Fälle in Höhe von 340 fl. aus den Gebühren für alle Gerichtsurkunden des Monats September 1472, so bleiben 70 fl. als Gebühren für Gerichtsurkunden ohne die Fortsetzungsverfahren wegen der Kosten. Diese Verringerung der Einnahmen für Gerichtsurkunden im September 1472 gegenüber dem gleichen Monat des Jahres 1471 muss deshalb nicht irritieren, weil dazu auch die auf Befehl des Kaisers gratis auszustellenden Urkunden des normalen Kanzleibetriebs

218 Heinig (Anm. 2), S. 657.

219 Taxregister (Anm. 90), Nr. 1–10, 13–48, 60–75, 80–87, 108–116, 131, 134, 136–141, 143–145, 147–151, 154–156, 159–165, 181, 189–200, 202–206, 212, 224–235, 240–244.

220 Taxregister (Anm. 90), Nr. 11, 12, 49–59.

221 Taxregister (Anm. 90), S. 320–332, Nr. 2129–2139; Nr. 2141–2154; Nr. 2160–2163; Nr. 2165–2168; Nr. 2171–2173; Nr. 2177–2178; Nr. 2180–2181; Nr. 2185–2191; Nr. 2195, 2196; Nr. 2198–2203; Nr. 2295–2216; Nr. 2221, 2222.

222 Taxregister (Anm. 90), Nr. 1222 (9. November).

223 Taxregister (Anm. 90), Nr. 1275 (6. Dezember); Nr. 1327, Nr. 1328, Nr. 1339 (17. Dezember), S. 202, Nr. 1392 (8. Januar 1472) etc.

beigetragen hatten. Entscheidend bleibt, dass die Gebühren für Gerichtsurkunden nicht durch Intensivierung der Rechtsprechung des Kammergerichts zugenommen haben und die Relation der Gerichtsurkunden zu den normalen Kanzleiprodukten sich nicht grundlegend verändert hat. Die tatsächliche Erhöhung der Einnahmen für Gerichtsurkunden resultiert daraus, dass nach dem 31. Oktober 1471 im Taxregister die Kategorie der Urteilsbriefe auftaucht, für die höhere Gebühren anfielen. Dieses Bild änderte sich auch nicht, nachdem Erzbischof Adolfs II. von Mainz bürokratische Reformmaßnahmen drei Jahre lang hatten wirken können. Im September des Jahres 1474 nimmt die Kanzlei 151 fl. für Gerichtsurkunden ein, wenn man die zwei- und sogar dreistelligen, außergewöhnlichen Einnahmen abzieht.[224] Die Privilegienausfertigungen erbringen dagegen in diesem Monat nur 113 fl.

Die Stichproben aus dem Taxregister erhärten zwar Heinigs Meinung, dass Erzbischof Adolf II. von Mainz die Kanzlei und das Kammergericht mehr aus politischen als aus finanziellen Gründen übernommen haben dürfte.[225] Sie widerlegen jedoch die Vorstellung, dass die Pächter die Einnahmen des Gerichts durch Reformen hätten erhöhen können oder auch nur wollen. Erzbischof Adolf II. hinterließ bei seinem Tod am 6. September 1475 eine beträchtliche Pachtschuld, die Friedrich III. und noch Maximilian I. von Erzbischof Adolfs II. von Mainz Amtsnachfolgern einzutreiben versuchten.[226]

Auch wenn Erzbischof Adolf II. das Kammergericht nicht aus finanziellen Gründen gepachtet hat, bleibt bemerkenswert, wie schnell und intensiv er als neuer Pächter die Arbeit von Kanzlei und Kammergericht reformierte. Die regelmäßige Protokollierung der Sitzungen und das Verzeichnis der gefällten Urteile konnten die Arbeit des Gerichts wie der Kanzlei durchaus effektivieren.

Der zeitgleiche Versuch, eine erste Kammergerichtsordnung zu erlassen, hängt jedoch nur indirekt mit dem mainzischen Reformeifer zusammen.[227] Eine solche schriftliche Fixierung von Regeln für das Kammergericht ist nicht dem Reformwillen Erzbischof Adolfs II. von Mainz als neuem Pächter zuzuschreiben. Es wäre, wenn es denn verabschiedet worden wäre, vielmehr ein kaiserliches Gesetz geworden. Das entsprang wohl dem Bedürfnis des kaiserlichen Gerichtsherrn, dem Gericht wegen der Verpachtung schriftliche Regularien zu geben. Nicht zuletzt forderte die Verwissenschaftlichung der Arbeit des Kammergerichts auch die schriftliche Fixierung der neuen Organisationsstruktur und der damit verbundenen Verfahrensregeln. Deshalb ist auch diese Maßnahme im Zusammenhang mit den

---

224 Taxregister (Anm. 90), S. 679 ff. Nr. F 83; Nr. F. 84; Nr. F 85; Nr. F 101; Nr. F 114; Nr. F 115; Nr. F 141; Nr. F 164; Nr. F 180; Nr. F 188.

225 Heinig (Anm. 2), S. 662.

226 Heinig (Anm. 2), S. 662.

227 Gerichtsbücher (Anm. 65), Bd. 2, Magin, Protokolle: P 44, 1471 Oktober 25. Gerichtsbücher (Anm. 65), Bd. 1, Maurer, Urteilsbuch: U 1. 1471 Oktober 26.

Reformen zu sehen, weil sie indirekt durch die Verpachtung veranlasst worden sein dürfte.

Exkurs: Der Entwurf einer vom 31. Oktober 1471

Als Friedrich Battenberg 1981 den Text einer Kammergerichtsordnung aus einer Handschrift im Staatsarchiv Darmstadt (D) edierte,[228] stand ihm allein diese Archivalie zur Verfügung. Er konnte sie lediglich mit den älteren Drucken vergleichen, die alle auf einer Edition von Lünig (L) basieren. Dieser hatte für seine Publikation eine andere Handschrift als die Darmstädter benutzt. Battenberg hat deshalb den Text seiner Edition aus dieser teilweise umfangreicheren Fassung des Druckes ergänzt.[229] Jetzt hat sich die Situation dadurch verändert, dass im Laufe der Archivrecherchen für die Regesten Kaiser Friedrichs III. (1440–1493) im Thüringischen Hauptstaatsarchiv Weimar eine weitere Handschrift (W) entdeckt wurde.[230]

Das macht es nötig und möglich, das Überlieferungsproblem neu zu überdenken. Battenberg hatte aus Defiziten des Protokolls und des Eschatokolls der Handschrift D gefolgert, dass der Kaiser den Text nicht als verkündungsreif angesehen habe, und neue Umstände einen Aufschub der Publikation geboten hätten.[231] Der Neufund der Handschrift W ändert an diesem Befund deshalb nichts, weil auch sie dieselben Defizite des Urkundenformulars und Unstimmigkeiten im Kontext aufweist wie die von Battenberg benutzte Handschrift D. Seine kontextualen Überlegungen werden zudem durch das seither in den Reichstagsakten zum Jahr 1471 publizierte Material weiter erhärtet und ergänzt.[232]

Der Wunsch nach einer schriftlichen Ordnung für das Kammergericht taucht zum ersten Mal in einer Instruktion von Dr. Mair, dem einflussreichen Rat Herzog Ludwigs von Bayern-Landshut, vom März 1471 auf.[233] Dr. Mair instruierte darin Ulrich Durchzieher, den sein Herr zu Graf Rudolf von Sulz am Kaiserhof gesandt hatte, der Kaiser möge „*ainen gemainen beständigen friden im heiligen reich fürnemen oder seinem camergericht ain löblich ordnung zu fürderlichem austrag rechtens machen oder ichts anders dem hl. Reich zu gut auf dem obgenanten tag handeln*“. Die Kammergerichtsordnung war also nur eine Möglichkeit, dem Reich etwas Gutes zu tun, und zwar erst in zweiter Linie. An erster Stelle dachte Dr. Mair vielmehr an einen dauerhaften Landfrieden. Erst danach hielt er die Regulierung des Kammergerichts für ein geeignetes Mittel, das Beste des Reiches zu fördern. Der

---

228 Battenberg (Anm. 92), S. 21 ff., 54 ff., 74 ff.

229 Battenberg (Anm. 92), S. 57, S. 74 Anm. 123.

230 Heft 10, 1996, Nr. 334, 1471 Oktober 24, Wien.

231 Battenberg (Anm. 92), S. 36 f.

232 DRTA (Anm. 135, 137), Bd. 22, 2. Hälfte, herausgegeben von Helmut Wolf, 1999.

233 DRTA (Anm. 135, 137), S. 27, Artikel 5 b (vor März 17 1471).

Kaiser griff diesen Wunsch auf. In Artikel 12 seines ersten Landfriedensentwurfs bekundete er seine Absicht, seinem Kammergericht eine löbliche Ordnung geben zu wollen.[234] Deren Entwurf solle beigelegt werden.

Doch dazu kam es nicht, wie einige ständische Reaktionen auf die kaiserliche Proposition beweisen. So vermerkten die Gesandten der Stadt Straßburg in ihrem Bericht an den Straßburger Ammeister zu diesem Artikel lakonisch: „*Item auf den zweliften, der teute auf ein sunder gerichte und ordnung inhalt einer schrift. die aber noch nit gesehen ist worden, dorauf kan die gerechtigkait des gerichts nicht geachtet werden*".[235] Auch der Frankfurter Gesandte konnte dem Rat am 25.–28. Juli 1471 nur mitteilen, dass der Kaiser zwar beabsichtigt habe, den Entwurf für „*ein besunder gerichtsordnunge*" vorzulegen, „*dass man zu Regensburg noch sidher die schrifft davon sagende nit gesehen noch gehört habe und nit wisse, wie sie lude*". Der Entwurf der vom Kaiser geplanten Kammergerichtsordnung hat also den Reichsständen nie offiziell vorgelegen, sondern blieb als Arbeitspapier in der Römischen Kanzlei verborgen. Er wurde nur einzelnen Reichsständen auf Anfordern zugänglich gemacht, die dann davon Abschriften fertigen lassen konnten. Der Regensburger Landfrieden Kaiser Friedrichs III. vom 24. Juli 1471 enthielt Artikel 12 mit dem Versprechen, eine Kammergerichtsordnung zu erlassen, nicht mehr.[236] Weshalb die Kanzlei die Arbeit an einer Kammergerichtsordnung eingestellt hat, kann allerdings nur vermutet werden. Am wahrscheinlichsten scheint es zu sein, dass die bei dieser Gelegenheit geplante Umstrukturierung in ein Gericht mit besoldeten Juristenrichtern an den Problemen der Finanzierung gescheitert ist.

Einige Materien, die in dieser Ordnung geregelt werden sollten, sind allerdings im reichsständischen Landfriedensgegenentwurf zu finden. Das beweist, dass zwar die umfassendere Ordnung verzichtbar war, nicht aber die Klarstellung anstehender Rechtsfragen im Zusammenhang mit dem Kammergericht. So forderten die Stände in Artikel 3 dieses Textes, der Kaiser solle in Frankfurt ein Landfriedensgericht einsetzen, das mit einem mindestens ritterbürtigen Richter und sechs Beisitzern besetzt sein sollte.[237] Artikel 34 bis 36 enthalten die in dem kaiserlichen Entwurf einer Kammergerichtsordnung so wichtigen Richtereide. Eine solche dezentrale Organisation der Landfriedensgerichtsbarkeit konnte der Kaiser jedoch in dem

---

234 DRTA (Anm. 135, 137), Bd. 22/2, S. 872 Artikel 12.

235 DRTA (Anm. 135, 137), Bd. 22/2, S. 854 Nr. 125 b.

236 DRTA (Anm. 135, 137), Bd. 22/2, S. 867 ff. Nr. 127. Der Text springt von Artikel 11 direkt zu Artikel 13, lässt also den Artikel 12 mit dem nicht eingelösten Versprechen, eine Kammergerichtsordnung zu erlassen, aus.

237 DRTA (Anm. 135, 137), Bd. 22/2, S. 837 f., 972, Nr. 127. Das Gericht sollte dauerhaft eingerichtet werden, wie die Anordnungen zur Auswechselung der Beisitzer und ihre Besoldung zeigen: Artikel 30, 32–33.

verabschiedeten Regensburger Landfrieden verhindern. Die Zuständigkeit für Landfriedenssachen blieb seinem Kammergericht vorbehalten.

Battenberg hat sein Ergebnis, dass der auf den 31. Oktober 1471 datierte Text einer Kammergerichtsordnung kein endgültig verabschiedeter Gesetzestext, sondern nur ein Entwurf sei, aus der Kenntnis gewonnen, dass Gesetze der Zeit immer die Form einer Urkunde gehabt hätten. Dem Text fehlen jedoch wichtige Teile des Urkundenformulars. Da die Handschrift W ähnliche Defizite aufweist,[238] verändert der Neufund diese Einschätzung nicht. Dieses durch diplomatische Untersuchung gewonnene Ergebnis, dass der auf den 31. Oktober 1417 datierte Text nur eine Entwurfsfassung sei, wird durch die Materialien des politischen Diskurses bestätigt.

Ein eingehender Textvergleich der Fassungen D und W offenbart bemerkenswerte Unterschiede in der Sorgfalt der Abschriften. Schon die Überschriften unterscheiden sich signifikant. Die Handschrift D gibt dem Text die Überschrift „*Keyser Fridrichs reformacie sins kammergerihtz*". Handschrift W wählt dagegen die Formulierung „*Ordennung des keyserlichen Camergerichtz zu wien gehalten anno CLXXprimo*". Die Überschriften weichen so stark voneinander ab, dass sie kaum zum abgeschriebenen Gesetzestextentwurf gehört haben dürften. Vielmehr sind sie wohl jeweils vom Abschreiber zugefügt worden. Man kann also etwa dem Wort „*reformacie*" in der Überschrift von D keine intentionale Bedeutung für den Text zuschreiben.[239]

Artikel 1 spricht in D von „*redelichen besitzern und urteilern*", während W „*redelichen beysitzenden urteilern*" formuliert. Dieser Unterschied hat, wie schon Battenberg festgestellt hat, keine inhaltliche Bedeutung.[240] Gleichwohl macht die Formulierung in W einen korrekteren Eindruck.

Nicht immer sind solche Wortdifferenzen inhaltlich – wie hier – belanglos. Beispielsweise spricht Handschrift D in Artikel 2 davon, dass der Kammerrichter sich nicht durch „*reht, gunst, liebe, gabe*" beeinflussen lassen solle, während Handschrift W statt des sinnwidrigen Wortes „*reht*" das Wort „*vorcht*" benutzt. Damit bekommt der Artikel in der Handschrift W die Fassung, die in der Formel üblich ist. Das deutet auf eine größere Sorgfalt des Abschreibers von W hin.

Dass die in Überlieferung W zur Einleitung von Artikel 2 fett geschriebene Überschrift „*der Eydt des richters und beysitzenden urteilern*" in Handschrift D fehlt, ist inhaltlich ebenso irrelevant. Die in Handschrift W optisch hervorgehobenen Überschriften geben dem Schriftbild jedoch eine klare, visuell hervorgehobene Gliederung. Ob sie dem Text vom Abschreiber zugefügt wurden oder ob sie zu

---

238 DRTA (Anm. 135, 137), Bd. 22/2, S. 837 f., Nr. 124.

239 Diestelkamp (Anm. 167), S. 101 ff., 106.

240 Battenberg (Anm. 92), S. 64 f.

einer späteren Entwurfsfassung als D gehören, muss offenbleiben, spielt inhaltlich aber keine Rolle.

Über bloße Wortdifferenzen geht es allerdings hinaus, wenn in Version D ganze Satzteile fehlen, die der Neufund W enthält. So macht Artikel 1 in der Fassung D mit den Worten „*befehlen, zu halten, zugewarten oder des merern teilers usser yn*" einen unvollständigen bis unverständlichen Eindruck. Das bestätigt sich im Vergleich mit der entsprechenden Wendung in Fassung W: „*stetiglichs wo wir zu zeyten im Reich sein oder Camergericht zu haltenn befehlen, zu gewarten oder das merer auss yn*".[241] Die in D fehlenden Textpassagen sind für das Verständnis der Norm keineswegs unerheblich, weil sie zeigen, dass das Gericht sich noch ganz in der Hand des Kaisers befand und auch bleiben sollte.

Noch größere Abweichungen weisen Handschrift D und W in Artikel 4 auf. In D folgt dieser Artikel unmittelbar auf den Gerichtsschreibereid, obwohl er zu diesem keinerlei Bezug hat. Er endet mit den Worten „*eydt gethan*". W bietet stattdessen an dieser Stelle Artikel 5 der Fassung D, dem er unmittelbar Artikel 6 folgen lässt. Diese Textgestaltung ist systematischer als die von D, weil sie Textpassagen, die nicht zur Eidesformel gehören, vor diese stellt.

Insgesamt erweist sich die Fassung W als die sorgsamere Abschrift. Die weniger korrekt gestaltete Fassung D dürfte eine frühere, noch kaum elaborierte Ausarbeitung der geplanten Kammergerichtsordnung wiedergeben oder auch nur von einem flüchtigeren Schreiber kopiert worden sein. Dass der Kopist dieser Fassung es an der notwendigen Sorgfalt hat fehlen lassen, legt insbesondere die Feststellung nahe, dass Version W nicht nur Unvollständigkeiten oder kleinere Textfehler von D korrigiert, sondern insgesamt eine systematischere Textfassung bietet.

Die in der Darmstädter Überlieferung folgende Liste der von Kaiser Friedrich III. eingesetzten Kammergerichtspersonen[242] sowie die Prokuratorenmeinung von 1471[243] fehlen bei der Fassung W. Sie sind dem Text von D wohl nachträglich vom Abschreiber zugefügt worden, weil dieser sie in der Kanzlei gerade gesehen haben dürfte. Bei der Bewertung der unvollendeten Kammergerichtsordnung können sie daher nicht herangezogen werden. Spätmittelalterliche Normsetzungen wollten in der Regel nicht ein Rechtsgebiet umfassend regulieren, sondern dienten der Lösung aktuell aufgetauchter Rechtsprobleme. So kann man wie im Spiegel erkennen, welche aktuellen Probleme die Praxis gerade beschäftigten.

Der überlieferte Text besteht im ersten Teil (Artikel 1–10) aus einem Organisationsstatut, das allerdings nicht an Sachstrukturen ausgerichtet ist, sondern anhand der Pflichten, die die Amtspersonen (Kammerrichter und Assessoren Artikel 1

241 Battenberg (Anm. 92), S. 54 f. erörtert diese Abweichung nur unter dem Aspekt eines festen, vom Hof unabhängigen Sitzes für das Gericht.

242 Battenberg (Anm. 92), S. 70 ff.

243 Battenberg (Anm. 92), S. 81.

und 2, Gerichtsschreiber Artikel 3, Prokuratoren und Advokaten Artikel 4–8 und Gerichtsboten Artikel 9, 10[244]) in einem Amtseid beschwören sollten.[245] Offenbar wurden Änderungen dieser Struktur diskutiert. Reformerische Veränderungen haben aber bestenfalls ansatzweise Eingang in den Text von 1471 gefunden. Noch ist das Kammergericht vollständig in der Hand des Kaisers. Er allein befindet, ob und wann es tagen soll. Er beruft den Richter und die Assessoren. Noch ist deren Zahl nicht limitiert mit festen Sitzzahlen jeweils für eine Adlige und eine Gelehrte Bank. In einem einzigen Punkt deutet sich die grundlegende Reform von 1495 an: Die Urteiler sollten besoldet werden. Der Kaiser wollte also das Kammergericht zu einem Juristen-Beamten-Gericht machen.

Eine zweite, ersichtlich kleinere Gruppe von Normen des Entwurfs von 1471 beschäftigt sich mit dem Verfahren (Artikel 11–15), allerdings nicht mit dem normalen Prozessverlauf, sondern nur mit dem Spezialfall der Säumnis.[246] Die Anerkennung des Kammergerichts als neue Form der Königsgerichtsbarkeit war offenbar noch nicht selbstverständlich, so dass wohl viele Parteien glaubten, sich auf Verfahren dort nicht einlassen zu müssen. Das in Artikel 16 ausgesprochene Verbot des ungeordneten Durcheinanderredens in der Audienz wendet sich gegen Auswüchse des Mündlichkeitsprinzips des damaligen Kameralprozesses. Selbst später, nachdem sich das Schriftlichkeitsprinzip durchgesetzt hatte, blieb die Ordnung des Sitzungsverlaufs ein immer wieder zu behandelnder Regelungsbereich.[247]

Im letzten Artikel (18) ist der Versuch formuliert, die Besoldung der Assessoren durch Sporteln und Gebühren zu finanzieren. Dieser Versuch, das Kammergericht sich selbst finanzieren zu lassen, hätte nur funktionieren können, wenn wenigstens die Zahl der so zu Besoldenden fixiert worden wäre. Da jegliche Erfahrung auf dem Gebiet fehlte, war kaum abschätzbar, ob die Gerichtseinkünfte für diesen Zweck wirklich hätten ausreichen können. Die Unsicherheit über die Finanzierung des professionalisierten Kammergerichts könnte im Übrigen auch der Grund dafür gewesen sein, weshalb der Kaiser das Projekt nicht zur Vollendung gebracht hat. Auch die spätere Lösung, den Finanzbedarf des Kammergerichts durch eine Sondersteuer zu befriedigen, erwies sich als wenig effektiv, weil die Zahlungen nicht ordnungsgemäß eingingen.

---

244 Battenberg (Anm. 92), S. 54 ff.

245 Robert Scheyhing, Eide, Amtsgewalt und Bannleihe (Forschungen zur Deutschen Rechtsgeschichte, 2), 1960, S. 150 ff., 154 ff., 160 ff., 170 ff.

246 Zum Säumnisverfahren im Kameralprozess Bettina Dick, Die Entwicklung des Kameralprozesses nach den Ordnungen von 1495 bis 1555 (QFHG, 10), 1981, S. 185 ff.

247 Auch der dem Prinzip der Schriftlichkeit verpflichtete Kameralprozess der Frühen Neuzeit enthielt noch gewichtige mündliche Verfahrenselemente: B. Diestelkamp, Beobachtungen zur Schriftlichkeit im Kameralprozess, in: Peter Oestmann (Hg.), Zwischen Formstrenge und Billigkeit. Forschungen zum vormodernen Zivillprozeß (QFHG, 56), 2009, S. 105–115.

Das Bild des Kammergerichts im Spiegel des Entwurfs einer Kammergerichtsordnung von 1471 ist zwiespältig. Einerseits sieht man ein immer noch nicht fest organisiertes Gericht, das noch ganz ein Gericht des Herrschers war. Andererseits gibt es Reformansätze, um das Kammergericht zu professionalisieren. Dazu hätten vor allem die Assessoren fest angestellt und besoldet werden müssen. Das dafür vorgesehene Konzept war jedoch nicht konsequent durchdacht. So wird die Zahl der solchermaßen verbeamteten Assessoren nicht festgelegt. Zudem ist der Vorschlag zur Finanzierung der Besoldung zu allgemein gehalten. Die vorgesehene Lösung, das Gericht sich selbst finanzieren zu lassen, ist finanziell nicht durchgerechnet. Interessant und zukunftsträchtig sind die Regulierungen der Säumnisfälle. Auch die später praktizierte Lösung, für das Kammergericht eine Sondersteuer zu erheben, erwies sich in der Praxis als wenig effektiv, weil die Reichstände ihrer Steuerpflicht nicht ordnungsgemäß nachkamen.

Wegen solcher Unausgereiftheiten der ersten, kleinen Reformschritte könnte der Kaiser das Projekt einer Kammergerichtsordnung nicht weiter verfolgt haben. Der notwendige Wechsel zur Professionalisierung und zur Verstetigung des Gerichts scheiterte an der Sicherung der dafür notwendigen Finanzierung.

Das Kammergericht vom September 1474 bis zum Tod Kaiser Friedrichs III. am 19. August 1493

Nicht nur der mit Erzbischof Adolf II. abgeschlossene Pachtvertrag endete mit dessen Tod, sondern überhaupt die Periode der Verpachtungen des Kammergerichts. Der Kaiser trennte das Gericht und die Kanzlei wieder. Fortan berief und besetzte er das Kammergericht wieder nach dem hergekommenen Modus.[248]

Heinigs Feststellung, dass der Kaiser sein Kammergericht von 1480 bis 1490 vollständig suspendiert gehabt habe, um die Reichstände zu bestrafen,[249] hält einer Prüfung nicht stand. Das Kammergericht war auch in diesem Jahrzehnt durchaus tätig, allerdings spürbar reduziert. Eintragungen im Urteilsbuch über Bevollmächtigungen[250] und die Handhabung von Fristproblemen[251] bezeugen allerdings nur Tätigkeiten des für das Kammergericht zuständigen kaiserlichen Protonotars Johann Waldner. Von 1480 bis 1490 sind jedoch auch Aktivitäten des Gerichts selbst bezeugt in Urkunden, die auf etwa 2. Juli 1482 datiert werden.[252] Darin bezieht sich

248 Heinig (Anm. 2), S. 109.

249 Heinig (Anm. 2), S. 103 f.

250 1481: Gerichtsbücher (Anm. 65), Bd. 1, Maurer, Urteilsbuch, Beigebundene Blätter: BU 45; BU 49–51; BU 52; BU 53–55.

251 1481: Gerichtsbücher (Anm. 65), Bd. 1, Maurer, Urteilsbuch, Beigebundene Blätter: BU 46; BU 47, 48.

252 Heft 4 Nr. 853, 854; Heft 15 Nr. 376; Heft 17 Nr. 318.

der Kaiser auf Urteile seines Kammergerichts gegen die Städte Regensburg, Friedberg und Trier wegen Nichterfüllung des Nürnberger Anschlags vom 13. August 1481. Am 1. Juni 1484 teilte der Kaiser allen Reichsuntertanen mit, dass sein Kammergericht über die Stadt Lindau ein Achturteil gefällt habe.[253] Vor dem 31. Juli 1484 fällte das Kammergericht ein Urteil in der Appellationssache des Frankfurter Stadtschreibers gegen die Stadt Rüdesheim.[254] Am 24. Oktober 1486 untersagte Friedrich III. in einer Appellationssache jegliche Maßnahmen gegen den Appellanten während der Rechtshängigkeit des Verfahrens am Kammergericht.[255] Diese Belege beweisen hinreichend, dass das Kammergericht in dem Jahrzehnt von 1480 bis 1490 keineswegs vollständig suspendiert war, sondern durchaus arbeitete, wenn auch nicht kontinuierlich.

Es hätte besonderer Bemühungen bedurft, das Gericht aus dieser Lethargiephase herauszuholen und zu neuer Aktivität zu beleben. Doch daran ließ der Kaiser es in diesen Jahren fehlen. Am 9. September 1490 verkündete Friedrich III., dass er sein Kammergericht am nächsten Gerichtstag nach dem 2. Februar 1491 wieder abhalten wolle.[256] Doch unterblieb diese Neueröffnung. Vielleicht hatte Friedrich III. damals nicht genügend Juristen am Hof, um sein Gericht ordnungsgemäß mit juristischem Sachverstand ausstatten zu können. Jedenfalls bat er am 16. April 1492 Kurfürst Johann von Brandenburg darum, ihm einen Laien in sein kaiserliches Kammergericht zu senden.[257] Zwei Tage vorher hatte der Kaiser am 14. April 1492 eingestehen müssen, dass er schon zwei Mal vergeblich versucht habe, sein Kammergericht wieder zu eröffnen.[258] In derselben Urkunde berichtete er auch, dass der zum Kammerrichter bestellte Eitel Friederich II. von Zollern sein Amt nicht habe ausüben können, weil er wegen Kriegsläuften für König Maximilian in Ungarn habe tätig werden müssen.[259] Hier scheint der Wechsel vom aktuell berufenen Richter am Kammergericht zur Ernennung eines dauerhaft amtierenden Kammerrichters vollzogen zu sein. Sonst hätte Friedrich III. anstelle des verhinderten Zollerngrafen einen anderen zum Richter berufen können. Da die ungarischen Händel mittlerweile beendet seien, so dass Graf Eitel Friederich II. von Zollern wieder am Hof anwesend sei, habe er befohlen, das Kammergericht am nächsten Gerichtstag nach dem 10. Juni 1492 am kaiserlichen Hof abzuhalten. Doch auch dies blieb ein leeres Versprechen, wie Graf Eitel Friederich II. von Zollern am 17. März 1493 bekennen

---

253 Heft 1 Nr. 114.

254 Heft 4 Nr. 871–873.

255 Heft 17 Nr. 328.

256 Heft 3 Nr. 187 (1490 September 9); Heft 36 Nr. 161 (1490 September 9).

257 Heft 20 Nr. 327, 328.

258 Heft 31 Nr. 404. Diese Bemerkung fehlt in der sonst gleichlautenden Mitteilung an die Stadt Wismar vom selben Datum (Heft 20 Nr. 330), die jedoch nur unzulänglich überliefert ist.

259 Heft 20 Nr. 329.

musste.[260] Als Kaiser Friedrich III. am 19. August 1493 starb, hinterließ er seinem Sohn und Nachfolger König Maximilian I. das Kammergericht in einem desolaten Zustand. Diese Feststellung wird auch nicht dadurch widerlegt, wie Mader meint,[261] dass der kaiserliche Fiskal Keller in dieser Phase einige Prozesse erfolgreich habe durchführen können.

4.1.2 Die Beisitzer

Die Beisitzer, Assessoren oder Urteiler, wie sie abwechselnd genannt wurden, ohne dass ein Grund für die unterschiedlichen Bezeichnungen erkennbar wäre,[262] bildeten den Spruchkörper des Gerichts, die Urteilerbank. Es gab adlige und rechtsgelehrte Beisitzer. Auch wenn Julia Maurer darauf aufmerksam macht, dass die Protokollierung eine gewisse Sitzordnung vermuten lässt,[263] ist doch auch für sie eine Aufteilung in eine adlige und eine gelehrte Bank noch nicht erkennbar.[264]

Die adligen Urteiler wechselten regelmäßig. Sowohl Heinig[265] als auch Peter Moraw[266] brachten dies mit wechselnder Orientierung des Hofes in die Erbländer Friedrichs III. oder ins Reich in Verbindung. Rechtshistorische Faktoren, wie das Funktionieren eines Urteilergremiums und der Einfluss seiner Arbeitsweise auf die Zusammensetzung der Urteilerbank, hatte Peter Moraw sogar ausdrücklich für seine Untersuchung ausgeschlossenen.[267] Doch sind diese für das Verständnis eines Gerichts und seine Besetzung mindestens ebenso bedeutsam wie die von Heinig und Moraw untersuchte regionale Herkunft. Die Urteilerbank musste nämlich unterschiedliche Aufgaben erfüllen je nachdem, ob das Gericht im dinggenossenschaftlichen Modus oder als Juristengericht arbeitete. Für beide Verfahrensmodi musste das Gremium unterschiedlich zusammengesetzt sein.

---

260 Heft 31 Nr. 404, Anm. 3.

261 Bernhard Mader, Johann Keller (ca. 1435–1489). Reichsfiskalat und Herrschaftspraxis unter Kaiser Friedrich III. Diss. phil. Mannheim. maschschr., 1991, S. 119, Anm. 674.

262 Maurer (Anm. 2), S. 98 nimmt die Bezeichnung „Beisitzer" wörtlich, und meint damit diejenigen Urteiler, die „dabei" waren. Sie gibt jedoch für diese Interpretation keine schlüssige Begründung.

263 Maurer (Anm. 2), S. 101.

264 Maurer (Anm. 2), S. 102.

265 Heinig (Anm. 2), S. 104 ff; ders., Gelehrte Juristen im Dienst der römisch-deutschen Könige des 15. Jahrhunderts, in: Recht und Verfassung im Übergang vom Mittelalter zur Neuzeit. I. Teil, Bericht über Kolloquien der Kommission zur Erforschung der Kultur des Spätmittelalters 1994 bis 1995 (Abhandlungen der Akademie der Wissenschaften in Göttingen Phil.-Hist. Klasse 3. Folge Nr. 228), 1998, S. 167–184.

266 Peter Moraw, Gelehrte Juristen im Dienst der deutschen Könige des späten Mittelalters (1273–1493), in: Die Rolle der Juristen bei der Entstehung des modernen Staates, 1986, S. 77–147.

267 Moraw (Anm. 266), S. 79.

Im ersten Fall hatten die Urteiler nach dem mündlich tradierten Rechtswissen konsensual die regionale/lokale Norm zu finden, nach dem der vorliegende Konflikt zu beurteilen war. Das war keine Anwendung vorgegebener, gar schriftlich fixierter Normen. Der Richter war an der Urteilsfindung nicht beteiligt, sondern wirkte im Prozess lediglich verfahrensleitend mit. Am Schluss musste er dem von den Urteilern gefundenen Urteil durch Verkündung den Charakter eines vom Gerichtsherrn gefällten und erst damit rechtskräftigen und unanfechtbaren Spruchs geben. Für die Rechts-(Urteils)findung im dinggenossenschaftlichen Verfahren war somit die regionale Herkunft der Beisitzer nicht nur irgendein politischer Faktor für die Integration des Hofes ins Reich oder in Friedrichs III. Erbländer, sondern sie war für die Urteilsfindung selbst von essenzieller Bedeutung. Nur Urteiler, die aus der Region kamen, in der der Konflikt spielte, waren des zu findenden Rechtes kundig.

Neben dem tradierten Recht und seiner dazu passenden dinggenossenschaftlichen Gerichtsverfassung mit ihren Verfahrensregeln hatte die Kirche seit dem 12. Jahrhundert aus Konzilsbeschlüssen und päpstlichen Entscheidungen das Kanonische Recht entwickelt und in einer Sammlung dieser Normen – dem „*Decretum Gratiani*" – zusammengefasst sowie ständig erneuert und ergänzt. Dieses Recht konnte man an einer der in Italien, Spanien oder Südfrankreich entstehenden Rechtsfakultäten studieren, um es in den geistlichen Gerichten anwenden zu können. Die kirchlichen Gerichte waren entsprechend der Struktur der Kirche hierarchisch gegliedert. In dieser Gerichtsverfassung besaßen die übergeordneten Instanzen die Autorität, das kanonische Recht besser oder richtiger auslegen und anwenden zu können als die Untergerichte. Deshalb konnte man vom Urteil einer unteren Instanz an ein übergeordnetes Gericht appellieren. Dieses hatte kraft seiner Überordnung die Macht, das Urteil der Unterinstanz korrigieren zu können. In diesem Modell entschieden die Urteiler zusammen mit dem Richter, der deshalb also auch Jurist sein musste, nach vorfindlichen, schriftlichen Normen. Die Urteiler suchten im schriftlichen Gesetzesrecht nach erlernbaren Regeln die für die Lösung des Konflikts passenden Normen heraus und leiteten nach ebenfalls erlernbaren Anwendungsregeln aus diesen schriftlichen Normen das Urteil ab.

Das dinggenossenschaftliche Verfahren benötigte als Urteiler Kenner der im jeweils lokalen oder regionalen Rechtskreis geübten Regeln. Da Fälle aus dem ganzen Reich an den Hof kamen, mussten je nach Lokalisierung der zu entscheidenden Fälle Kenner unterschiedlicher Rechtskreise herangezogen werden. Diese Urteiler schöpften ihre Kenntnis aus ihrer Erfahrung des Rechtslebens.[268] Beim anderen Modell dagegen konnten nur Könner des an einer Rechtsfakultät gelehrten Rechts

---

268 Das berücksichtigen weder Heinig (Anm. 2) noch Moraw (Anm. 266), weil sie sich nur für die Wirkungen der Urteilerberufung für die Beziehungen des Hofes zum Reich interessierten.

als Urteiler fungieren. Wann diese Form der Rechtsanwendung allgemein im weltlichen Bereich übernommen wurde, also wann sich die Rezeption des gelehrten Rechts vollzog, braucht in diesem Zusammenhang nicht erörtert zu werden. Hier interessiert nur, ab wann beim Kammergericht auf der Urteilerbank ein Wechsel von Kennern des überlieferten Rechts zu Könnern des gelehrten Rechts zu beobachten ist.

Ebenfalls muss für die Untersuchung der Zusammensetzung der Urteilerbank des Kammergerichts nicht analysiert werden, wann und weshalb an diesem Gericht das eine Verfahren nach dinggenossenschaftlichem Modus verhandelt und entschieden wurde, während für andere Prozesse das gelehrte Recht und seine Verfahrensregeln herangezogen wurden. Pauschale Zuordnung von Materien als Anwendungsfälle für Verfahren nach römisch-kanonischem Prozessrecht, wie Moraw es versucht hat,[269] sind verfehlt. Er meint, dass Streitigkeiten zwischen Reichsfürsten, Grafen, Niederadel und Städten, d. h. interterritoriale Konflikte, nach römischem Recht entschieden worden seien. Diese These ist nicht rechtshistorisch abgeleitet und insgesamt zu grobmaschig. Zuverlässige Erkenntnisse wären nur durch Analyse der Rechtspraxis zu gewinnen. Doch gerade die von Moraw benannten Konfliktfelder waren meist nach altem Herkommen oder nach urkundlichem Zeugnis zu entscheiden.

Allerdings gibt es einen untrüglichen Indikator dafür, welche Fälle am Kammergericht nicht nach tradiertem, sondern nach gelehrtem Modus verhandelt worden sein mussten: Die Appellation.[270] Das dinggenossenschaftliche System kannte keine Berufung gegen ein durch Verkündung rechtskräftig gewordenes Urteil. Dem widersprach sowohl die Art der Urteilsfindung nach tradiertem Rechtswissen als auch die Gleichstufigkeit aller dinggenossenschaftlichen Gerichte. Deshalb indiziert eine Appellation ein Verfahren nach gelehrtem Recht, für das auf der Urteilerbank hinreichend juristischer Sachverstand vertreten sein musste, um das komplexe Appellationsverfahren ordnungsgemäß nach den Regeln des gelehrten Verfahrensrechts durchführen zu können. Weil diese Juristen-Assessoren nicht nach regionalem Recht, sondern nach *ius commune* urteilten, war für ihre Tätigkeit als Urteiler ihre regionale Herkunft nur noch von sekundärer Bedeutung. Der neue Berufsstand der Juristen wurde für seine Tätigkeit nicht mehr nach den Regeln der Geburtsständegesellschaft bewertet, sondern nach den Kriterien seiner Ausbildung, über die der erworbene akademische Grad Auskunft gab. Für die Könner des gelehrten

---

269 Moraw (Anm. 266), S. 109 f.

270 Gemeint ist nicht das Auftauchen des Wortes Appellation, das auch unspezifisch verwendet werden konnte, sondern die Verfahrensart, in der erkennbar eine obere Instanz ein gefälltes Urteil (nicht einen noch streitigen Urteilsvorschlag) korrigieren oder bestätigen sollte.

Rechts waren regionale Klientelsysteme, die Moraw[271] und Heinig[272] interessierten, lediglich wichtig, wenn es darum ging, durch einen einflussreichen Patron eine angemessene Anstellung erlangen zu können. Das spiegelte sich später beim Reichskammergericht in der Bestimmung des Ranges der Assessoren nach dem Rang ihres Präsentationsstands. Für die Ausübung ihrer Tätigkeit am Gericht war die regionale Herkunft dagegen unerheblich. Als Ergebnis der Rechtsanwendungslehre, wonach das *ius commune* nur subsdiär anzuwenden sei, kam es zu einer Föderalisierung der Rechtskenntnisse und zur erneuten Aufwertung der Partikularrechte, was seit 1556 einen normativen Abschluss findet.

In den Quellen des Kammergerichts erhalten daher die Juristen neutrale Bezeichnungen wie *„meister"*, *„magister"* *„doctor"* *oder „licenciatus"*. Kirchliche Pfründen wurden dem Namen nur ausnahmsweise zusätzlich zugefügt.[273] Selbst Hofämter wie das eines Protonotars oder kaiserlichen Rates wurden nur selten zusätzlich erwähnt.

Erwartungsgemäß entspricht in diesem Sinne die Zunahme der Juristen als Assessoren beim Kammergericht dem Anwachsen der Appellationsverfahren. In den Jahren von 1442 bis 1445 gab es noch Audienzen ohne einen einzigen Juristen auf der Urteilerbank.[274] Notfalls genügte es, dass an einer Sitzung ein bis maximal drei Juristen teilnahmen. Weshalb der König in dieser Phase für einzelne Audienzen ausnahmsweise sogar fünf oder gar sechs Juristen als Urteiler berief, ist nicht ersichtlich. In den Jahren 1446[275] und 1447[276] begann der Trend sich umzukehren.

---

271 Moraw (Anm. 266), S. 78, 80 f.

272 Heinig (Anm. 2), S. 104 ff.; Moraw (Anm. 266), S. 106.

273 Pfullendorf (Anm. 40), Dr. Johannes Thur, Propst in Forchheim (S. 48, 1444 September 15 + 16). Ohne Pfründe erscheint er: S. 46, 1444 September 17 + 18). Dr. (Meister) Peter Kroll, Propst von Forchheim: (S. 50, 1444 Oktober 6) Vorher (S. 47, 1444 September 14 + 15) und danach (S. 48, 1444 September 16 + 17, S. 49, 1444 September 18 + 23, Oktober 8, S. 50, 1444 Oktober 7, S. 67, 1446 Februar 15 + 17, S. 72, 1446 März 28 + 29, S. 145, 1449 Mai 8, 146, 1449 Mai 6 + 9. 148, 1449 Mai 20) mehrfach ohne Pfründe erwähnt. Meister Andre, Pfarrer zu Danzig: (S. 64, 1446 Januar 8). Meister Gebhart von Bulach, Chorherr zu Konstanz: S. 124, 1448 September 25 + 26, S. 126, 1448 September 27, S. 127, 1448 September 30, S. 128, 1448 Oktober 2.

274 Zahlen nach Pfullendorf (Anm. 40). Gezählt werden auch Nennungen ohne akademischen Grad, wenn dieselbe Person sonst mit Graduierung versehen wird:

1442: 8 Sitzungen ohne Juristen.
1443: 3 Sitzungen ohne Juristen.
1444: 4 Sitzungen im April ohne Juristen.

275 1447 fanden noch 8 Sitzungen mit 1 bis 2 Juristen statt, während schon 15 Sitzungen eine Besetzung mit 3, 4, 5, 6 und sogar 7 juristischen Assessoren aufwiesen.

276 Von den Sitzungen des Jahres 1448 kamen nur noch 7 mit 1 oder 2 juristischen Urteilern aus (9. Januar, 11. Januar, 1. Februar, 3.Februar, 1. + 2. August, 18. Oktober), während der König für 10 Sitzungen schon 3 und vorwiegend 7 Juristen berief (10. Januar, 18. Januar, 20. Januar, 13./14. Februar, 8. März, 3. Juni, 5. Juni, 12. Juni, 13./14. Juni, 16. Juni, 17. Juni, 24. Juni, 16. September.

Fortan nahm an jeder Audienz mindestens ein Jurist teil. Ab 1448 wurde es sogar zur Regel, dass auf der Urteilerbank des Kammergerichts drei und mehr Juristen saßen.[277] Diese Zunahme von Juristen im Urteilergremium des Kammergerichts entsprach einer zeitgleichen Zunahme der Appellationen.[278] Der Vorgang ist ein Teil dessen, was man gemeinhin die „*Rezeption des gelehrten Rechts*“ nennt.[279] Zumindest für diesen Sektor der Rezeption ist das Kammergericht allerdings nicht treibende Kraft, wie auch Julia Maurer angenommen hat,[280] sondern reagierte lediglich gezwungenermaßen auf Impulse, die durch die Appellationen an das Gericht herangetragen wurden.

Da die Rechtsgelehrten das *ius commune* anwandten, das überall galt, mussten sie nicht ausgewechselt werden wie die adligen Laienurteiler, die nach den Regeln ihrer Region urteilten, so dass das Urteilergremium je nach der regionalen Herkunft des Falles zusammengesetzt werden musste. Nur wenn die Juristen für den Herrscher Aufgaben fern vom Hof ausführen mussten und deshalb ihren Dienst als Assessoren am Kammergericht nicht ausüben konnten, mussten sie auf der Urteilerbank ersetzt werden. Das war auch schon Heinig aufgefallen, der für die Zeit nach der Mainzer Pacht, also nach 1474, von einem festen Bestand von 16

---

277 1448: In 1 Sitzung war kein Jurist anwesend. 6 Sitzungen waren mit 1 oder 2 Juristen besetzt. In 4 Audienzen arbeiteten 3 studierte Juristen mit. In 12 Audienzen saßen 4 bis 8 studierte Assessoren auf der Urteilerbank des Kammergerichts.

1449: In diesem Jahr hielt das Kammergericht die bis dahin unerreichte Zahl von 48 Sitzungen ab. In nur 3 von ihnen traten weniger als 3 rechtsgelehrte Beisitzer auf. (16. August, 11. Dezember, 12. Dezember). In allen anderen Audienzen konnten 3 bis 7 Juristen sich miteinander über die richtige Lösung austauschen.

278 Appellationen:

1442: 2 Pfullendorf (Anm. 40), Nr. 2, 6.
1443: 0.
1444: 1 Pfullendorf (Anm. 40), Nr. 22.
1445: 3 Pfullendorf (Anm. 40), Nr. 42, 43, 60.
1446: 12 Pfullendorf (Anm. 40), Nr. 66, 68, 76, 100, 109, 132, 138, 140, 141, 142.
1447: 12 Pfullendorf (Anm. 40), Nr. 164, 168, 174, 175, 180, 183, 200, 201, 204, 29, 213, 268.
1448: 7 Pfullendorf (Anm. 40), Nr. 275, 336, 349, 353, 354, 359, 364.
1449: 11 Pfullendorf (Anm. 40), Nr. 352, 381, 384, 393, 430, 438, 468, 471, 472, 475, 499.
1450: 7 Pfullendorf (Anm. 40), Nr. 535, 538, 540, 544, 545, 558, 561.
1451: 11 Pfullendorf (Anm. 40), Nr. 602, 607, 609, 610, 615, 643, 652, 662, 668, 673, 674.

279 Wolfgang Sellert, Zur Rezeption des römischen und kanonischen Rechts in Deutschland von den Anfängen bis zum Beginn der frühen Neuzeit: Überblick, Diskussionsstand und Ergebnisse, in: Recht und Verfassung im Übergang vom Mittelalter zur Neuzeit. I. Teil, Bericht über Kolloquien der Kommission zur Erforschung der Kultur des Spätmittelalters 1994 bis 1995 (Abhandlungen der Akademie der Wissenschaften in Göttingen Phil.-Hist. Klasse 3. Folge, Nr. 228), 1998, S. 115 ff.

280 Maurer (Anm. 2), S. 93, Anm. 39. Maurer bezieht sich vorwiegend auf Wolfgang Sellert, Zur Rezeption (Anm. 279), S. 115 ff.

bis 18 rechtsgelehrten Beisitzern am Kammergericht ausgeht.[281] Der Fund der Aufzeichnungen des Michael von Pfullendorf erlaubt es, diese Feststellung schon für das erste Jahrzehnt des Kammergerichts unter Friedrich III. zu treffen. Das sei anhand einiger Beispiele von Juristen belegt, die in diesen Jahren anhaltend Dienste als Beisitzer ausübten:

- Meister Ulrich Riederer (Urteiler von September 1442 bis Oktober 1458);[282]
- Meister Peter Bachmüller (Urteiler von März 1443 bis Juni 1451);[283]
- Meister Molitoris Hartung von Kappel (Urteiler von April 1443 bis Mai 1453);[284]
- Dr. Peter Knorr (Urteiler von September 1444 bis Juli 1455);[285]
- Meister Konrad von Hallstatt (Urteiler von September 1445 bis Juni 1451);[286]
- Meister Nicolaus Sturzenbecher von Glatz (Urteiler von Juni 1449 bis Juli 1451);[287]
- Meister Hans Polzmacher (Urteiler von November 1445 bis Februar 1447);[288]
- Meister Niklas Simonis von Lützelburg (Urteiler von September 1448 bis Juni 1452, + Juli 1459);[289]
- Meister Doktor Gebhard von Bulach (Urteiler im September/Oktober 1448, + Dezember 1454);[290]
- Meister Doktor Hans Hinderbach (Urteiler vom März 1449 bis Juli 1451, + Dezember 1454).[291]

Es gab also von Anfang an – und nicht erst in der letzten Phase nach dem Tod Erzbischof Adolfs II. von Mainz – eine Gruppe von Juristen am Hof Friedrichs III., die über mehrere Jahre hin regelmäßig als Assessoren am Kammergericht tätig waren. Allerdings scheint gelegentlich der Bedarf an juristischem Sachverstand

281 Heinig (Anm. 2), S. 109.

282 Ch. Reinle, Ulrich Riederer (ca. 1406–1462). Gelehrter Rat Kaiser Friedrichs III. Mannheimer Historische Forschungen, Bd. 2, 1993; Heinig (Anm. 2), S. 664 ff.; Moraw (Anm. 266), S. 126. Riederer war Protonotar der römischen Kanzlei, Rat des Kaisers und bis 1452 dessen „Chefjurist".

283 Heinig (Anm. 2), S. 578; Moraw (Anm. 266), S. 130. Bachmüller war Wiener Universitätsgelehrter.

284 Heinig (Anm. 2), S. 111 ff.; Moraw (Anm. 266), S. 127 f. Molitoris Hartung von Kappel erscheint seit 1453 nur noch selten als Assessor am Kammergericht, nachdem Friedrich III. ihn 1453 zum Kammerprokuratorfiskal ernannt hatte.

285 Heinig (Anm. 2), S. 578; Moraw (Anm. 266), S. 131, 134.

286 Heinig (Anm. 2), S. 578; Moraw (Anm. 266), S. 130.

287 Moraw (Anm. 266), S. 130.

288 Moraw (Anm. 266), S. 130.

289 Moraw (Anm. 266), S. 130.

290 Heinig (Anm. 2), S. 286; Moraw (Anm. 266), S. 133. Bulach war königlicher Rat und als Domkanoniker in Augsburg, Konstanz, Brixen und Trient reich bepfründet.

291 Heinig (Anm. 2), S. 482 f., 604 f., 611; Moraw (Anm. 266), S. 129. Hinderbach war Kanzler der Kaiserin und kaiserlicher Rat. 1466 wurde er Bischof von Trient.

über die Zahl der am Hof verfügbaren Juristen hinausgegangen zu sein. Jedenfalls ergänzte Friedrich III. das Urteilergremium bei Gelegenheit durch Abordnung von Protonotaren der Kanzlei,[292] die Berufung von Professoren der Wiener Universität[293] oder von Juristen vornehmlich aus seinen Hausmachtterritorien[294] als Urteiler ans Kammergericht.

Er scheute auch nicht davor zurück, qualifizierte Juristen, die eigentlich im Dienst von Reichsfürsten standen, bei Gelegenheit als Assessoren in sein Kammergericht zu berufen.[295] Am 23. September 1444 war es der brandenburgische Kanzler Heinrich Craft,[296] am 31. Mai 1446 Meister Friedrich Grän, Kanzler des Erzbischofs von Salzburg,[297] dem am 3. Februar 1447 *maister Berchtolt,* Kanzler des Bischofs von Passau,[298] und am 31. Januar 1448 der neue erzbischöflich salzburgische Kanzler Hans Tuster[299] folgten. Tuster war schon früher am 26. November 1443 als bloßer „*licenciatus*" Urteiler gewesen.[300] Reichsfürstliche Kanzler waren zur damaligen Zeit in der Regel Juristen, auch wenn sie nicht wie Heinrich Grän oder der Passauer Kanzler als solche ausgewiesen wurden. Auch ein Offizial, also ein kirchlicher Richter, wie der Licenciat Kaspar Hornberger,[301] musste Friedrich III. als Urteiler am Kammergericht dienen. Diese reichsfürstlichen Funktionsträger als Beisitzer im Kammergericht des Kaisers sollten nicht im Sinne der späteren Reform als Versuch gedeutet werden, den Reichsständen Einfluss auf die Arbeit des Kammergerichts zu gewähren. Überzeugender ist vielmehr die Vorstellung, dass der Herrscher wegen Fehlens einer ausreichenden Zahl eigener Hofjuristen auf landesherrliche Fachleute, die gerade am Hof weilten, zugreifen musste.

Die Annahme, es habe um 1467 einen Plan gegeben, durch eine Konzentration reichsständischer Räte als Beisitzer reichsständische Interessen in die Arbeit des Kammergerichts einfließen lassen zu können, nimmt spätere Überlegungen vorweg, ohne dass sich dafür in den Quellen ein Anhaltspunkt findet. Nicht einmal eine Konzentration reichsständischer Räte am Kammergericht findet sich in dieser Zeit.

292 Moraw (Anm. 266), S. 123 ff., 125 f.

293 Moraw (Anm. 266), S. 130.

294 Moraw (Anm. 266), S. 131 f.

295 Zur Geschwindigkeit, mit der Juristen in diesen Jahren den Dienstherrn wechselten: Alexander Jendorff, Der Jurist als Arbeitsmigrant. Mobilitäten, Anstellungsmärkte und Karrieren von Spitzenjuristen in spätmittelalterlichen und frühneuzeitlichen Territorien Hessens und benachbarter Regionen (Schriftenreihe der Gesellschaft für Reichskammergerichtsforschung, 52), 2023.

296 Pfullendorf (Anm. 40), S. 49.

297 Pfullendorf (Anm. 40), S. 73.

298 Pfullendorf (Anm. 40), S. 94.

299 Pfullendorf (Anm. 40), S. 114.

300 Pfullendorf (Anm. 40), S. 45.

301 Urteiler am 15. September 1447, Pfullendorf (Anm. 40), S. 108.

Wenn es einen solchen Plan gegeben haben sollte, wäre er jedenfalls nicht realisiert worden.

Für die Annahme, dass sich schon gegen Ende der Regierungszeit Friedrichs III. die Besetzung mit je zur Hälfte adligen und rechtsgelehrten Beisitzern eingespielt habe,[302] wie sie 1495 zur Norm wurde, finden sich in der für diese Jahre allerdings nur dürftigen Überlieferung keine hinreichenden Belege. Auch die im Entwurf einer Kammergerichtsordnung von 1471 beabsichtigte Besoldung der Beisitzer[303] wurde vor 1495 nicht realisiert. Die Tätigkeit als Assessor am Kammergericht war zwar schon verstetigt, aber noch nicht zu einer ausschließlichen Arbeit am Gericht, also einem besoldeten Amt, verfestigt. Unter Friedrich III. gibt es jedenfalls dafür noch keine Anhaltspunkte. Der Kammergerichtsordnungsentwurf von 1471 blieb auch in diesem Punkt unrealisierte Planung.

4.1.3 Die Advokaten und Prokuratoren

Das dinggenossenschaftliche Verfahren, wie das des Hofgerichts, kannte ursprünglich keine Prozessvertretung.[304] Die anwesende Partei konnte sich lediglich eines „Fürsprechers“[305] bedienen, der sie zwar nicht vertreten, aber vor Fehlern beim Sprechen der stark formalisierten Gerichtssprache bewahren konnte. Bis zur Mitte des 15. Jahrhunderts hatte sich jedoch die Regel des gelehrten Prozessrechts durchgesetzt, dass Prozessparteien sich vertreten lassen durften. Am Kammergericht Friedrichs III. galt das Vertretungsrecht von Anfang an, wie eine der ersten Eintragungen Pfullendorfs zum 25. Juli 1442 zeigt.[306] In ihr heißt es, dass die Klage abgewiesen werde, weil weder der Kläger noch jemand für ihn erschienen sei.

Sowohl das Recht des Römischen Weltreiches als auch die Rechtsordnung der Weltkirche unterschieden zwischen der Rechtsberatung vor Ort durch einen *advocatus* und der Vertretung vor dem häufig weit entfernten Gericht durch einen *procurator.*[307] Die weltlichen Juristengerichte im Mittelalter übernahmen in der Regel dieses Modell. Beim Reichskammergericht gab es die Trennung nur funktional, nicht aber zwingend in den Personen ihrer Wahrnehmung.[308] Die Grenze zwischen

302 Moraw (Anm. 266), S. 139.

303 Heinig (Anm. 2), S. 104.

304 Gerhard Buchda/Albrecht Cordes, Anwalt, in: HRG, Bd. 1, 2. Aufl. 2008, Sp. 255 ff.

305 Peter Oestmann, Fürsprecher, in: HRG, Bd. 1, 2. Aufl. 2008, Sp. 1333 ff.; Peter Oestmann, Wege zur Rechtsgeschichte: Gerichtsbarkeit und Verfahren, 2015, S. 99 f.

306 Pfullendorf (Anm. 40), Nr. 6, 1442 Juli 24.

307 Wolfgang Sellert, Prokurator, in: HRG, Bd. 3, 1. Aufl. 1984, Sp. 2032 ff.

308 Rudolf Smend, Das Reichskammergericht. Erster Teil: Geschichte und Verfassung. Neudruck der Ausgabe Weimar 1911, 1965, S. 342 ff.

Advokatur und Prokuratur verflüssigte sich jedoch nicht erst nach 1495,[309] sondern ist schon beim kaiserlichen Kammergericht zu beobachten. Die Advokaten mussten dem Kammerrichter allerdings einen anderen Eid leisten als die Prokuratoren.[310] Eine solche Vereidigung der Advokaten durch den Kammerrichter setzte voraus, dass diese Advokaten nicht Rechtsberater am Ort der Parteien fern vom Gericht waren, sondern Juristen, die am Sitz des Kammergerichts die Arbeit eines Advokaten verrichteten. Angesichts dieser Sachlage konnte es pragmatisch sein, dass ein (ebenfalls vom Kammerrichter vereidigter) Prokurator auch die Funktion eines (vereidigten) Advokaten in derselben Sache übernahm. Dementsprechend führt die Liste der Personen, mit denen Kaiser Friedrich III. das Kammergericht besetzt haben sollte,[311] Advokaten und Prokuratoren zusammen auf. Beide Funktionsträger unterstanden gleichermaßen dem Kammerrichter.

Idealtypisch war es Aufgabe eines Advokaten, den Streitstoff dem materiellen Recht zuzuordnen. Deshalb musste er vornehmlich das materielle Recht beherrschen. Der Prokurator musste dagegen vor allem Kenner des am Kammergericht angewandten Prozessrechts, aber auch der Geschäftsordnung des Gerichts sein, um das Verfahren vor Gericht angemessen durchführen zu können. Diese in einem schriftlichen Prozess funktionale Aufgabentrennung war in einem mündlichen Verfahren wie dem des fridericianischen Kammergerichts[312] nicht immer sachgerecht. Das tatsächliche Vorbringen wie auch die rechtliche Argumentation wurden – anders als im schriftlichen – im mündlichen Verfahren nur durch Vortrag in der Audienz dem Gericht nahegebracht und entwickelt. Daran konnte ein Prokurator nur dann angemessen mitwirken, wenn er den Prozessstoff auch materiellrechtlich durchdrungen hatte. Insbesondere wenn der Streitstoff materiellrechtlich komplex

---

309 So noch der HRG-Artikel „Anwalt" in der 2. Aufl. (Anm. 304), Sp. 258.

310 Battenberg (Anm. 92), S. 76 Artikel 5: Advokateneid; S. 75 Artikel 4: Prokuratoreneid.

311 Battenberg (Anm. 92), S. 80. Diese Quelle folgt in der Darmstädter Handschrift dem Text der Kammergerichtsordnung.

312 Maurer (Anm. 2), S. 98, schließt daraus, dass nicht immer dieselben Urteiler an verschiedenen Verhandlungstagen eines Prozesses „dabei" waren, dass sich schon früh ein gewisses Maß an Schriftlichkeit durchgesetzt habe. Doch noch im Prozess des Fiskals gegen Graf Johann von Isenburg-Büdingen und Thomas Rüdt von Collenberg wegen unerlaubten Verlassens des Feldlagers in Flandern erscheint die Schriftlichkeit als Ausnahme. In der zweiten Sitzung am 11. November 1491, Gerichtsbücher (Anm. 65), Bd. 2, Magin, Protokolle, S. 913, wird den Beklagten gestattet, einen Schriftsatz zu verlesen, damit nicht durch den nur mündlichen Vortrag Einzelheiten verfälscht würden. Der Ausnahmecharakter dieser Abweichung vom Prinzip der Mündlichkeit erweist sich im Zusatz, dass der Fiskal dadurch nicht zu einer Gegenschrift genötigt werden solle.

war, war es nützlich, wenn der Prokurator für seine Partei auch die Advokatur übernahm.[313]

Die Möglichkeit, sich als Partei am Kammergericht vertreten zu lassen, sagt nichts über die Art und Qualität dieser Prozessvertretung aus. Im Prinzip durften die Parteien jede Person ihres Vertrauens mit der Wahrnehmung ihrer Interessen beauftragen. Es gab also keinen Zwang, sich eines Juristen oder gar nur derjenigen Prokuratoren zu bedienen, die am Kammergericht eingeschworen und damit dort zugelassen waren. Seit der Mitte der vierziger Jahre des 15. Jahrhunderts erwies es sich jedoch als zweckmäßig, sich von Kennern des Kameralprozesses vertreten zu lassen. Deshalb gaben immer häufiger ursprünglich beauftragte Prokuratoren ihr Mandat an zugelassene, vereidigte Prokuratoren weiter. So substituierte der Prokurator des Abtes von Millstadt in dem Prozess mit dem Grafen von Görz am 15. Juni 1445 sein Mandat an Heinrich Beyersdorffer, einen auch sonst am Hof tätigen Juristen.[314] Nur wenige Tage später gehörte Beyersdorffer am 22. Juni 1445 zu einer Gruppe von fünf Männern (Beyersdorffer, Meister Hartung von Kappel, Hermann Edelnauer, Georg Hüttlin und Georg von Oberndorff), die Konrad Imhof in seinem Prozess mit denen von Biberach zu seinen substituierten Prokuratoren bestellte.[315] Diese Personen traten fortan regelmäßig auch in anderen Prozessen als Prokuratoren vor dem Kammergericht auf. Ein letzter Schritt zur Professionalisierung der Prokuratur am Kammergericht waren die „*geschworenen Prokuratoren*". Am 23. Juli 1445 bestellte der Prokurator der Stadt Straßburg den Beyersdorffer zusammen mit drei anderen Männern (Hermann Edelnauer, Jobst Casper, Jörg Hüttli) zu seinen Substituten.[316] Diese wurden dabei „*geschworene Prokuratoren*" genannt.[317] Das ist bis jetzt das früheste Zeugnis für die Kategorie der Prokuratoren, die dem Kammerrichter einen Eid geleistet hatten und deshalb zum Kammergerichtspersonal gehörten.[318]

---

313 Wie schwierig es sein konnte, den Prozessstoff zu konkretisieren, zeigt sich beim Verfahren Markgraf Albrechts von Brandenburg gegen die Stadt Köln, das sich im Jahr 1469 über zehn Audienzen vom 16. Mai bis zum 2. September nur damit beschäftigte, festzustellen, über welchen Konflikt nunmehr verhandelt werden solle: Gerichtsbücher (Anm. 65), Bd. 2, Magin, Protokoll-Extravaganten: Nr. 33 (1469 Mai 26) –42 (1469 September 3). Ähnlich Fiskal gegen Graf von Isenburg-Büdingen und Rüdt von Kollenberg: Gerichtsbücher (Anm. 65), Bd. 2, Magin, Protokoll-Extravaganten Nr. 51 (1491 Oktober) –54 (1491 November 14).

314 Pfullendorf (Anm. 40), Nr. 33.

315 Pfullendorf (Anm. 40), Nr. 35. Beyersdorffer, Meister Hartung von Kappel, Hermann Edelnauer, Georg Hüttlin, und Ulrich von Oberndorff.

316 Pfullendorf (Anm. 40), Nr. 38.

317 Zu den geschworenen Prokuratoren am Kammergericht: Heinig (Anm. 2), S. 137 ff., der jedoch darauf verzichtet, ihre besondere Position herauszuarbeiten.

318 Entwurf einer Kammergerichtsordnung von 1471: Battenberg (Anm. 92), S. 75 Artikel 4: Prokuratoreneid, S. 87 Artikel 5: Advokateneid; S. 80: Liste der Kammergerichtspersonen.

Das Prozessrecht des Kammergerichts[319] wurde immer komplexer und entwickelte sich zu einer Sondersparte der Jurisprudenz in Deutschland.[320] Nicht jeder Jurist beherrschte diese Spezialdisziplin. Ebenso wichtig für das Funktionieren des Kammergerichts war die Geschäftsordnung. So beschlossen die Prokuratoren am Kammergericht 1471 eine Einung,[321] in der sie die Reihenfolge für den Vortrag der Sachen in der Audienz regelten. Obwohl diese Einung auf Geheiß des Kaisers und des Kammerrichters verfasst worden war, war sie doch ein Produkt der Selbstverwaltung der Prokuratoren am Kammergericht. Die *„geschworenen Prokuratoren“* am Kammergericht waren also eine Gruppe von Kammergerichtsangehörigen, die das Recht hatte, Probleme ihrer Tätigkeit eigenständig regeln zu können.

4.1.4 Die Kammerprokuratorfiskale

Die Kammerprokuratorfiskale sind die wohl am intensivsten bearbeitete Kategorie des Kammergerichtspersonals der Phase vor 1495.[322] Ulrich Knolle befasste sich mit ihnen in seiner rechtshistorischen Dissertation von 1965.[323] Darauf bauten sowohl Heinig in seinem fundamentalen Werk[324] als auch Mader[325] in seiner Mannheimer historischen Dissertation über den einflussreichen Fiskal Johann Keller auf.

Die noch von Heinig vertretene Meinung, von Friedrich III. bevollmächtigte Kammerprokuratorfiskale seien erst nach der Kaiserkrönung in Erscheinung getreten,[326] wird unter anderem durch Aufzeichnungen in Pfullendorfs *Gerichtsbuch* widerlegt. Auch wenn Friedrich III. erst am 9. April 1453 seinen ersten, namentlich bekannten Kammerprokuratorfiskal – Dr. iur. Hartung d. J. Molitoris von Kappel[327] – berief, sind doch schon vorher drei Fiskale bezeugt, wenn auch ohne Namensnennung.

Schon 1449 verklagte ein königlicher Fiskalprokurator die Städte Schweinfurt, Oppenheim und Nimwegen wegen Ladungsungehorsams.[328]

---

319 Alain Wijffels, Gemeines Prozessrecht, in: Konfliktlösung in der Frühen Neuzeit. Handbuch zur Geschichte der Konfliktlösung in Europa, Bd. 3, 2021, Kapitel 20, S. 221 ff., 230 f.

320 Zur weiteren Entwicklung: Bernhard Diestelkamp, Vorwort zu: Jacob Blumen (um 1640–1681), Concept der Cammergerichtsordnung, Speyer 1686 (Ius Commune. Rechtstradition der europäischen Länder, 193: Gericht, Richter, Rechtsanwalt, Notar, Reichskammergericht), 2021, S. 1–20.

321 Battenberg (Anm. 92), S. 81.

322 Albrecht Cordes, Fiskal, in: HRG, Bd. 1, 2. Aufl. 2008, Sp. 1584 f.

323 Ulrich Knolle, Studien zum Ursprung des Reichsfiskalats im 15. Jahrhundert. Diss. jur. Freiburg Brsg., maschschr. München 1965.

324 Heinig (Anm. 2), S. 111 ff.

325 Mader (Anm. 261).

326 Heinig (Anm. 2), S. 111.

327 Knolle (Anm. 323), S. 110 f.; Heinig (Anm. 2), S. 111 ff.

328 Pfullendorf (Anm. 40), S. 279, Verfahren Nr. 205 mit den Quellennachweisen.

Knolle selbst benennt einen *procurator fiscalis*, der 1451 in einem Kölner Hofgerichtsprozess wegen Ungehorsams der Kölner gegenüber Geboten des Herrschers tätig geworden sei.[329]

Einen weiteren Fiskal verzeichnet Michael von Pfullendorf in der Notiz zum 13. April 1451, nach der ein „*procurator fiscalis sacri Romani imperii*" den Bischof von Cambrai wegen Anfalls der Grafschaft Cambrai und die Schöffen der Stadt Cambrai wegen Rebellion verklagt habe.[330] An diesem Konflikt war auch Herzog Philipp von Burgund beteiligt. Es handelt sich offenbar um einen Teil der beginnenden Erosion der Westgrenze des Reiches. Die inhaltlich wenig aussagekräftige Notiz hält lediglich fest, dass auf Antrag des burgundischen Anwalts die Sache bis zum 6. Januar 1452 vertagt worden sei. Aufgabe des Fiskalprokurators war es hier, schwerem Unghorsam gegenüber dem Herrscher – nämlich der Entfremdung der Grafschaft und der Stadt Cambrai vom Reich – entgegenzutreten.

Intensivere Einsätze von Kammerprokuratorfiskalen sind allerdings in der Tat erst nach der Kaiserkrönung am 19. März 1452 zu beobachten. Seine neue Würde scheint Friedrich III. angeregt zu haben, seine Rechte aus Verletzung von Poenandrohungen in Urkunden[331] oder wegen Ladungsungehorsams intensiver wahrzunehmen, indem er mit der Durchsetzung dieser Ansprüche Spezialprokuratoren betraute. Zeitgleich erhöhte Friedrich III. in seinen Urkunden die angedrohten Poensummen.[332] Auch damit verstärkte er den Druck, seinen urkundlichen Anordnungen Folge zu leisten.

Knolle hat zwei Thesen entwickelt, die sowohl Heinig[333] als auch Mader[334] übernahmen, so dass sie das Bild vom Fiskalat im 15. Jahrhundert geprägt haben. Beide bedürfen der Überprüfung.

Zum einen geht Knolle davon aus, dass es ein „*Reichsfiskalat als Behörde*" gegeben habe. Deshalb gab er dem einschlägigen Kapitel die unmissverständliche Überschrift „*Das Fiskalat als Behörde*". Im Text ist er dagegen zunächst nicht so eindeutig, wenn er das Kapitel mit der vorsichtigen Feststellung beginnt, „*Eine behördenartige Ausgestaltung des Fiskalats ist während des 15. Jahrhunderts nur in Ansätzen zu erkennen*".[335] Trotz dieser vorsichtigen Einführung zieht er an keiner Stelle seiner Darstellung die Alternative in Erwägung, dass Fiskale nur eine mit Spezialaufgaben betraute Sonderform von Prokuratoren sein könnten, wie es die

---

329 Knolle (Anm. 323), S. 145.

330 Pfullendorf (Anm. 40), Nr. 630.

331 Dieter Rübsamen, Zu den Poenformeln spätmittelalterlicher Königsurkunden, besonders unter Friedrich III., in: Festschrift für Harald Zimmermann zum 65. Geburtstag, 1991, S. 117 ff.

332 Rübsamen (Anm. 331), S. 131.

333 Heinig (Anm. 2), S. 111 ff.

334 Mader (Anm. 261).

335 Knolle (Anm. 323), S. 106. Ebenso Mader (Anm. 261), S. 86.

Bezeichnung *„Kammerprokuratorfiskal"* nahelegt. Diesen Blick hat Knolle sich dadurch verbaut, dass er nicht von Personen spricht, die Kammerprokuratorfiskal genannt werden, sondern die verdinglichende Bezeichnung *„Fiskalat"* benutzt. So resümiert er: *„Das Fiskalat war eine von Weisungen des Kaisers abhängige Behörde"*.[336]

Dagegen spricht jedoch, dass noch im Entwurf einer Kammergerichtsordnung von 1471 Fiskale nicht unter den Personen aufgeführt werden, die der Kaiser ans Kammergericht berufen haben sollte. Sie wären sicherlich ausdrücklich genannt worden, wenn sie eine dauerhafte Tätigkeit als Mitglied eines Amts oder Behörde ausgeübt hätten.

Erst in späteren Jahren gibt es Hinweise darauf, dass die Kammerfiskale anhaltend mit fiskalischen Prozessen betraut wurden, dass also das Fiskalat Amtsstruktur annahm. So führte Johann Keller, als er in mehreren Kammergerichtssitzungen von September 1479[337] bis Februar 1480[338] als Urteiler oder Assessor fungierte,[339] die Bezeichnung Fiskal, obwohl er hier nicht als Prokurator in Fiskalsachen für den Kaiser tätig war. Die Bezeichnung vermittelt an dieser Stelle vielmehr den Eindruck eines Titels oder einer Amtsbezeichnung, die Keller hier unabhängig von seiner konkreten Tätigkeit führte.

Die Annahme, dass sich das Fiskalat zu einem Amt verdichtete, legen auch Schilderungen vom Oktober 1491 nahe.[340] In dem Prozess des Fiskals für den Kaiser gegen Graf Johann von Isenburg-Büdingen und Thomas Rüdt von Collenberg wegen unerlaubten Verlassens des kaiserlichen Heerlagers bestritten die Beklagten zunächst die Litiskontestation. In diesem Zusammenhang argumentierte Fiskal Keller, dass der Fiskal eine sonst notwendige Bürgschaft nicht beibringen müsse, weil *„das fiscalambt sei auch darfur gefreyet"*. Die Bezeichnung *„fiscalambt"* deutet wieder darauf hin, dass mittlerweile die Aufgaben eines Fiskals so dauerhaft vergeben wurden, dass man das Fiskalat als Amt bezeichnen konnte.

Die zweite These Knolles lautet, dass die Fiskale nicht nur die Aufgabe gehabt hätten, Bußen und Strafgelder oder die Acht wegen Ungehorsams gegenüber kaiserlichen Anordnungen einzuklagen, sondern dass sie den Kaiser allgemein in Vermögensauseinandersetzungen am Kammergericht zu vertreten gehabt hätten.[341] Diese Annahme drängte sich Knolle auch dadurch auf, dass er die Streitgegenstände nach Konfliktfeldern ordnete, auf denen die Beklagten ungehorsam gewesen

---

336 Knolle (Anm. 323), S. 119.

337 1479 September 27: Gerichtsbücher (Anm. 65), Bd. 2, Magin, Protokolle P 278. 1479 Oktober 1: P 290. 1479 Oktober 5: P 282. 1479 Oktober 9: P 280. 1479 Oktober 12: P 281. 1479 Oktober 27: P 283.

338 Am 29. Februar 1480 (P 284) fungierte Johann Keller als Fiskal.

340 Gerichtsbücher (Anm. 65), Bd. 2, Magin, Protokoll-Extravaganten, EP 51, S. 911.

341 Knolle (Anm. 323), S. 105; Cordes (Anm. 322), Sp. 1585.

seien.[342] Das Eingreifen des Fiskals führte jedoch nur dazu, dass zusätzlich zu den ursprünglichen, materiellen Auseinandersetzungen ein Verfahren wegen Ungehorsams betrieben wurde. Mader übernahm Knolles These ungeprüft,[343] so dass sie bis heute das Bild des fridericianischen Fiskalats bestimmt.

Auch für Heinigs Meinung, dass das Amt des Fiskals mit dem Ausbau der Kammergerichtsbarkeit nach dem Absterben des Hofgerichts zu einem der wichtigsten Herrschaftsinstrumente des Kaisers geworden sei,[344] bieten die Quellen keine hinreichende Grundlage. Das würde voraussetzen, dass die Tätigkeit des Kammergerichts nach 1451 durchgehend eine positive Entwicklung genommen hätte, was jedoch keineswegs der Fall war. Die Intensität der Tätigkeit des Kammergerichts wechselte unübersehbar und war insgesamt keineswegs so eindrücklich, wie diese Aussage voraussetzt. Nach den Gerichtsbüchern[345] konnten für die Zeit nach 1451 702 Verfahren rekonstruierten werden. Bei 26 von ihnen kann die Beteiligung eines Fiskals nachgewiesen werden. Das beweist, dass Kaiser Friedrich III. sich in der Tat der Hilfe von Kammerprokuratorfiskalen bedient hat. Aber dass die Fiskale damit zu einem der wichtigsten Herrschaftsinstrumente des Kaisers geworden seien, lässt sich nicht erweisen.

Unabhängig von den Ergebnissen solcher Untersuchungen dürfte schon die nachdrücklichere Verfolgung von Ungehorsam durch Kammerprokuratorfiskale das Ansehen des Herrschers und seine Stellung im Verfassungsgefüge des Reiches gestärkt haben.

4.1.5 Die Kammergerichtsschreiber

Als Kaiser Friedrich II. im Jahr 1235 auf dem Mainzer Reichshoftag das Hofgericht gründete, gab er dem Hofrichter *„einen sunderlichen shriber“*,[346] der Laie sein sollte, weil Geistliche keine Bluturteile schreiben dürften.[347] Das Hofgericht erhielt deshalb eine eigene Kanzlei nebst eigenem Siegel.[348] Es war damit organisatorisch abgekoppelt vom Zentrum des königlichen Herrschaftsapparats, der Königskanzlei.

Da sich das 1235 gegründete Hofgericht des deutschen Königs – anders als offenbar intendiert – nicht zu einem Strafgericht entwickelt hatte, entfiel für Friedrich III. die Notwendigkeit, für sein Kammergericht eine mit Laien besetzte, eigene Kanzlei

---

342 Knolle (Anm. 323), S. 105.

343 Mader (Anm. 261), S. 9, 96, 101, 105.

344 Heinig (Anm. 2), S. 111.

345 Gerichtsbücher (Anm. 65), Bd. 3; Maurer (Anm. 2), S. 999 ff. = 702 Verfahren.

346 Das hielt der Kaiser für notwendig: Battenberg, Gerichtsschreiberamt (Anm. 11), S. 15 f.

347 Battenberg, Gerichtsschreiberamt (Anm. 11), S. 18.

348 Friedrich Battenberg, Das Hofgerichtssiegel der deutschen Kaiser und Könige. 1235–1451 (QFHG, 6), 1979.

einzurichten. Das Schriftgut des Gerichts (Ladungen, Mandate, Protokolle, Urteilsbriefe, Kanzleibehelfe) musste wie die anderen Schriftstücke des Herrschers von der Römischen Kanzlei gefertigt werden.

Allerdings war die Schreibarbeit für das Kammergericht so spezifisch, dass es zweckmäßig erschien, die Verantwortung für diesen Teil der Kanzleiarbeit besonders geeigneten Personen der Römischen Kanzlei anzuvertrauen. So gab es zwar keine eigene Kammergerichtskanzlei, wohl aber bildete sich eine „Kammergerichtsabteilung“ im Rahmen der Römischen Kanzlei heraus. Diese Spezialisierung war sogar so intensiv, dass einer dieser Spezialisten, Peter Gamp, sich selbst die Bezeichnung „*Notar des Kammergerichts*“ beilegen konnte.[349] Das ist zwar nicht als Amtsbezeichnung zu verstehen, offenbart aber eine Tendenz zur Ausbildung spezieller Strukturen für das Kammergericht im Rahmen der Römischen Kanzlei.

Der erste dieser speziell mit Sachen des Kammergerichts befassten Kanzleiangehörigen ist Michael Rentz von Pfullendorf aus Rottweil (von 1425 bis 1451).[350] Pfullendorf wuchs in einem humanistisch geprägten Elternhaus in Rottweil auf. Er wurde selbst ein bedeutender Humanist und ein enger Freund von Eneas Silvio Piccolomini. Dass er eine universitäre, juristische Ausbildung in Italien genossen habe, ist nicht nachweisbar, aber angesichts seiner bemerkenswerten Karriere am Hof Friedrichs III. durchaus denkbar.[351] Im Sommer des Jahres 1442, also sehr bald nach Friedrichs III. Wahl zum König, trat Michael in dessen Römische Kanzlei ein. Trotz seines jugendlichen Alters (er war damals noch keine 20 Jahre alt) wurden ihm sofort bedeutende Aufgaben rechtlichen Charakters wie die Ausfertigung der Frankfurter Reformation vom 14. August 1442 oder des Landfriedens übertragen.[352] Sehr bald ist auch seine spezifische Arbeit in Sachen des Kammergerichts als Kanzlist wie als Parteienvertreter erkennbar.[353] Schon 1443 durfte er Sachen im königlichen Rat vortragen.[354] Ein Zeichen seiner Wertschätzung war es auch, dass der König ihn der Gesandtschaft zuordnete, die in Rom mit dem Papst verhandeln und in Neapel Friedrichs III. Verehelichung mit der portugiesischen Prinzessin Eleonore vorbereiten sollte.[355] Anfang Dezember 1451 starb Michael von Pfullendorf im Alter von gerade 26 Jahren in Siena, wohin sich die Gesandtschaft begeben hatte, um die portugiesische Braut des Königs zu empfangen. In den wenigen Lebensjahren, die ihm vergönnt waren, hat Michael von Pfullendorf bemerkenswerte Spuren im Rechtsleben am deutschen Königshof hinterlassen. Dazu gehört nicht

349 Anm. 70.

350 Heinig (Anm. 2), S. 740 ff.; Pfullendorf (Anm. 40), S. 13 ff.

351 Pfullendorf (Anm. 40), S. 13 f.

352 Pfullendorf (Anm. 40), S. 13.

353 Pfullendorf (Anm. 40), S 13 ff.

354 Pfullendorf (Anm. 40), S. 14, Anm. 44.

355 Pfullendorf (Anm. 40), S. 15 f.

zuletzt sein „*Königliches Gerichtsbuch*“, in dem er gewissermaßen Rechenschaft ablegt über seine Tätigkeit für das Kammergericht.

Eine ähnliche Konzentration der Arbeiten für das Kammergericht bei einigen Spezialisten der Römischen Kanzlei ist in den ersten Jahren nach Michael von Pfullendorfs Ausscheiden aus dem Kanzleidienst seit der zweiten Hälfte des Jahres 1451,[356] nicht so klar zu beobachten. Nur kurzfristig nahm der Kleriker Ernst Breit(en)bach vergleichbare Funktionen wahr.[357] Mitte der fünfziger Jahre schied er jedoch aus dem Kanzleidienst aus und überließ das Feld dem Vizekanzler Weltzli, der für die Kanzlei zwischen 1454 und 1456 einige neue Sekretäre und Schreiber einstellte.[358] Zu diesen gehörte auch Peter Gamp aus Schaffhausen, der in der Kanzlei bald Karriere machte und schließlich nach Weltzlis Tod dessen Kammergerichtsfunktionen übernahm.[359] Dies geschah so intensiv, dass er sich die (inoffizielle) Bezeichnung „*Kammergerichtsnotar*“ beilegen zu können glaubte.

Peter Gamp und der faktische Kanzler Johann Waldner schufen Ende der sechziger Jahre zwei neue Kanzleibehelfe für die Arbeit des Kammergerichts: Das „*Gerichtsbuch*“, in das Peter Gamp Urteile und verfahrenswesentliche Handlungen eintrug, sowie die „*Protokolle der Audienzen*“. Beide Handschriften wurden nicht als Bücher angelegt, sondern es wurden Zettel einschlägiger Aufzeichnungen erst später zusammengeheftet. Dies erklärt die Inhomogenität der Handschriften.

Am 29. April 1467 legte Peter Gamp das „*Gerichtsbuch*“ an,[360] das er – von wenigen Ausnahmen abgesehen – selbst geschrieben hat.[361] Dieser Kanzleibehelf für die Arbeit des Kammergerichts enthielt für die Zeit vom 29. April 1467 bis zum 28. Dezember 1468 143 Einträge. Zunächst verzeichnete Gamp – nach Sitzungen geordnet – die in den Audienzen am 29./30. April 1467 gefällten 15 Urteile,[362] vermischt mit verfahrensrelevanten Handlungen wie „*Ruffen*“[363] und Bevollmächtigungen.[364] Es folgten vom 9. Mai 1467 an bis zum 16. Mai 1467 21 weitere Urteile.[365] Nach dieser bemerkenswerten Zahl von Urteilen, die wie das konzentrierte Abarbeiten eines Entscheidungsrückstaus anmutet, werden im *Gerichtsbuch* keine Urteile mehr, sondern nur noch entscheidungsrelevante Handlungen verzeichnet.

---

356 Die letzte Eintragung in Pfullendorfs Gerichtsbuch (Anm. 40, Nr. 690) stammt vom 11. Juni 1451. Pfullendorf starb in Siena Anfang Dezember 1451.

357 Heinig (Anm. 2), S. 687, 750 f., 1424.

358 Heinig (Anm. 2), S. 751.

359 Heinig (Anm. 2), S. 756.

360 Gerichtsbücher (Anm. 65), Bd. 3, Magin, Gerichtsbuch, S. 925.

361 Gerichtsbücher (Anm. 65), Bd. 3, Magin, Gerichtsbuch, S. 929.

362 Gerichtsbücher (Anm. 65), Bd. 3, Magin, Gerichtsbuch, G. 4–G 20. Urteile der Audienzen am 29. und 30. April 1467.

363 Gerichtsbücher (Anm. 65), Bd. 3, Magin, Gerichtsbuch, G. 2, G 3, G 22–28.

364 Gerichtsbücher (Anm. 65), Bd. 3, Magin, Gerichtsbuch, G.11, G 36.

365 Gerichtsbücher (Anm. 65), Bd. 3, Magin, Gerichtsbuch, G 29–G 55.

Das *Gerichtsbuch* ist also keineswegs ein Urteilsbuch, wie der Block der Urteile am Anfang vermuten lassen könnte.

Das „*Protokollbuch*" beginnt mit einigen Blöcken, die zwar mit der Gerichtstätigkeit zusammenhängen, aber keine Sitzungsprotokolle sind. Die ersten 14 Stücke sind Zeugenaussagen in Verfahren Graf Schaffrieds von Leiningen, die ein unbekannter Schreiber geschrieben hat.[366] Der Fiskal Dr. Georg Ehinger übersandte dem Kaiser mit einem eigenhändigen Anschreiben (P 15) vom 14. Januar 1469 Berichte über ihm anvertraute Kommissionen in der Sache gegen Heinrich Rauch (14. Januar–23. Juni 1459).[367]

Die ersten, von Peter Gamp verfassten Sitzungsprotokolle[368] stammen aus den Jahren 1468[369] und 1469, also noch aus der Endphase der Passauer Pachtzeit.[370] Auch Johann Waldner, der Nachfolger von Peter Gamp, verfasste schon im Mai[371] und Juni[372] sowie im Oktober[373] des Jahres 1469, also schon vor der Beendigung

---

366 Gerichtsbücher (Anm. 65), Bd. 2, Magin, Protokolle, S. 433.

367 Gerichtsbücher (Anm. 65), Bd. 2, Magin, Protokolle, S. 426 f., 434.

1468 November 3: Gerichtsbücher (Anm. 65), Bd. 2, Magin, Protokoll-Extravaganten EP 1.

1468 November 7: Gerichtsbücher (Anm. 65), Bd. 2, Magin, Protokoll-Extravaganten EP 30, Anm. 95, 98.

1469 Mai 16: Gerichtsbücher (Anm. 65), Bd. 2, Magin, Protokoll-Extravaganten EP 33.

1469 Mai 29: Gerichtsbücher (Anm. 65), Bd. 2, Magin, Protokoll-Extravaganten EP 34.

1469 Juni 2: Gerichtsbücher (Anm. 65), Bd. 2, Magin, Protokoll-Extravaganten EP 35.

1469 Juni 5: Gerichtsbücher (Anm. 65), Bd. 2, Magin, Protokoll-Extravaganten EP 36.

1469 Juni 17: Gerichtsbücher (Anm. 64), Bd. 2, Magin, Protokoll-Extravaganten, EP 37.

1469 Juni 21: Gerichtsbücher (Anm. 65), Bd. 2, Magin, Protokolle, EP 38.

1469 Juni 21: Gerichtsbücher (Anm. 65), Bd. 2, Magin, Protokolle P 34.

1469 August 8: Gerichtsbücher (Anm. 65), Bd. 2, Magin, Protokoll-Extravaganten 1469 August 17: Gerichtsbücher (Anm. 65), Bd. 2, Magin, Protokoll-Extravaganten, EP 40. 1469 August 30: Gerichtsbücher (Anm. 65), Bd. 2, Magin, Protokoll-Extravaganten, EP 41.

1469 September 2: Gerichtsbücher (Anm. 65), Bd. 2, Magin, Protokoll-Extravaganten 1469 November 23: Gerichtsbücher (Anm. 65), Bd. 2, Magin, Protokolle P 36.

368 Gerichtsbücher (Anm. 65), Bd. 2, Magin, Protokolle, P 1–14 (1465–1466), P 32–35, P 37–38 (5. Mai bis 21. Juni 1469), P 36, P 39 (Oktober, November 1469).

369 Die Datierung des ersten von Peter Gamp verfassten Protokolls (Gerichtsbücher, Anm. 65, Bd. 2, Magin, Protokoll-Extravaganten, EP 1) ist von 1458 auf 1468 zu korrigieren. Im Text ist von der Jahresdatierung nur das „L" lesbar, während die restlichen Ziffern der Jahreszahl durch einen Tintenfleck unleserlich sind (Anm. „h"). Nichts spricht dagegen, die Jahresdatierung durch das für die Jahreszahl 1468 notwendige X zu ergänzen. Damit wäre diese Quelle in die Reihe der frühsten Protokolle Gamps aus den Jahren 1468 und 1469 einzuordnen. Bei der Datierung auf 1458 wäre sie dagegen ein singulärer Vorläufer – ein Jahrzehnt vor den anderen frühen Protokollierungen durch Peter Gamp.

370 Zu diesem Anm. 71.

371 1469 Mai 5: Gerichtsbücher (Anm. 65), Bd. 2, Magin, Protokolle, P 32.

372 1469 Juni 14: Gerichtsbücher (Anm. 65), Bd. 2, Magin, Protokolle, P 37, 38.

373 1469 Oktober 4: Gerichtsbücher (Anm. 65), Bd. 2, Magin, Protokolle: P 34.

der Passauer Periode, einige Protokolle. Nach dem November 1469,[374] also schon vor der Übernahme des Gerichts durch Erzbischof Adolf II. von Mainz am 21. Oktober 1471 war Johann Waldner seit Februar 1471[375] der einzige und ständige Protokollant des Kammergerichts.[376]

Der letzte überlieferte Kanzleibehelf für das Kammergericht ist das „*Urteilsbuch*".[377] Von Bedeutung ist in diesem Zusammenhang vor allem, dass Johann Waldner nicht auch noch die Aufgabe der Führung dieses Behelfs übernahm. Die Zeiten waren offenbar vorüber, in denen ein Kanzleiangehöriger das gesamte, für das Kammergericht notwendige Schriftgut anfertigen konnte. Diese Entwicklung spiegelt sich auch im Entwurf einer Kammergerichtsordnung von 1471. Nach diesem Text sollte der Kaiser drei „*Notarien und schriber des cammergerihtz*" berufen.[378] Diese Vermehrung des für das Schriftgut des Kammergerichts zuständigen Kanzleipersonals war notwendig geworden, weil nur so die Menge der zu erledigenden Arbeit bewältigt werden konnte.

Das von Peter Gamp geführte *Gerichtsbuch* endet 1467, also bevor 1468 die Protokollierung anfängt. Die arbeitsaufwändige Protokollführung läuft seit 1471 parallel zu dem ebenfalls seit 1471 kontinuierlich zu führenden *Urteilsbuch*. Diese Häufung der Aufgaben erklärt die Verteilung der Verantwortung auf mehr als eine Person.

Angesichts des Standes der Forschung ist es nicht möglich, weitere Mitglieder der Römischen Kanzlei namhaft zu machen, die diese „Abteilung für Kammergerichtssachen" betreuten. Eine umfassende Geschichte der Kanzleien Friedrichs III. fehlt und ist in Anbetracht der Überfülle des Materials auch in absehbarer Zeit kaum zu erwarten. Die bisherigen Ergebnisse wurden im Zusammenhang mit der Edition der Gerichtsbücher erarbeitet. Da solche Quellen für die beiden letzten Jahrzehnte der Herrschaft Friedrichs III. fehlen, fehlt auch die Möglichkeit eines – wenn auch nur begrenzten – Zugangs zu der Thematik. Sicher ist nur, dass die Spezialisierung und Ausdifferenzierung der Kanzleiarbeit für das Kammergericht im Zuge der Reformierung des Kammergerichts 1495 zur Bildung einer eigenen Kanzlei für die Schreibarbeiten des Reichskammergerichts führte.[379]

374 1469 November 23: Gerichtsbücher (Anm. 65), Bd. 2, Magin, Protokolle, P 36.

375 1471 Februar 9: Gerichtsbücher (Anm. 65), Bd. 2, Magin, Protokolle P 40.

376 Gerichtsbücher (Anm. 65), Bd. 2, Magin, Protokolle, S. 434.

377 Gerichtsbücher (Anm. 65), Bd. 1, Magin, Urteilsbuch, Der Schreiber, S. 23 ff.

378 Battenberg (Anm. 92), S. 80, Anm. 136 macht darauf aufmerksam, dass die drei Namen erst nach der Prokuratoreneinung erscheinen, wohl weil sie vom Kopisten zugefügt worden waren. Sie waren also nicht originärer Teil des Gesetzentwurfstextes.

379 Smend (Anm. 308), S. 363 ff.

4.1.6 Die Kammergerichtsboten

Niedere Bedienstete der Kanzlei namhaft zu machen, wäre, wie Heinig schon feststellte,[380] angesichts der vorliegenden Überlieferung nur durch akribische prosopographische Suche und Zufallsfunde möglich.[381] Auch die Kammergerichtsboten gehören in diese Kategorie. Doch während bei den anderen niederen Bediensteten die Art ihrer Tätigkeit zu unbedeutend ist, um solche intensiven Recherchen zu rechtfertigen, ist dies bei den Gerichtsboten anders. Ihre Aufgaben waren essenziell für jedes Verfahren am Kammergericht, weil es keinen ordentlichen Prozess geben konnte, wenn der Beklagte nicht über die Klage gegen ihn durch eine Ladung informiert war, so dass er sich verteidigen konnte.

Deshalb waren die verschiedenartigen, gewaltsamen Versuche, die Ladung zu verhindern, zwar rechtswidrig und verletzten das Ansehen des Kaisers und seines Gerichts. Aber es waren keineswegs nur blindwütige Gewaltakte, wenn immer wieder versucht wurde, durch Inhaftierung von Kammergerichtsboten – oder auch nur deren Androhung – die Zustellung von Ladungen zu verhindern, weil kein Prozess ohne die Zustellung der Klage beginnen konnte. Das scheinbar willkürliche Handeln konnte ein Beklagter also prozesstaktisch durchaus für zweckmäßig halten. Die berühmte Antwort, die Goethe seinem Helden Götz von Berlichingen bei der Abweisung eines Kammergerichtsboten in den Mund legte, ist zwar wegen ihrer Vulgarität volkstümlich geworden, aber doch nur eine milde Reaktion im Vergleich zu handgreiflicher Gewalt bis zur Inhaftierung, durch die viele Boten an der Ausübung ihrer Arbeit gehindert wurden. Derselben prozesstaktischen Regel folgten auch die zahlreichen Fälle des Nichterscheinens. Solange diese nur als Ladungsungehorsam angesehen und geahndet wurden, verhinderte das Ausbleiben von Beklagten den Fortgang des Prozesses.

Die Boten mussten gegebenenfalls in Berichten nachweisen, wann und wie sie Ihre Pflicht ordnungsgemäßer Zustellung erfüllt hatten.[382] In den Akten des Reichskammergerichts finden sich solche Botenrelationen zuhauf. Das entsprach dem Schriftlichkeitsprinzip des Kameralprozesses. Entsprechend dem Mündlichkeitsprinzip des vor 1495 geltenden Verfahrensrechts erstatteten in dieser Zeit Boten nur auf Anfordern in der Römischen Kanzlei auf ihren Eid mündlich Bericht. Diese Berichte wurden dort schriftlich fixiert und gegebenenfalls dem Gericht zur Verfügung gestellt.

---

380 Heinig (Anm. 2), S. 137.

381 Beispielhaft: Wolfgang Prange, Konrad von Warendorf aus Köln (+ 1541). Von Reichskammergerichtsboten und Zustellung der Gerichtsbriefe, in: Ders., Vom Reichskammergericht in der ersten Hälfte des 16. Jahrhunderts (QFHG, 42), 2002, S. 57 ff.

382 Anschauliche Darstellung der Vorgänge bei Prange (Anm. 381), S. 57 ff., 59 ff.

Die verantwortungsvolle Aufgabe, Ladungen und andere Schriftstücke des Gerichts zuzustellen, konnte nicht jedem Beliebigen übertragen werden. Nur ein Notar oder ein geschworener Bote waren berechtigt, diese Aufgabe zu übernehmen. Solche geschworenen Boten gab es nicht nur am Königshof, sondern auch Fürsten, Grafen und Städte hielten sich solche Spezialbediensteten. Es gab Fußboten oder reitende Boten. Beim Reichskammergericht waren die Boten fest angestellt und in der Botenmeisterei organisiert.[383] Ein Botenmeister sorgte dafür, dass die Aufträge der Reihenfolge nach verteilt wurden. Nichts deutet darauf hin, dass dies auch schon unter Kaiser Friedrich III. der Fall gewesen sei. Da das Kammergericht zu dieser Zeit keine eigene Kanzlei besaß, konnte es auch keine speziellen Kammergerichtsboten geben. Vielmehr nahmen die geschworenen Boten der Römischen Kanzlei die Zustellungen sowohl für das Gericht als auch allgemein für die Kanzlei wahr.[384]

383 Smend (Anm. 308), S. 364 ff.; Prange (Anm. 381).

384 Als Beispiel: Gerichtsbücher (Anm. 65), Bd. 1, Maurer, Urteilsbuch, BU 107, 1477 März 10. Im selben Bericht wurde über die Zustellung kaiserlicher Inhibitionen und Ladungen an die Stadt Bamberg, Graf Philipp von Waldeck und Landgraf Heinrich von Hessen berichtet. Verschlossene Briefe wurden dem Erzbischof von Salzburg sowie Herzog Ludwig von Bayern-Landshut überbracht. Die Städte Augsburg, Nürnberg und Frankfurt am Main erhielten Quittungen über die gezahlten Reichssteuer.

5. Von der Arbeit des Kammergerichts

5.1 Von der geringen Bedeutung des fridericianischen Kammergerichts

Ausgehend von der Hochschätzung des Reichskammergerichts in der Literatur könnte man auch vermuten, dass das Kammergericht für Friedrich III. von großer Bedeutung gewesen sei. Doch die Quellen bestätigen diese Vermutung nicht.

Wie wenig wichtig dem König sein Kammergericht war, zeigt sich schon daran, wie lange er sich Zeit ließ, nach seiner Wahl die Königsgerichtsbarkeit arbeitsfähig zu machen. Das traditionsreiche Königliche Hofgericht bekam erst 16 Monate nach der Wahl den für sein Funktionieren unentbehrlichen Hofrichter. Mit der Einberufung zur ersten Kammergerichtsaudienz ließ sich der König noch mehr Zeit bis nach der Rückkehr von der Krönung in Aachen.

Nach der Neuinstallierung des Kammergerichts durch den gewählten König Friedrich III. benötigte das Gericht im ersten Halbjahr durchschnittlich zwei Sitzungen im Monat, wohl um einige Rückstände aus der Zeit abzuarbeiten, in der es kein Kammergericht gegeben hatte.[385]

Nach dieser etwas lebhafteren Anfangsphase reduzierte sich die Belastung des Königs durch das Kammergericht und dessen abzuhaltende Sitzungen in den ersten Jahren seiner Herrschaft spürbar. Dieser verminderte Bedarf konnte mit etwas mehr als einer Kammergerichtsaudienz im Monat befriedigt werden. Dafür musste

Tabelle 1 Zahl der Sitzungen im Jahr und pro Monat

1442 (Juli-Dezember)	12 Audienzen im halben Jahr	= 2 pro Monat
1443	20 Audienzen im Jahr	= 1,6 pro Monat
1444	17 Audienzen im Jahr	= 1,4 pro Monat
1445	15 Audienzen im Jahr	= 1,25 pro Monat
1446	14 Audienzen im Jahr	= 1,16 pro Monat
1447	25 Audienzen im Jahr	= 2,1 pro Monat
1448	24 Audienzen im Jahr	= 2 pro Monat
1449	48 Audienzen im Jahr	= 4 pro Monat
1450	28 Audienzen im Jahr	= 2,33 pro Monat
1451 (Januar bis Juni)	50 Audienzen im halben Jahr	= 4,17 pro Monat

385 Allein zwischen seiner Wahl (6. April 1440) und der Reaktivierung des Kammergerichts (16. Juli 1442) ließ Friedrich III. fast 28 Monate verstreichen, bevor er zum ersten Mal sein Kammergericht zusammenrief.

das Gericht keine festen Organisationsstrukturen besitzen. Es reichte aus, dass der Spruchkörper nach Bedarf, also in unregelmäßigen Abständen und in jeweils passender Zusammensetzung, zusammengerufen und für jede Sitzung ein neuer Richter ernannt wurde.

In den Jahren 1447 und 1448 verdoppelte sich die Zahl der abgehaltenen Audienzen auf etwas mehr als zwei Sitzungen durchschnittlich im Monat. Doch erst im Jahr 1449 ist ein Quantensprung auf durchschnittlich mehr als vier Audienzen im Monat zu beobachten. Immer häufiger wurde nunmehr das Gericht mehrere Tage hintereinander zusammengerufen, so dass man von Sitzungsperioden sprechen kann.

Dieser starke Anstieg der Sitzungstage konnte entweder notwendig geworden sein, weil die Zahl der an den Hof gelangenden Verfahren zugenommen hatte, oder aber weil der Übergang zum gelehrten Prozessrecht zeitaufwändiger war und deshalb mehr Sitzungstage als anfangs notwendig wurde.

Friedrich III. nahm in den ersten zehn Jahren seiner Herrschaft, die durch die Aufzeichnungen Michael von Pfullendorfs intensiv dokumentiert sind, die Funktion des Richters seines Kammergerichts weniger als 50 Mal persönlich wahr.[386] In der Regel berief er prominente Angehörige seines Hofstaats als Richter ans Kammergericht. Diese wurden von ihm weder als „*Kammerrichter*",[387] noch auch nur als „*Vorsitzender*" oder „*Präsident*" des Gerichts tituliert.[388] Pfullendorf begnügte sich vielmehr in seiner Aufzeichnung damit, die vom König berufenen Richter am Kammergericht schlicht „*rihter*" oder „*judex*" zu nennen. Oder er sagte, das Gericht habe „*presidente*" des Berufenen getagt oder dieser habe das Gericht „*besessen*". Noch wichtiger aber ist es, dass keiner dieser Richter für eine längere Amtszeit berufen wurde, sondern immer nur für eine, oder bestenfalls einige – maximal 15 – Sitzungen amtierte.[389]

---

386 Umso auffälliger ist die Häufung in den Jahren 1447 und 1448: Pfullendorf (Anm. 40), Nr. 178, 179, 183, 185, 190, 191, 254, 258, 259, 267, 272, 273, 284, 289, 295, 297, 303, 308, 312, 313, 314, 315, 329, 322, 323. 326, 328.

387 Anders Heinig (Anm. 2), S. 97.

388 Heinig (Anm. 2), S. 97.

389 Berufungen für mehrere Sitzungen: Pfullendorf (Anm. 40), S. 219 ff., Sitzungsverzeichnis:
Markgraf Wilhelm von Baden-Hachberg: 6 Sitzungen Juli/August 1442.
Bischof Leonhard von Passau: 15 Sitzungen April und Juli 1443, April 1444.
Kaspar Schlick: 8 Sitzungen März bis Juni 1447.
Bischof Sylvester von Chiemsee 14 Sitzungen Mai bis Juni 1449.

5.2 Sitzungsfrequenz und Verfahrensmodi

Wenn parallel zur Ernennung eines dauerhaft amtierenden Richters seit Dezember 1449 sich sowohl die Anzahl der abgehaltenen Audienzen als auch die Zahl der in einer Audienz erledigten Gerichtsaktivitäten erhöhten, bedarf dies der Erklärung. Im dinggenossenschaftlichen, mündlichen Verfahren konnten die Beisitzer Entscheidungen nur im Verlauf einer Sitzung finden. Nur die wenigstens zu einer Mehrheit kommende Konsensbildung führte zu einer Entscheidung, was gegebenenfalls nicht in einer Sitzung zu schaffen war. Im Römisch-Kanonischen Prozessrecht wurden dagegen die Gerichtsentscheidungen in Beratungen vor der Audienz erarbeitet. Die zeitaufwändige Konsensbildung hatte also schon vor der Audienz stattgefunden. Deren bloße Verkündung benötigte dagegen weniger Sitzungszeit. Deshalb konnten bei Verfahren im Gelehrten Verfahrensmodus in einer Audienz weit mehr Entscheidungen verkündet werden als in Sitzungen, in denen jede Gerichtsentscheidung in der Audienz durch Konsensbildung hatte erarbeitet werden müssen. Schließlich kam es so weit, dass bis zu 13 Gerichtsaktivitäten in einer Audienz verkündet werden konnten. Dieses Phänomen sei noch etwas näher betrachtet. Sitzungen mit mehr als drei Gerichtsaktivitäten:
1442: 0
1443: 0
1444: 0
1445: 0

1446
Februar 19: 7 Aktivitäten
März 7: 4 Aktivitäten (aber keine Audienz, nur „Handlungen vor Pfullendorf")
Juli 9: 10 Aktivitäten

1447
Januar 10: 6 Aktivitäten
Januar 11: 13 Aktivitäten
Januar 18: 4 Aktivitäten
Januar 20: 5 Aktivitäten
Januar 21: 4 Aktivitäten
Februar 13: 4 Aktivitäten
Februar 14: 4 Aktivitäten
Juni 3: 5 Aktivitäten
August 1: 6 Aktivitäten
September 20: 4 Aktivitäten

1448
Februar 10: 4 Aktivitäten
August 26: 4 Aktivitäten, aber keine Audienz, nur Handlungen vor Pfullendorf
September 19: 5 Aktivitäten
September 20: 4 Aktivitäten
September 26: 4 Aktivitäten
Oktober 3: 5 Aktivitäten
Oktober 5: 7 Aktivitäten
Oktober 7: 6 Aktivitäten
Oktober 8: 5 Aktivitäten
Oktober 12: 5 Aktivitäten

1449
Februar 5: 6 Aktivitäten
Juni 5: 6 Aktivitäten
Juni 13: 4 Aktivitäten
Juni 14: 6 Aktivitäten
Juni 16: 4 Aktivitäten
Dezember 17: 5 Aktivitäten
Dezember 19: 5 Aktivitäten
Dezember 20: 4 Aktivitäten
Dezember 22: 10 Aktivitäten
Dezember 23: 5 Aktivitäten

1450
Januar 29: 6 Aktivitäten
Januar 30: 7 Aktivitäten

1451
März 4: 6 Aktivitäten
März 24: 4 Aktivitäten
April 6: 4 Aktivitäten
April 17: 6 Aktivitäten
April 30: 5 Aktivitäten, aber keine Audienz, nur Handlungen vor Pfullendorf
Mai 28: 4 Aktivitäten
Juni 2: 5 Aktivitäten
Juni 5: 5 Aktivitäten

Bis zum Jahr 1445 schaffte das Gericht in keiner Audienz mehr als drei Aktivitäten.[390] In diesen Jahren gab es auch noch Urteilergremien ohne einen einzigen Juristen. In dieser Phase wurden bestenfalls drei und nur ausnahmsweise einmal fünf oder gar sechs Juristen als Urteiler berufen.[391] Die seit dem Jahr 1446 stetig zunehmende Zahl von mehr als drei Aktivitäten je Sitzung wird begleitet von der Berufung von durchschnittlich zwei bis fünf Juristen als Assessoren auf der Urteilerbank pro Audienz. Sie waren notwendig geworden, um die jetzt häufiger nach römisch-kanonischem Prozessrecht durchzuführenden Prozesse zu bearbeiten, wie sie etwa in Gestalt von Appellationsverfahren an den Hof kamen. Diese Überlegungen des Zusammenhanges zwischen Besetzung der Urteilerbank und Verfahrensablauf waren auch den Zeitgenossen keineswegs fremd. Das zeigt sich am 28. November 1459, wenn es heißt, dass die Beisitzer, die den Fall bisher verfolgt hätten, auch Urteil und Recht sprechen sollten.[392]

So ist die Vermehrung der Zahl von Gerichtsaktivitäten pro Audienz ein Indikator für die Verwissenschaftlichung des Kammergerichtsprozesses. Keine der aus der Analyse der Sitzungsfrequenz gewonnenen Aussagen basiert auf strikten statistischen Methoden. Es handelt sich also nur um Tendenzen.

Leider lässt sich die Untersuchung nicht in derselben Weise kontinuierlich fortsetzen, weil nach dem Ende von Pfullendorfs Aufzeichnungen im Juni 1451 die für diese Fragestellung notwendigen seriellen Quellen fehlen. Das zur Verfügung stehende urkundliche Quellenmaterial gibt keine zuverlässige Auskunft über die Zahl der abgehaltenen Sitzungen des Kammergerichts. Erst mit dem *Gerichtsbuch* lässt der Pächter, Bischof Ulrich von Passau, fortlaufende Aufzeichnungen über die Tätigkeit des Kammergerichts für die Zeit vom April 1467 bis zum Dezember 1468 anlegen.[393] Das *Gerichtsbuch* wird jedoch nur kurze Zeit systematisch geführt,[394] so dass es nur für wenige Sitzungen eine hinreichende Grundlage für die Fortsetzung der vorherigen Untersuchung böte. Dasselbe gilt für die Protokolle[395] und das Urteilsbuch,[396] die zuverlässig kontinuierlich nur in drei Jahren der Pachtzeit Erzbischof Adolfs II. von Mainz (26. Oktober 1471–16. September 1474 bzw. 25. Oktober 1471–28. Juni 1474) geführt wurden. Für so kurze Zeiträume lassen sich jedoch nicht einmal Tendenzen oder Trends ermitteln.

---

390 Die Gerichtsaktivitäten der Jahre 1442–1445 hat Pfullendorf im Jahr 1445 nachträglich aus den Unterlagern rekonstruiert, wie er selbst in den Prolegomena erklärt. Pfullendorf (Anm. 40), S. 16.

391 S. 109 f., Anm. 271–275. Aus welchen Gründen der Herrscher wie viele Juristen berief, ist nicht ersichtlich.

392 Heft 18 Nr. 165.

393 S. 21 ff.

394 S. 23 ff.

395 Gerichtsbücher (Anm. 65), Bd. 2, Magin, Protokolle, S. 121 ff.

396 Gerichtsbücher (Anm. 65), Bd. 1, Magin. Urteilsbuch.

5.3 Gelehrtes Recht am Kammergericht Friedrichs III.

Ob, wie stark und ab wann am Kammergericht mit dem gelehrten Recht gearbeitet wurde, ist immer wieder erörtert worden. Auch Julia Maurer hat diese Thematik behandelt und dafür die Quellen nach einschlägigen *termini technici* durchsucht.[397] Sie kommt damit zu zeitlich und sachlich wenig differenzierten Ergebnissen, die der Ergänzung sowie der Korrektur bedürfen.

Nicht zuletzt muss ihre Aussage, dass für die erste Phase der Tätigkeit des Kammergerichts unter Friedrich III. bis 1450 Quellen mit entsprechenden Informationen weitgehend fehlten,[398] nach dem Fund der aussagekräftigen Aufzeichnungen Pfullendorfs (1442–1451) überprüft werden. Dabei erweist sich Maurers Folgerung, in dieser Zeit habe das gelehrte Verfahrensrecht nur fragmentarisch Eingang in den Prozessgang des Kammergerichts gefunden,[399] als grundlegend falsch. Von den 277 von Pfullendorf dokumentierten Verfahren sind immerhin 77 – also mehr als ein Drittel – Appellationsprozesse,[400] die nach gelehrtem Prozessrecht durchgeführt worden sein mussten, weil es im dinggenossenschaftlichen Verfahrensmodus keine Appellation gab.[401] Dieses Drittel der bis 1451 verhandelten Prozesse ist weit mehr als ein nur fragmentarischer Zugang des Gelehrten Verfahrensrechts in den Prozessgang des Kammergerichts.[402]

In der zweiten Hälfte des 15. Jahrhunderts wuchs der Anteil der Appellationsprozesse am dokumentierten Prozessaufkommen weiter, was sich in der von Julia Maurer vorgenommenen Zusammenstellung von *termini technici* des gelehrten Prozessrechts[403] nicht annähernd so klar abzeichnet. Mit Hilfe der Gerichtsbücher sind für die Phase nach 1451 702 Verfahren am Kammergericht rekonstruiert worden.[404]

397 Maurer (Anm. 2), S. 93 ff.

398 Maurer (Anm. 2), S. 93.

399 Maurer (Anm. 2), S. 93, Anm. 38. Gewisse Schlüsselworte wie „geschriebenes Recht", „geistliches Recht" oder „Apostelbrief" tauchten nach ihrer Beobachtung in den Regesten erst nach 1450 auf.

400 Luger in Pfullendorf (Anm. 40), S. 245 ff. Verfahren: Nr. 1, 2, 3, 5, 22, 26, 38, 39, 44, 46, 47, 51, 52, 53, 54, 55, 56, 58, 60, 61, 67, 68, 69, 70, 72, 76, 78, 79, 83, 84, 87, 89, 90, 96, 99, 100, 105, 106, 107, 108, 118, 120, 131, 136, 140, 143, 144, 145, 146, 150, 153, 154, 169, 176, 184, 189, 191, 193, 196, 199, 200, 203, 204, 215, 216, 217, 219, 239, 242, 247, 259, 264, 267, 270.

401 Es wurden nicht nur diejenigen Fälle berücksichtigt, bei denen die Vorinstanz genannt wurde, deren Entscheidung angefochten wurde, sondern es wurden auch die Verfahren mitgezählt, bei denen ohne Verfahrenseinzelheiten auszuführen eine Appellation nur erwähnt wurde. Auch Extrajudizialappellationen gehören dazu, weil das dinggenossenschaftliche Verfahren auch diese Prozessart nicht kannte.

402 Maurer (Anm. 2), S. 93.

403 Maurer (Anm. 2), S. 94, Anm. 41.

404 Gerichtsbücher (Anm. 65), Bd. 3; Maurer (Anm. 2), S. 999 ff., Verzeichnis der Verfahren.

Knapp die Hälfte davon (323 Verfahren) sind Appellationsprozesse.[405] Das gelehrte Verfahrensrecht hatte sich damit während Friedrichs III. Regierungszeit am Kammergericht als gleichwertig neben dem dinggenossenschaftlichen Verfahrensrecht etabliert.

Für die Fragestellung der Beteiligung des fridericianischen Kammergerichts an der Rezeption des gelehrten Rechts ergeben sich damit differenziertere Antworten. Das Kammergericht Friedrichs III. ist an der Rezeption von Anfang an und in der zweiten Hälfte des 15. Jahrhunderts sogar in erheblichem Umfang beteiligt, allerdings nicht als aktiv die neuen Normen nutzendes Element, sondern lediglich als eine Institution, die umgewandelt werden musste, um auf die am Hof eingehenden Appellationen angemessen reagieren zu können.

Primär verantwortlich für die Übernahme des gelehrten Rechts durch das Kammergericht waren also die Anstöße aus dem Reich durch die zunehmende Zahl von Appellationen. Der Herrscher bewältigte dieses Problem dadurch, dass er die Urteilerbank immer häufiger und schließlich regelmäßig mit Juristen besetzte. Das Kammergericht war in der Rezeption nicht Vorreiter, sondern Nachvollzieher von Anstößen, die von den Reichsständen ausgingen. Bei Appellationsverfahren gab es einen prozessrechtlichen Zwang zur Übernahme des gelehrten Rechts, weil das Verfahrensrecht der dinggenossenschaftlichen Gerichtsverfassung keine Appellation kannte.

Bevor das Auftreten der Appellation den Herrscher zwang, sein Kammergericht vom dinggenossenschaftlichen, mit Laien besetzten Gericht, zu einem Juristengericht umzugestalten, mussten die Reichsstände für ihren Herrschaftsbereich einen hierarchischen Instanzenzug aufgebaut haben, dessen Spitzen appellable Urteile fällen konnten. Eine Untersuchung der als Vorinstanzen ausgewiesenen Gerichte,

---

405 Gerichtsbücher (Anm. 65), Bd. 3; Maurer (Anm. 2), Verzeichnis der Verfahren, S. 999 ff. Nr. 1, 3, 5, 8, 9, 10, 11. 13, 14, 15, 16, 19, 20, 23,24, 25, 26, 27, 28, 29, 31, 32, 33, 34, 35, 37, 38, 39, 40, 41, 42, 43, 46, 48, 50, 51, 54, 55, 56, 57, 59, 62, 64, 65, 67. 68, 69, 70, 71, 73, 74, 76, 77, 79, 80, 81, 82, 83, 86, 87, 88, 92, 94, 95, 96, 98, 99, 100, 107, 108, 109, 114, 116, 117, 118, 120, 121, 122, 123, 125, 128, 129, 130, 131, 134, 135, 136, 139, 140, 141, 143, 144, 145, 146, 1457, 148, 151, 154, 157, 158, 159, 159, 160, 161, 163, 166, 169, 171, 173, 176, 177, 178, 179, 181, 182, 183, 186, 189, 192, 193, 195, 196, 197, 201, 203, 204, 205, 206, 207, 208, 213, 214, 216, 217, 218, 223, 224, 225 226, 228, 229, 230, 231, 233, 234, 235, 236, 239, 240, 241, 244, 245, 246, 247, 250, 251, 252, 254, 255, 258, 259, 260, 253, 264, 265, 266, 267, 268, 269, 272, 275, 278, 279, 280, 281, 282, 283, 284, 285, 286, 288, 289, 290, 291, 292, 294, 296, 298, 299,300, 302, 303, 304, 305, 306, 307, 308, 310, 311, 315, 319, 320, 321, 322, 323, 325, 327, 329, 330, 331, 334, 335, 339, 340, 341, 342, 344, 345, 346, 348, 349, 350, 352, 354, 355, 356, 359, 360, 362, 363, 364, 365, 366, 367, 368, 370, 372, 373, 374, 377, 381, 382, 384, 385, 386, 387, 388, 389, 390, 391, 392, 393, 395, 399, 400, 403, 404, 405, 407, 408, 409, 411, 412, 413, 418, 419, 420, 423, 427, 428, 429, 430, 431, 432, 436, 439, 443, 451, 452, 455, 460, 461, 452, 464, 473, 474, 475, 484, 485, 491, 492, 494, 506, 507, 508, 525, 534, 535, 540, 544, 570, 574, 591, 593, 606, 610, 612, 613, 614, 615, 629, 637, 657, 659, 660, 679, 685, 686, 688, 689, 690, 691, 697.

von denen an das Kammergericht appelliert worden war,[406] gewährt also einen Einblick in den Vorgang der Verwissenschaftlichung der Gerichtsbarkeit im Reich. Anhand der Vorinstanzen ist zu beobachten, wie die Gerichtslandschaft des Reiches allmählich umgestaltet wurde. Neben den herkömmlichen Gerichten entstand ein Netz anders organisierter und funktionierender Juristengerichte. Dieser Aufbau von hierarchisch gegliederter Juristengerichtsbarkeiten vollzog sich nicht gleichmäßig und gleichzeitig im ganzen Reich. Nur im Süden und Westen des Reiches ist im letzten Viertel des 15. Jahrhunderts bei geistlichen[407] und weltlichen Reichsfürsten[408] sowie adligen Reichsständen[409] die Errichtung neuer Gerichte als Spitze der territorialen Gerichtsbarkeit zu beobachten. Ebenso wurden nur in diesen

406 Ausgewertet wurden die Listen der Verfahren bei: Luger, Pfullendorf (Anm. 40), S. 245 ff., und Maurer, Gerichtsbücher (Anm. 65), Bd. 3, S. 999 ff.

407 Bf. v. Augsburg, Maurer, Gerichtsbücher (Anm. 65), Nr. 64, 303; Bf. v. Bamberg, Luger (Anm. 40), Nr. 56; Maurer, Gerichtsbücher (Anm. 65), Nr. 157, 285, 320, 322, 412, Bf. v. Dorpat, Maurer, Gerichtsbücher (Anm. 65), Nr. 260, Bf. v. Eichstätt, Maurer, Gerichtsbücher (Anm. 65), Nr. 201, 284, Propst v. Ellwangen, Maurer, Gerichtsbücher (Anm. 65), Nr. 225, Bf. v. Konstanz, Maurer, Gerichtsbücher (Anm. 65), Nr. 12, 80, 141, 160, 208, Bf. v. Passau; Luger (Anm. 40), Nr. 68; Maurer, Gerichtsbücher (Anm. 65), Nr. 27, 87, 452, Ebf. v. Salzburg; Luger (Anm. 40), Nr. 189; Maurer, Gerichtsbücher (Anm. 65), Nr. 48, 86, Bf. v. Speyer, Maurer, Gerichtsbücher (Anm. 65), Nr. 286, Bf. v. Straßburg, Maurer, Gerichtsbücher (Anm. 65), Nr. 169, Ebf. v. Trier, Maurer, Gerichtsbücher (Anm. 65), Nr. 570, Bf. v. Würzburg; Luger (Anm. 40), Nr. 2, 143; Maurer, Gerichtsbücher (Anm. 65), Nr. 31, 50, 57, 71, 193, 205, 307.

408 Mkgf. Jakob v. Baden, Luger (Anm. 40), Nr. 109; Hzg. Albrecht v. Bayern-München, Luger (Anm. 40), Nr. 39, 84, Maurer, Gerichtsbücher (Anm. 65), Nr. 163, 204, 226, 340, 352, 407, 427, 461; Mkgf. Albrecht-Achilles v. Brandenburg, Luger (Anm. 40), Nr. 38; Maurer, Gerichtsbücher (Anm. 65), Nr. 81, 267, 381; Hzg. Friedrich v. Braunschweig-Lüneburg, Maurer, Gerichtsbücher (Anm. 65), Nr. 381; Hzg. Ludwig v. Bayern-Landshut, Maurer, Gerichtsbücher (Anm. 65), Nr. 1, 23, 40, 51, 54, 86, 134, 143, 200, 272, 289, 348, 373, 386, 455, 491, 613, 614; Pfgf. Friedrich der Siegreiche, Maurer, Gerichtsbücher (Anm. 65), Nr. 24, 39, 135, 140, 307; Ldgf. Heinrich von Hessen-Marburg, Maurer, Gerichtsbücher (Anm. 65), Nr. 629; Erzhzg. Sigmund v. Österreich, Maurer, Gerichtsbücher (Anm. 65), Nr. 230, 323; Pfgf. Ludwig bei Rhein, Luger (Anm. 40), Nr. 191; Pfgf. Otto bei Rhein-Mosbach, Maurer, Gerichtsbücher (Anm. 65), Nr. 35, 381; Pfalzgraf Otto bei Rhein-Neumarkt, Maurer, Gerichtsbücher (Anm. 65), Nr. 327.

409 v. Hirschhorn, Maurer, Gerichtsbücher (Anm. 65), Nr. 39; Gf. v. Württemberg Maurer, Gerichtsbücher (Anm. 65), Nr. 171, 370; Henne v. Büches, Maurer, Gerichtsbücher (Anm. 65), Nr. 183; Richter v. Abensberg, Maurer, Gerichtsbücher (Anm. 65), Nr. 189; Bernhard zur Lippe, Maurer, Gerichtsbücher (Anm. 65), Nr. 279; Ritter des Georgenschildes, Maurer, Gerichtsbücher (Anm. 65), Nr. 288; Gf. v. Oettingen, Maurer, Gerichtsbücher (Anm. 65), Nr. 544; v. Rappoltstein, Maurer, Gerichtsbücher (Anm. 65), Nr. 612.

Regionen Landgerichte[410] den neuen Bedingungen angepasst,[411] so dass sie als Vorinstanzen für Appellationen ans Kammergericht dienen konnten. Folgeweise kam auch nur aus süd- und südwestdeutschen Städten[412] das neue Rechtsmittel

---

410 LG. Sulzbach, LUGER (Anm. 40), Nr. 26, MAURER, Gerichtsbücher (Anm. 65), Nr. 88; LG. Burggrafentum Nürnberg, LUGER (Anm. 40), Nr. 26, 79, 131, 145, 153; Zentgericht Haiger, LUGER (Anm. 40), Nr. 52; Kgl. HG, LUGER (Anm. 40), Nr. 76 (10. I. 1447), Nr. 169 (11. III. 1450); LG. Erding, MAURER, Gerichtsbücher (Anm. 65), Nr. 1; LG. Kitzbühel, MAURER, Gerichtsbücher (Anm. 65), Nr. 54; LG. Hzgtum Franken in Würzburg, MAURER, Gerichtsbücher (Anm. 65), Nr. 14, 15, 31, 38, 50, 57, 71, 76, 108, 123, 177, 192, 205, 261, 264, 269, 291, 384, 657, 660; HG. Rottweil, LUGER (Anm. 40), Nr. 1, 203, MAURER, Gerichtsbücher (Anm. 65), Nr. 20, 26, 37, 70, 73, 74, 129, 146, 151, 159, 173, 179, 182, 197, 203, 229, 231, 244, 254, 261, 296, 304, 306, 319, 325, 335, 306, 319, 325, 335, 368, 370, 377, 396, 393, 464, 473, 484, 506, 507, 508, 685; LG. Österreich MAURER, Gerichtsbücher (Anm. 65), Nr. 88; LG. N.N., MAURER, Gerichtsbücher (Anm. 65), Nr. 46; Westfälische Freigerichte, LUGER (Anm. 40), Nr. 3, 5, 105, MAURER, Gerichtsbücher (Anm. 65), Nr. 79, 107,109, 125, 136, 344, 366, 387, 494, 534, 535, 540, 679.

411 Dorfgericht N.N., MAURER, Gerichtsbücher (Anm. 65), Nr. 140; Gericht Wöhrd, MAURER, Gerichtsbücher (Anm. 65), Nr. 10, 117; Kembd, MAURER, Gerichtsbücher (Anm. 65), Nr. 33; Lohe, Leune, Dillheim, MAURER, Gerichtsbücher (Anm. 65), Nr. 128; Gericht Burgthan, MAURER, Gerichtsbücher (Anm. 65), Nr. 240; Gericht Kösching, MAURER, Gerichtsbücher (Anm. 65), Nr. 272; Schultheiss v. Niderlaurungen, MAURER, Gerichtsbücher (Anm. 65), Nr. 278; Gericht Obereschbach, MAURER, Gerichtsbücher (Anm. 65), Nr. 290; Gericht Rain, MAURER, Gerichtsbücher (Anm. 65), Nr. 341; Gericht Hammelburg, MAURER, Gerichtsbücher (Anm. 65), Nr. 411; Gericht Fulda, MAURER, Gerichtsbücher (Anm. 65), Nr. 411; Lehngericht Sulzburg, MAURER (Anm. 65), Nr. 420; Lehngericht der Herren von Sachsen (Gf. von Schwarzburg), MAURER, Gerichtsbücher (Anm. 65), Nr. 381; Amtmann von Ehingen, MAURER, Gerichtsbücher (Anm. 65), Nr. 395; Wesenall, MAURER, Gerichtsbücher (Anm. 65), Nr. 443; Ratsboten der Eidgenossen, MAURER, Gerichtsbücher (Anm. 65), Nr. 491; Dorfgericht St. Aldegund, MAURER, Gerichtsbücher (Anm. 65), Nr. 651.

412 Altdorf, MAURER, Gerichtsbücher (Anm. 65), Nr. 339; Augsburg, MAURER, Gerichtsbücher (Anm. 65), Nr. 55, 116, 118, 241, 246, 298, 305, 311, 331, 338, 342, 345, 372, 404, 462; Bamberg, MAURER, Gerichtsbücher (Anm. 65), Nr. 157; Bern Biberach, MAURER, Gerichtsbücher (Anm. 65), Nr. 28, 245, 259, 302; Börsch, MAURER, Gerichtsbücher (Anm. 65), Nr. 253; Dettelbach, MAURER, Gerichtsbücher (Anm. 65), Nr. 264; Diessenhofen, MAURER, Gerichtsbücher (Anm. 65), Nr. 20; Esslingen, MAURER, Gerichtsbücher (Anm. 65), Nr. 130, 228, 663; Frankfurt, MAURER, Gerichtsbücher (Anm. 65), Nr. 321; Giengen, MAURER, Gerichtsbücher (Anm. 65), Nr. 329, 346; Heilbronn, MAURER, Gerichtsbücher (Anm. 65); Kaysersberg, MAURER, Gerichtsbücher (Anm. 65), Nr. 195; Kempten, MAURER, Gerichtsbücher (Anm. 65), Nr. 3, 95, 120, 691; Köln, MAURER, Gerichtsbücher (Anm. 65), Nr. 5, 35, 145, 154, 217, 251, 252, 292, 300, 364, 365, 475; Konstanz, MAURER, Gerichtsbücher (Anm. 65), Nr. 206; Kulmbach, MAURER, Gerichtsbücher (Anm. 65), Nr. 81; Landau, MAURER, Gerichtsbücher (Anm. 65), Nr. 82; Leutkirch, MAURER, Gerichtsbücher (Anm. 65), Nr. 181, 255; Lübeck MAURER, Gerichtsbücher (Anm. 65), Nr. 258; Mainz, LUGER (Anm. 40), Nr. 46; Marckolsheim, MAURER, Gerichtsbücher (Anm. 65), Nr. 100; Markdorf, MAURER, Gerichtsbücher (Anm. 65), Nr. 161; Memmingen, MAURER, Gerichtsbücher (Anm. 65), Nr. 207, 382; München, MAURER, Gerichtsbücher (Anm. 65), Nr. 204, 461; Neuburg, MAURER, Gerichtsbücher (Anm. 65), Nr. 29; Nördlingen, MAURER, Gerichtsbücher (Anm. 65), Nr. 186; Nürnberg, MAURER, Gerichtsbücher (Anm. 65), Nr. 10, 11, 13, 16, 19, 32, 34, 41, 42, 65, 65, 68, 77, 117, 125, 147, 235, 239, 275, 281, 330, 334, 350, 388, 405, 431, 460; Pfaffenhofen, MAURER, Gerichtsbücher (Anm. 65),

der Appellation an den Königshof. Also nur im Süden und Westen des Reiches wurde im Laufe des 15. Jahrhunderts der justitielle Unterbau geschaffen, von dem die Appellationen stammten. Im Verlauf dieser Entwicklung verwandelte sich das Kammergericht zur obersten Rechtsmittelinstanz des Reiches.

Noch zu Anfang des 16. Jahrhunderts gab es im Norden des Reiches Regionen, in denen sich dieser Vorgang sehr viel zögerlicher abspielte, so dass die Gerichte dort sehr viel länger dinggenossenschaftlich strukturiert blieben.[413] Dann konnte sich der Umschaltvorgang umgekehrt vollziehen, indem bei dem Zusammenprall der traditionellen Landesgerichtsbarkeit mit dem rechtsgelehrt neu strukturierten Reichskammergericht als Appellationsinstanz die Landesjustiz dem Neuen angepasst werden musste, wie Wolfgang Prange am Beispiel des Herzogtums Holstein deutlich gemacht hat. Dort waren noch in den ersten Jahrzehnten des 16. Jahrhunderts die Gerichte dinggenossenschaftlich organisiert.[414] Als Angehörige der holsteinischen Ritterschaft Urteile des obersten holsteinischen Landesgerichts mit der Appellation anfechten wollten, konnten die Urteiler am Kammergericht mit diesem Begehren nichts anfangen, weil das holsteinische Urteil nach dinggenossenschaftlichem Modus gefällt worden war. Deswegen gab es weder Prozessakten der Vorinstanz noch deren schriftliches Urteil mit Urteilsgründen. Eine Appellation hätte nur dann ordnungsgemäß durchgeführt werden können, wenn sowohl die Vorinstanz als auch das Appellationsgericht nach den Regeln des gelehrten Prozessrechts gearbeitet hätten. Dies führte dazu, dass das oberste Landesgericht Holsteins schließlich zu einem Juristengericht umgewandelt wurde.

Nr. 467; Regensburg, Maurer, Gerichtsbücher (Anm. 65), Nr. 98, 265; Rostock, Maurer, Gerichtsbücher (Anm. 65), Nr. 122; Schwäbisch Gmünd, Maurer, Gerichtsbücher (Anm. 65), Nr. 392; Salzburg, Luger (Anm. 40), Nr. 22, 81, 200; St. Gallen, Maurer, Gerichtsbücher (Anm. 65), Nr. 99, 439; Schlettstadt, Maurer, Gerichtsbücher (Anm. 65), Nr. 83; Speyer, Maurer, Gerichtsbücher (Anm. 65), Nr. 354; Straßburg, Maurer, Gerichtsbücher (Anm. 65), Nr. 8, 101, 118 158, 263; Ulm, Maurer, Gerichtsbücher (Anm. 65), Nr. 214, 259, 423; Weissenburg, Maurer, Gerichtsbücher (Anm. 65), Nr. 247, 419; Weissenhorn, Maurer, Gerichtsbücher (Anm. 65), Nr. 182, 231; Zürich, Maurer, Gerichtsbücher (Anm. 65), Nr. 25, 233.

413 Bernhard Diestelkamp, Die Reichsgerichtsbarkeit in den Ostseeländern, in: Die Integration des südlichen Ostseeraums in das Alte Reich (QFHG, 35), 2000, S. 13 ff.

414 Wolfgang Prange, Schleswig-Holstein und das Reichskammergericht in den ersten fünfzig Jahren (Schriftenreihe der Gesellschaft für Reichskammergerichtsforschung, 22), 1998.

5.4 Die Parteien (Das Austrägalverfahren)

Julia Maurer hat mit methodischen Vorbehalten unter Bezugnahme auf Milbradt[415] festgestellt, „*dass die Parteien ähnlichen sozialen Schichten entstammten, wie Ranieri dies für die frühe Zeit des Kammergerichts bis 1529 festgestellt hat.*“[416] Damit gibt es eine funktionale Kontinuität zwischen den beiden Kammergerichten vor und nach den Reformen von 1495. Es sind vornehmlich Vertreter der städtischen Oberschicht und des Niederadels, die ihre Streitigkeiten vor dem Kammergericht austrugen.[417] Wenig erstaunlich ist das weitgehende Fehlen der einfachen Bevölkerung.[418] Schlichte Bauern und einfache Stadtbürger oder gar nur Einwohner von Städten verfügten zwar unter Umständen über eigene Konfliktbewältigungsmechanismen, nicht aber über die liquiden Mittel, die zum Prozessieren am Kammergericht eingesetzt werden mussten. Die prozessführenden Parteien stammten aus den südlichen und westlichen Regionen des Reiches, die als königsnah gelten.

Die Feststellung, dass vor und nach 1495 die Angehörigen derselben sozialen Schichten das Kammergericht bei der Wahrnehmung ihrer Rechte in Anspruch nahmen, gilt nicht bezüglich der Austrägalverfahren.[419] Um diese Sonderzuständigkeit für Kurfürsten, Fürsten und Fürstengleiche gab es in der Reformdebatte heftige Auseinandersetzungen. Austräge waren schon in den Bundes- und Friedensgerichten der Landfriedensbünde von 1383, 1438 und 1466 erfolgreich eingeführt worden.[420] Der Kaiser wollte sie bei der Reformdebatte 1495 jedoch abschaffen, weil durch den Ewigen Reichslandfrieden und die Beauftragung des Kammergerichts mit dessen Durchsetzung diese friedensrechtliche Sonderinstanz überflüssig geworden sei.[421] Dem widersprachen jedoch insbesondere Brandenburg und Sachsen, weil sie mit der daraus folgenden Unterwerfung unter das Kammergericht nicht einverstanden gewesen seien.[422] In der Tat hatte sich der Charakter des Kammergerichts in der Reformdebatte grundlegend verändert. Einem dinggenossenschaftlichen, auf Gleichstufigkeit basierenden Verfahren hatten sich auch Angehörige der großen

415 Hinrich Milbradt, Die Parteien in ihren Prozessen vor König und königlichem Kammergericht in der 2. Hälfte des 15. Jahrhunderts. Diss. jur. Mainz 1979, masch.-schr.

416 Maurer (Anm. 2), S. 89.

417 Maurer (Anm. 2), S. 90.

418 Maurer (Anm. 2), S. 89 f.

419 Friedrich Merzbacher, Austrägalinstanz, in: HRG, Bd. 1, 1. Aufl. 1971, Sp. 273 ff.; Peter Schulz, Die politische Einflussnahme auf die Entstehung der Reichskammergerichtsordnung von 1548 (QFHG, 9), 1978, S. 154 ff, 178 ff., 185 ff.; Dick (Anm. 246), S. 71 ff.

420 Schulz (Anm. 419), S. 154.

421 Schulz (Anm. 419), S. 154.

422 Schulz (Anm. 419), S. 154 f.

Fürstendynastien des Reiches inclusive der Kurfürsten ihre Konflikte anvertrauen können,[423] wie zahlreiche Beispiele beweisen:

- So gab es vor 1495 als *Kläger* am Kammergericht: Herzogin Elisabeth von Sachsen-Lauenburg (Nr. 57, 1468/69), Herzog Albrecht und Kurfürst Ernst von Sachsen (Nr. 128, 1472), Pfalzgraf Otto bei Rhein zu Mosbach (Nr. 165, 1471), Herzog Friedrich von Braunschweig-Lüneburg (Nr. 242), Erzherzog Sigmund von Österreich (Nr. 469, 1472, 1467), Herzog Erich von Pommern (Nr. 549, 1468), Markgraf Albrecht Achilles von Brandenburg (Nr. 690, 1455).
- Als *Beklagte* erscheinen Markgraf Rudolf von Baden-Hachberg (Nr. 70, 1471), Herzog Johann von Kleve-Mark (Nr. 79, 1471), Markgraf Rudolf von Baden-Hachberg (Nr. 102, 1467), Pfalzgraf Friedrich der Siegreiche (Nr. 318, 1467), Landgraf Heinrich von Hessen (Nr. 337, 1450), Fürst Georg von Anhalt (Nr. 375, 1468), Herzog Albrecht und Kurfürst Ernst von Sachsen (Nr. 381, 1472), Erzherzog Sigmund von Österreich (Nr. 587, 1467), Herzog Wilhelm von Jülich-Berg (Nr. 677, 1469), die Landgrafen von Hessen (Nr. 679, 1476).
- Auf *Kläger- und Beklagtenseite im selben Prozess* finden sich die Herzöge Sigmund, Albrecht und Wolfgang von Bayern-München gegen Herzog Gerhard von Jülich-Berg (Nr. 168, 1471), Herzogin Elisabeth von Sachsen-Lauenburg gegen Herzog Johann von Sachsen-Lauenburg (Nr. 237, 1471), Erzherzog Sigmund von Österreich gegen Erzherzogin Mechthild von Österreich (Nr. 619, 1470).

Doch die Situation hatte sich im Laufe der Entwicklung grundlegend verändert. Am Hof hatte man offenbar erkannt, dass die Appellation nicht nur Teil des Prozessrechts war, sondern wegen der Möglichkeit des Kammergerichts, die Tätigkeit der reichsständischen Gerichte zu kontrollieren und sogar zu korrigieren, die Position des Reichsoberhaupts gegenüber den Ständen verbessert hatte. Als die Stadt Basel ihren Bürgern durch Statut die Appellation verbieten wollte, erhob der Kaiser heftigen Einspruch mit der Begründung, dass er diese Minderung seiner „*oberkeit*“ nicht hinnehmen werde. Die Möglichkeit einer Kontrolle der ständischen Gerichte[424] durch die kammergerichtliche Appellationsinstanz verfestigte also die Stellung des Herrschers und minderte die der Stände.

Das sahen die Stände genauso. Als Maximilian I. 1503 an seinem Hof ein Reichsgericht anstelle des ruhenden Reichskammergerichts installierte, widersetzten sich

423 Die folgenden Angaben sind der Verfahrensliste entnommen, die Maurer nach den Gerichtsbüchern rekonstruiert hat: Gerichtsbücher (Anm. 65), Bd. 3, S. 1002 ff.

424 Ralf Mitsch, Die Gerichts- und Schlichtungskommissionen Kaiser Friedrichs III., in: Das Reichskammergericht. Der Weg zu seiner Gründung und die ersten Jahrzehnte seines Wirkens (1451–1527) (QFHG, 45), 2003, S. 7 ff., 53, Anm. 120.

dem die Kurfürsten, weil dieses Gericht nicht dem 1495 bewilligten Kammergericht entspreche:[425] „*Nur diesem Gericht hätten sie sich „mit Begebung unserer Churfürstenthumb*“ und „*andere freyheit*““ unterworfen. Die Anerkennung des 1495 reformierten Kammergerichts als oberste Rechtsmittelinstanz im Reich bewirkte automatisch die Unterwerfung unter die Jurisdiktionsgewalt des Königs. Das hätte als eine Minderung der Stellung der Kurfürsten angesehen werden können. Diese Gefahr wurde 1495 jedoch ausgeglichen durch die Beteiligung der Reichsstände am Kammergericht. Einem solchen Gericht konnten die Kurfürsten sich anstandslos unterwerfen, ohne eine Minderung ihrer Stellung im Verfassungsgefüge des Reiches befürchten zu müssen. Bei Maximilians I. 1503 neu gegründetem Reichsgericht fehlte dagegen der Ausgleich durch die ständische Beteiligung. Deshalb konnte die Unterwerfung unter die Jurisdikionsgewalt des Königs von 1495 nicht für das Gericht von 1503 gelten. Auch wenn das reformierte Kammergericht von 1495 funktional die vom kaiserlichen Kammergericht nicht erledigten Fälle übernahm und fortsetzte, war das 1495 reformierte Reichskammergericht doch ein anderes Gericht als das vor der Reform.

5.5 Streitgegenstände

Auch bei den Streitgegenständen, die an das Kammergericht herangetragen wurden, gibt es – trotz starker methodischer Vorbehalte – bemerkenswerte Kontinuitäten zwischen den Zeiten vor und nach 1495.[426] Julia Maurer geht davon aus, dass annähernd die Hälfte aller Verfahren am Kammergericht Streitigkeiten aus der Geldwirtschaft und im Familienverband gewesen seien, ergänzt um einige weitere Fallgruppen. Ob eine Schärfung der Kategorisierung oder eine Nachzählung präzisere Ergebnisse erbrächten, kann dahinstehen, weil die damit erzielten Werte neue rechtshistorische Erkenntnisse nicht versprechen.

Die für die Verpachtung vorauszusetzende Dauerhaftigkeit der Betrauung mit dem Kammerrichteramt war selbst in der Pachtzeit Bischof Ulrichs von Passau noch keineswegs selbstverständlich. Noch in dem auf 1471 datierten Entwurf einer Kammergerichtsordnung[427] war es lediglich ein Reformversprechen des Kaisers, „*das hinfur unser kammergericht besitzen sollend ein kammerrichter mit einer zimlichen zale erbern und redlichen beisitzern und urteilern.*“ Friedrich III. bot also 1471 als Verbesserung an, einen ständigen Kammerrichter und eine feste Zahl von

425 Schulz (Anm. 419), S. 156.
426 Maurer (Anm. 2), S. 112 ff.
427 Battenberg (Anm. 92), Artikel 1, Handschrift D. Identisch in Handschrift W 565.

Assessoren einzusetzen. Der Entwurf wurde niemals verabschiedet und verkündet, so dass der Kaiser dieses Versprechen nicht einlösen musste. Deshalb konnte Friedrich III. noch 1474 in dem spektakulären Prozess gegen Pfalzgraf Friedrich den Siegreichen[428] seinen Kammerprokuratorfiskal Johann Keller vortragen lassen, dass er als Kaiser das Recht habe, Richter und Beisitzer nach seinem Belieben zu bestimmen und die Zusammensetzung des Gerichts sogar während eines laufenden Verfahrens zu ändern.[429] Friedrich III. nahm also weiter das Recht in Anspruch, jederzeit die Besetzung der Richterfunktion und der Urteilerbank nach freiem Ermessen bestimmen zu können.[430] Dies bestritt der Pfalzgraf allerdings und beanspruchte stattdessen eine feste Struktur des Kammergerichts, in die der Kaiser nicht nach seinem Belieben eingreifen dürfe. Das sich in der pfalzgräflichen Position andeutende Neue brauchte jedoch noch einige Zeit, bevor es sich durchsetzte und zur herrschenden Meinung wurde.

Der zweite Pächter, Erzbischof Adolf II. von Mainz, hatte die Arbeit des Kammergerichts in vielerlei Hinsicht effektiviert. Es hätte also nahegelegen, das Erfolgsmodell der Verpachtung des Kammerrichteramtes nach Erzbischof Adolfs Tod am 6. September 1475 mit einem neuen Pächter fortzusetzen. Doch Friedrich III. kehrte zum Modus kurzzeitig berufener Richter zurück. Im Jahr 1479 amtierte vom 27. September[431] bis zum 12. Oktober[432] Graf Schaffried von Leiningen. Ihm folgte am 27. Oktober 1479 Graf Wilhelm von Thierstein.[433] In den Jahren 1480 bis 1490 hatte der Kaiser sein Kammergericht also nicht vollständig suspendiert, um das Reich zu bestrafen, wie Heinig meint.[434] Aber die kammergerichtliche Tätigkeit war in dieser Phase stark reduziert.

Zudem überzeugt auch die Annahme, der Kaiser habe das Reich durch Lahmlegung des Kammergerichts bestrafen wollen, nicht. Erzbischof Adolf II. von Mainz hatte Kanzlei und Kammergericht nicht aus finanziellen sondern aus politischen Gründen gepachtet[435] und die ihm damit gebotenen Möglichkeiten weidlich genutzt.[436] Wenn Friedrich III. sich danach von dem Modell einer Verpachtung abwandte und Kanzlei und Gericht wieder in die eigenen Hände nahm, so dürf-

428 Karl Friedrich KRIEGER, Der Prozess gegen Pfalzgraf Friedrich den Siegreichen auf dem Augsburger Reichstage vom Jahre 1474, in: ZHF 12 (1985), S. 257–286.

429 Heft 27, Nr. 232, 1474 Mai 27.

430 HEINIG (Anm. 2), S. 100 ff.

431 Gerichtsbücher (Anm. 65), Bd. 2, MAGIN, Protokolle P 278.

432 Gerichtsbücher (Anm. 65), Bd. 2, MAGIN, Protokolle P 279, 280, Oktober 5; P 280, Oktober 9; P 281, Oktober 12.

433 Gerichtsbücher (Anm. 65), Bd. 2, MAGIN, Protokolle, P 283.

434 HEINIG (Ann. 2), S. 103, 109.

435 HEINIG (Anm. 2), S. 662.

436 HEINIG (Anm. 2), S 102 f.

ten auch ihn eher das Potential effektiver Gestaltungsmöglichkeit als finanzielle Vorteile dazu bewogen haben.[437] Die bewusste Nichtnutzung dieses Potentials aus Rache wäre eine kontraproduktive Motivation gewesen, zumal die Zunahme der Appellationen in dieser Zeit die verfassungsrechtliche Stellung des Herrschers als obersten Richter stärkte.[438] Der Kaiser kehrte zum alten Modell zurück, indem er die Funktion des Kammerrichters wieder nur weniger bedeutenden Mitgliedern seines Hofstaates vorübergehend übertrug.[439]

Den Wechsel zum dauerhaft bestallten Kammerrichter vollzog der Kaiser, indem er den Grafen Eitel Friederich II. von Zollern[440] zu seinem „*Camer-Richter*" ernannte, wie er am 16. April 1492 allen Reichsuntertanen verkündete.[441] Zugleich musste er gestehen, dass er schon zweimal versucht habe, sein Kammergericht wieder aufzurichten. Das sei jedoch daran gescheitert, dass der Kammerrichter Graf Eitel Friederich II. von Zollern im Dienste König Maximilians in Ungarn beschäftigt gewesen sei. Die Abwesenheit des Richters war nur dann ein Hindernis für die Arbeit des Gerichts, wenn der Kaiser dem Kammerrichter sein Amt dauerhaft übergeben hatte. Dann konnte das Kammergericht in Abwesenheit des Kammerrichters nicht ordnungsgemäß arbeiten, weil der Kaiser die Position nicht mehr durch einen nur vorübergehend berufenen Richter ersatzweise besetzen konnte.

Graf Eitel Friederich II. von Zollern war zwar kein Reichsfürst, aber auch kein beliebiger Graf. Er hatte Rückendeckung durch den kurbrandenburgischen Zweig seiner Familie, vor allem nachdem er 1482 die jüngste Tochter von Kurfürst Albrecht Achilles geheiratet hatte.[442] Zudem war er anderen einflussreichen, schwäbischen Grafenhäusern wie den Werdenberg, Monfort und Sulz verwandtschaftlich verbunden.[443] Da Eitel Friederich II. von Zollern sich vornehmlich der Gunst des jungen Königs Maximilian I. erfreute, der ihn zu seinem Rat machte, schuf der alte Kaiser Friedrich III. durch seine Ernennung zum Kammerrichter ein wichtiges Bindeglied zwischen seinem Herrschaftssystem und dem seines Sohnes Maximilian I.[444] Ebenfalls eine verbindende Funktion nahm der Graf später als Kammerrichter sowohl des kaiserlichen Kammergerichts als auch des 1495 reformierten Reichskammergerichts wahr.

---

437 Heinig (Anm. 2), S. 101.

438 Diestelkamp (Anm. 19), S. 146 ff.

439 Heinig (Anm. 2), S. 103.

440 M. Dressel, Graf Eitel Friederich II. von Zollern II. von Zollern (1452–1512). Kaiserlicher Rat Maximilians I. und erster Richter am Reichskammergericht, Wetzlar 1995.

441 Heft 20 Nr. 330; Heft 31 Nr. 404. Harpprecht (Anm. 131), S. 282 f., Nr. L.

442 Heinig (Anm. 2), S. 360.

443 Heinig (Anm. 2), S. 359 f.

444 Heinig (Anm. 2), S. 361.

Auch nach seiner Bestallung zum Kammerrichter konnte der Zollerngraf sein Amt lange Zeit nicht tatsächlich ausüben. Unmittelbar nach seiner Ernennung hatte der Kaiser schon mitteilen müssen, dass Graf Eitel Friederich II. von Zollern im Dienste König Maximilians I. in Ungarn weile[445] und deshalb wegen „*kriegsleuft und gescheff*" das Kammergericht nicht habe abhalten können.[446] Dies war jedoch wohl nicht der einzige Hinderungsgrund. Offenbar verfügte der Kaiser an seinem Hof auch nicht immer über genügend Juristen. Jedenfalls bat Friedrich III. zeitgleich den Kurfürsten Johann von Brandenburg, den Schwager seines Kammerrichters, ihm einen „*Laien*", d. h. Juristen, für sein Kammergericht zu überlassen.[447] Doch auch der vom Kaiser am 16. April 1492 angesetzte Gerichtstag nach Pfingsten 1492[448] musste mehrfach verschoben werden, wie der Kammerrichter am 11. März 1493 mitteilte.[449] Graf Eitel Friederich II. von Zollern hatte bis zum Tod des Kaisers am 19. August 1493 nur wenig Zeit, um als Kammerrichter amtieren zu können.

Maximilian I. übernahm das Kammergericht von seinem Vater also nicht in bestem Zustand. Die Neuordnung des Kammergerichts in Jahr 1495 befriedigte folglich, was bisher immer übersehen wurde, nicht nur politische Wünsche der Reichsstände, sondern geschah auch im Interesse des Gerichtsherrn an einem funktionierenden obersten Gericht. Umso bedeutsamer war es, dass Graf Eitel Friederich II. von Zollern die Kontinuität des Kammerrichteramtes vor und nach 1495 wahrte.

---

445 Heft 20 Nr. 330; 1492 April 16.

446 Heft 20 Nr. 329; 1492 April 16.

447 Heft 20 Nr. 327, 328, /vor April 16/; Heft 20 Nr. 329, 1492 April 16.

448 Heft 31 Nr. 44. 1492 April 16.

449 Heft 31 Nr. 404, Anm. 3.

6. Funktionskontinuität versus neues Kammergericht

Das Kammergericht König Friedrichs III. übernahm 1442 rechtshängige Verfahren und beendete sie. Ebenso geschah es 1493 und sogar auch nach der Reform von 1495. Diese nahm zwar viele Entwicklungen auf, die sich während der Regierungszeit Friedrichs III. vollzogen hatten, was aber die funktionale Kontinuität nicht beeinträchtigte. Eine Neuerung bewirkte jedoch einen grundlegenden Wandel, nämlich die Durchsetzung der Appellation. Es reicht nicht aus, darin allein die Durchsetzung des römisch-kanonischen Prozessrechts zu sehen. Bedeutungsvoller ist es, dass für die Appellation des gelehrten Prozesses die Gleichordnung der Gerichte ergänzt werden musste durch den Aufbau eines hierarchisch gegliederten Rechtsmittelinstanzenzuges. Unter Friedrich III. war das System noch so flexibel, dass der König/Kaiser neuen Bedürfnissen dadurch Rechnung tragen konnte, dass er die Struktur des Kammergerichts den Bedürfnissen anpasste, indem er Juristen als Beisitzer auf der Urteilerbank des Kammergerichts berief. Damit war das Neue rechtstechnisch zu bewältigen. Geblieben war jedoch, dass das Kammergericht durch den aufzubauenden Rechtsmittelinstanzenzug zur Spitze der Gerichtsbarkeit im Reich wurde, weil die reichsständischen Gerichte dadurch der Jurisdiktionsgewalt des Königs unterworfen wurden. Durch die Überprüfung der Instanzurteile durch das Kammergericht wuchs dem Herrscher eine bis dahin nicht bekannte Jurisdiktionsgewalt zu. Um das dadurch gestörte Gleichgewicht wiederherzustellen, musste der Herrscher einen Teil des ihm ohne eigenes Zutun zugefallenen Kompetenzgewinns ausgleichen, indem er die Reichsstände an seiner Jurisdiktionsgewalt beteiligte. Dieser für die deutsche Rechtsentwicklung so wichtige Schritt kam nicht aus heiterem Himmel, sondern war systematischer Teil der Gesamtentwicklung.

7. Anhang: Das Reichskammergericht im Rechtsleben des 16. Jahrhunderts*

Einleitung: Das Reichskammergericht als Forschungsfeld

Als im Jahre 1806 zusammen mit dem Heiligen Römischen Reiche Deutscher Nation auch das traditionelle Reichskammergericht unterging,[1] verfasste der Reichskammergericht-Assessor von Kamptz[2] eine Rückbesinnung, in der es abschließend heißt:[3] „So war also das Reichskammergericht in fünf Jahrhunderten für uns Deutsche das, die Ausbildung des Rechts erweiternde, – in den deutschen

---

* Über dieses Thema habe ich im SS 1968 meine Frankfurter Antrittsvorlesung gehalten. Damals war die Geschichte des Reichskammergerichts ein – trotz einiger Ausnahmen – vernachlässigtes Forschungsfeld. Meine Antrittsvorlesung wollte bewusst machen, unter wie zahlreichen Aspekten die moderne Rechts- und Verfassungsgeschichte bereichert werden könnte, wenn sie sich diesem Problemkreis zuwenden würde. Als der damalige Frankfurter Rektor, Kollege Rüegg, mir anbot, den Text im nächsten Jahrbuch der Freunde und Förderer der Johann Wolfgang Goethe-Universität in Vortragsform abzudrucken, nahm ich dieses Angebot im Interesse einer schnellen Publikation gerne an, da das Erscheinen dieses Bandes schon für das Ende des Jahres 1968 vorgesehen war. Der hochschulpolitische Umbruch führte jedoch zum Rücktritt von Rektor Rüegg. Bis heute ist kein Band des Jahrbuchs mehr erschienen. Trotz mehrfacher Mahnungen und Bitten gelang es mir jedoch leider nicht, mein Manuskript zurückzuerhalten. Herr Kollege Rüegg sandte es mir erst nach seinem Weggang nach Bern im April 1973 zurück. Eine Publikation in der ursprünglich vorgesehenen Fassung kam nun nicht mehr in Betracht. Da jedoch meine Überlegungen aus den Jahren 1967/68 trotz mittlerweile intensiver gewordener Forschung sich keineswegs als überholt erwiesen, schien es mir lohnend, sie dem neuen Forschungsstand anzupassen und in dieser Form dem Kollegen zu widmen, mit dem ich seit meiner Berufung nach Frankfurt über alle hochschulpolitischen Veränderungen hinweg in vertrauensvoller Kollegialität zusammenarbeiten durfte, zumal seine wissenschaftlichen Interessen auch dem Reichskammergericht wie überhaupt der Gerichtsbarkeit am Übergang zur Neuzeit galten und gelten.

1 Das Ende des Reichskammergerichts verdiente über die knappen Andeutungen Rudolf Smends (Das Reichskammergericht. Geschichte und Verfassung. Quellen und Studien zur Verfassungsgeschichte des Deutschen Reiches, IV/2, 1911, Neudruck 1965, S. 238–242) hinaus stärkeres Interesse sowohl im Hinblick auf das Schicksal der Mitglieder und Bediensteten des Gerichts als auch bezüglich der Überlegungen einer Neukonstituierung. Dazu vorläufig: Hildebert Kirchner, Das Ringen um ein Bundesgericht für den Deutschen Bund. Ehrengabe für Bruno Heusinger 1968, S. 19–33. Bislang wurde die Nachgeschichte fast nur unter dem Gesichtspunkt des Reichskammergerichtsarchivs gesehen. Vgl. dazu Walther Latzke, Das Archiv des Reichskammergerichts. ZRG GA. 78, 1961, S. 321–326.

2 Vgl. zur Person dieses von Kurbrandenburg präsentierten Assessors: ADB. Bd. 15, 1882, S. 66–75.

3 Von Kamptz, Reminiszenzen bey der Auflösung des Kayserlichen und Reich-Kammergerichts, in: Vahlenkampf, Reichskammergerichtliche Miscellen, Bd. 2, Wetzlar 1806, S. 466 ff., 489 f.

einzelnen Staaten eine gute Justizverwaltung, Ruhe und Sicherheit befördernde, – die Rechte und die Freyheit der mittelbaren Unterthanen, sowie die der deutschen Fürsten und den Flor ihrer Häuser schützende und erhaltende, – und für alle Zweige des menschlichen Wissens nützliche, – mithin gewiss ehrwürdige und des achtenden Andenkens der Nachwelt würdige, Tribunal". Auch andere Zeitgenossen, die das Gericht noch selbst erlebt hatten, teilten diese Meinung[4] – ungeachtet aller Klagen über Mängel und der ständigen Versuche, Zustand, Verfahren und Wirksamkeit des obersten Reichsgerichts zu verbessern.[5] Die Geschichtswissenschaft des 19. und 20. Jahrhunderts hat dagegen dem Reichskammergericht nicht nur kein „achtendes Andenken" bewahrt, wie von Kamptz es gefordert hatte, sondern es überhaupt weitgehend vernachlässigen zu können geglaubt.[6] Schon Rudolf Smend klagte im Jahre 1911 in seiner noch heute unübertroffenen Studie zu „Geschichte und Verfassung" des Reichskammergerichts über das geringe Interesse der voraufgehenden Generationen an diesem Objekt.[7] Dieser Zustand hat sich bislang nicht grundlegend geändert, wofür die Knappheit der Behandlung dieser zentralen Institution der neuzeitlichen Rechts- und Verfassungsgeschichte in den einschlägigen Hand- und Lehrbüchern[8] ebenso Zeugnis ablegt wie die

---

4 Vgl. z. B. J. St. Pütter, Historische Entwicklung der heutigen Staatsverfassung, Bd. 3, 1787, S. 214 ff. bes. S. 232 f.; Ludwig von Schlözer, Allgemeines Staatsrecht und Staatsverfassungslehre, 1793, S. 106 f., 166. Weitere Nachweise bei Smend (wie Anm. 1), S. 241.

5 Es wäre an der Zeit, die unterschiedlichen Urteile über das Wirken des Reichskammergerichts einmal quellenkritisch zu überprüfen. Dabei würde sich sehr bald herausstellen, dass die ständig zitierten, übertreibenden Darstellungen über die Arbeitsunfähigkeit des Gerichts (vgl. dazu einige Bemerkungen S. 120 ff. [1976: S. 460 ff.; 1999: S. 240 ff.], bes. Anm. 111–114) lediglich etwas über die Einschätzung des Reichskammergerichts durch bestimmte Zeitgenossen aussagen, dass sie aber nicht als Quellen für die Bewertung der Arbeit dieses Spruchkörpers verwendet werden können.

6 Dieses Schicksal war dem Reichshofrat in noch stärkerem Maße beschieden. Vgl. Oswald von Gschliesser, Der Reichshofrat. Bedeutung und Verfassung, Schicksal und Besetzung einer Obersten Reichsbehörde von 1559 bis 1806. Veröff. d. Kommission für Neuere Geschichte des ehem. Österreich, Bd. 33, 1942. Neudruck 1970, S. XV ff. Ebenso Wolfgang Sellert, Vorbemerkung zur Neuausgabe von Gschliesser, S. XXI ff.

7 Smend (wie Anm. 1) S. XI f.

8 Noch sehr knapp: Adolf Zycha, Deutsche Rechtsgeschichte der Neuzeit, 2. Aufl. 1949, S. 64 f.; Claudius Freiherr von Schwerin, Grundzüge der deutschen Rechtsgeschichte, 4. Aufl. besorgt von Hans Thieme, 1950, 5. 287; Hans Planitz, Deutsche Rechtsgeschichte, 2. Aufl. bearbeitet von K. A. Eckhardt 1961, S. 270 f. Sehr informativ: Erich Döhring, Geschichte der deutschen Rechtspflege seit 1500, 1953, S. 19–22. Etwas ausführlicher schon Franz Wieacker, Privatrechtsgeschichte der Neuzeit, 2. Aufl. 1967, S. 176–178; Heinrich Mitteis, Heinz Lieberich, Deutsche Rechtsgeschichte, 12. Aufl. 1971, S. 217, 223.

Nur zur Literaturgattung der Kameralistik: Gerhard Wesenberg, Neuere deutsche Privatrechtsgeschichte im Rahmen der europäischen Rechtsentwicklung, 2. Aufl. Gunter Wesener, 1969, S. 102 f.

Am weitestgehenden in der Einzelinformation: Hermann Conrad, Deutsche Rechtsgeschichte, Bd. 2, 1966, S. 161–165. Sehr lesenswert: Karl Kroeschell, Deutsche Rechtsgeschichte, Bd. 2

wenigen Literaturhinweise.[9] Erst in den letzten eineinhalb Jahrzehnten zeigt sich entsprechend der sich wandelnden Einstellung zur Geschichte des Alten Reiches auch eine stärkere Hinwendung zu den Problemen der zentralen Gerichte im Deutschland der frühen Neuzeit.[10]

(1250–1650), rororo-studium 9, 1973, S. 255–269. Die allgemeinen historischen Hand- und Lehrbücher sind hier bewusst ausgelassen, da sie bestenfalls die Entstehung und das Wirken des Reichskammergerichts im Rahmen der jeweiligen politischen Konstellationen behandeln.

9 Besonders eingehend die Literaturnachweise bei CONRAD (wie Anm. 8), S. 172 f.

10 Es ist nicht möglich, an dieser Stelle eine Bibliographie der neueren Literatur zur Geschichte des Reichskammergerichtes zu bieten. Erinnert sei nur an einige Dissertationen aus der Schule von Adalbert Erler (CZERMAK 1954, LANDES 1964, HAFKE 1972, vor allem aber Wolfgang SELLERT mit seiner Dissertation, Die Zuständigkeitsabgrenzung von Reichshofrat und Reichskammergericht, und seiner Habilitationsschrift, Prozeßgrundsätze und Stilus Curiae am Reichshofrat: Unters. z. Dt. Staats- und Rechtsgeschichte NF. Bd. 4, 1965, Bd. 18, 1973). Daneben seien erwähnt: Heinrich WIGGENHORN, Der Reichskammergerichtsprozeß am Ende des Alten Reiches, Diss. jur. Münster 1966, Friedrich HERTZ, Die Rechtsprechung der höchsten Reichsgerichte im römisch-deutschen Reich und ihre politische Bedeutung, MIÖG, Bd. 69, 1961, S. 351 ff.; Siegfried BROß, Untersuchungen zu den Appellationsbestimmungen der Reichskammergerichtsordnung von 1495, Schr. z. Prozeßrecht Bd. 32, 1973.

Wichtige Quellenpublikationen und Untersuchungen wurden in den Schriften zur Kirchen- und Rechtsgeschichte vorgelegt: Urkunden und Akten der Reformationsprozesse am Reichskammergericht, am Kaiserlichen Hofgericht zu Rottweil und an anderen Gerichten, bearb. u. herausgegeb. von Ekkehart FABIAN, Heft 16/17, 1961; Gerd DOMMASCH, Die Religionsprozesse der rekusierenden Fürsten und Städte und die Erneuerung des Schmalkaldischen Bundes 1534–1536 Heft 28, 1961; Hermann BUCK, Die Anfänge der Konstanzer Reformationsprozesse, Österreich, Eidgenossenschaft und Schmalkaldischer Bund 1510/22–1531 Heft 29/31, 1964.

Das Interesse des Bundesgerichtshofes am Reichskammergericht wird dokumentiert durch eine Publikation seines ehemaligen Chefpräsidenten: Bruno HEUSINGER, Vom Reichskammergericht, seinen Nachwirkungen und seinem Verhältnis zu den heutigen Zentralgerichten. Jur. Studienges. Karlsruhe, Heft 109, 1972.

Außerdem gibt es – abgesehen von der Publikation von Archivrepertorien (vgl. Anm. 17) – einige Untersuchungen aus dem Bereich der Archive: Theodor KAUL, Kleine Beiträge zur Geschichte des Reichskammergerichts in Speyer in der Mitte des 16. Jahrhunderts, Mitt. d. Hist. Ver. d. Pfalz 51, 1953, S. 181–212; Gunther GROH, Das Personal des Reichskammergerichts in Speyer, I. Teil: Familienverhältnisse, Pfalz. Familien- u. Wappenkunde, Bd. II, 1956/57, S. 101–111, 129–141, 150–194 Bd. IV, 1961, S. 65–73; II. Teil: Besitzverhältnisse, Schr. z. Bevölkerungsgesch. d. pfälz. Lande, Folge 5, 1971; Ernst PITZ, Ein niederdeutscher Kammergerichtsprozess von 1525, Veröff. d. Nieders. Archivverw. H. 28, 1969; Heinz LIEBERICH, Frühe Reichskammergerichtsprozesse a. d. Baierischen Reichskreis, Festschr. Carl Hellbling, 1971, S. 419–446. Auch in den westlichen Nachbarländern wird im Zuge der Forschungen zur heimischen Gerichtsverfassung die Rolle des Reichskammergerichts neu bedacht: P. L. NÈVE, Het Rijkskamergerecht en de Nederlanden. Competentie – Territoir Archieven. Maaslandse Monografieen, Bd. 14, 1972. Eine überaus interessante Einordnung der deutschen Entwicklung in die anderer europäischer Staaten bietet: John P. DAWSON, The Oracles of the Law, 1968.

In merkwürdigem Kontrast zu diesem Befund nur mangelhafter Durchdringung der Materie steht die scheinbare Sicherheit der abschätzigen Urteile über die Rolle des Reichskammergerichts im Verfassungsgefüge des Alten Reiches sowie zu seinem Wirken im Rechtsleben seiner Zeit.[11] Es sei zur Wirkungslosigkeit verdammt gewesen, weil es nur Spielball in der politischen Auseinandersetzung zwischen Kaiser und Reichsständen gewesen sei. Sein schleppendes Verfahren sowie die schlechte Vollstreckbarkeit seiner Urteile habe weiterreichende Einflüsse auf das deutsche Rechtsleben verhindert. Selbst die Bewertung des kammergerichtlichen Beitrags zur Rezeption des gelehrten Rechtes als des bedeutungsvollsten Vorganges der modernen kontinentaleuropäischen Rechtsgeschichte ist keineswegs einmütig.[12] Angesichts dieser Sachlage erscheint eine neue Positionsbestimmung als nützlich, bei der versucht werden soll, in kritischer Auseinandersetzung mit tradierten Urteilen unter Berücksichtigung moderner Fragestellungen neue Problembereiche abzustecken.[13] In Anbetracht der Literaturlage[14] auf der einen Seite sowie der Materialfülle und des schlechten Standes der Erschließung der Quellen zur Geschichte des Reichskammergerichts auf der anderen Seite[15] könnte der Versuch einer solchen neuen Standortbestimmung vermessen erscheinen, wenn er nicht zeitlich auf das 16. Jahrhundert beschränkt[16] sowie sachlich dadurch begrenzt wäre, dass es nur darum geht, neue Perspektiven und Schwerpunkte für die Erforschung der Geschichte des Reichskammergerichts

---

11 In neuerer Zeit positiver in ihrem Urteil z. B. Conrad und Wieacker (wie Anm. 8) sowie Hertz und Heusinger (wie Anm. 10).

12 Vgl. dazu unten S. 127 ff. [1976: S. 468 ff.; 1999: S. 249 ff.].

13 Dabei denke ich nicht an die unabsehbaren Möglichkeiten der Bereicherung der historischen Forschung durch Heranziehung von Prozessakten des Reichskammergerichts als Quellen. Vgl. allgemein: Erich Weise, Die Auswertung von Reichskammergerichtsakten. Der Archivar 17, 1964, Sp. 253 f.

Als Beispiele seien nur genannt: Günther Aders, Das verschollene älteste Bürgerbuch der Stadt Münster 1350–1531, Westf. Ztschr. 110, 1960, S. 29–96; Erna Berger, Neue Funde zur Biographie des Frankfurter Buchdruckers Johann Spieß († 1623 in Cera), Archiv f. Frankf. Gesch. u. Kunst 53, 1973, S. 67 ff., bes. S. 71 f.; Pitz (wie Anm. 10); Pierre Jeannin, Lübecker Handelsunternehmungen um die Mitte des 16. Jahrhunderts, Ztschr. d. Ver. f. Lüb. Gesch. 43, 1963, S. 19–67, bes. S. 55 ff.; Wolfgang Prange, Lauenburgische Prozeßkarten des 16. und 17. Jahrhunderts, Lauenburgische Heimat NF. H. 3, 1963, S. 15–32.

14 Der Rückstand der deutschen Forschung wird sehr deutlich, wenn man den Überblick über die Entstehung der zentralen Gerichte in den Ländern Europas liest bei: Gunter Gudian, Die grundlegenden Institutionen der Länder, in: Handbuch der Quellen und Literatur der neueren europäischen Privatrechtsgeschichte Bd. 1 (1100–1500), 1972, S. 402 ff.

15 Vgl. dazu außer Latzke (wie Anm. 1): Bernhard Diestelkamp, Der Stand der Arbeiten zur Erschließung der Quellen des Reichskammergerichts, Acta colloquii internationalis ..., Brüssel 1975; P. L. Nève (wie Anm. 10), S. 70–79.

16 Etwa die Jahre 1495–1613: Smend (wie Anm. 1), S. 23–200.

aufzuzeigen. Dabei gilt es zu beachten, dass man dem Wirken eines zentralen Gerichtes nur dann gerecht werden kann, wenn man sowohl seine verfassungs- als auch seine privat-, straf- und prozessrechtsgeschichtliche Bedeutung berücksichtigt.

7.1 Das Reichskammergericht im Verfassungsleben des Reiches

Die Untersuchung wird das Reichskammergericht also unter zwei Aspekten betrachten: Einmal soll seine Stellung im Verfassungsgefüge des Reiches während des 16. Jahrhunderts erörtert werden. Danach soll aber vor allem auch nach den spezifischen Problemen seiner Arbeit als Rechtsprechungsorgan gefragt werden.

Wenden wir uns zunächst der Rolle zu, die das Reichskammergericht bei dem allmählichen Wandel der Reichsverfassung gespielt hat, wobei es sowohl um Aspekte des unmittelbaren Verhältnisses der Territorien zu Kaiser und Reich wie auch um Einflüsse des Zentralgerichtes auf die Entwicklung der Territorialverfassungen geht.

7.1.1 Exemtionsprozesse und Verfahren wegen Verletzung der Reichstreue

Reichsstandschaft und Landstandschaft oder gar die Zugehörigkeit zum Reichsverband schieden sich an der Steuerpflicht. So gingen die Prozesse des Reichsfiskals gegen säumige Reichsstände wegen Zahlung der Reichssteuern und Matrikularbeitrage[17] und die sogenannten Exemtionsprozesse,[18] bei denen der Reichsfiskal mit einem Reichsstand darum stritt, ob ein anderer Stand aus der Reichsmatrikel zugunsten der Landstandschaft eximiert oder aber als Reichsstand zur Reichssteuer herangezogen werden dürfe,[19] nur vordergründig um Geld. Der tiefere Sinn

---

17 Hier wie im Folgenden sind die Beispiele von Prozessen den gedruckten Archivrepertorien entnommen. Zur zeitlichen Einordnung dient das Jahr, in dem das Verfahren beim Reichskammergericht anhängig gemacht wurde:

Koser I: Otto KOSER, Repertorium der Alden des Reichskammergerichts untrennbarer Bestand. Prozeßakten aus der Schweiz, Italien, den Niederlanden und dem Baltikum, sowie der freiwilligen Gerichtsbarkeit. Veröff. d. Gesamtvereins d. Dt. Geschichts- und Altertumsvereine, 1933.

Koser II: Otto Koser, Repertorium …

II. Prozeßakten aus dem Elsass, aus Lothringen und angrenzenden ehemaligen Reichslanden, Veröffentlichungen … 1936.

Koblenz: Otto Graf von LOOZ-CORSWAREM und Hellmuth SCHEIDT, Repertorium der Akten des ehemaligen Reichskammergerichts im Staatsarchiv Koblenz, Veröff. d. Landesarchivverwaltung Rheinland-Pfalz 1, 1957.

Münster I: Das Staatsarchiv Münster und seine Bestände. Gerichte des Alten Reichs, Teil 1 Reichskammergericht A–K, bearbeitet von Günter ADERS und Helmut RICHTERING, 1966.

Münster II: … Reichskammergericht L–Z, Reichshofrat, 1968.

Aachen: Rudolf GOECKE, Aachener Prozesse am Reichskammergericht, Ztschr. d. Aachener Gesch.Ver. 10, 1888, S. 22 ff.

Hermann VELTMANN, Aachener Prozesse am Reichskammergericht, Ztschr. d. Aachener Gesch.Ver. 18, 1896, S. 78 ff.; 20, 1898, S. 9 ff.; 21, 1899, S. 1 ff.

Hessen: Adolf STÖLZEL I, Die Entwicklung des gelehrten Richtertums Bd. 2, 1872 = 1965, S. 67–71 Nr. 1–94.

1497: Reichsfiskal ./. Bischof von Metz, KOSER II Nr. 373.

1498: Reichsfiskal ./. Stadt Toul, KOSER II. Nr. 1641.

1498: Reichsfiskal ./. Bischof von TOUL, Koser II. Nr. 372.

1509: Reichsfiskal ./. Abt von Hersfeld, STÖLZEL II, S. 69, Nr. 24. 1530/33: Reichsfiskal ./. Abt von Prüm und Stablo, Koblenz Nr. 2875.

Seit der zweiten Hälfte des 16. Jahrhunderts verlagern sich offenbar diese Auseinandersetzungen auf Streitigkeiten von Ständen untereinander um die Reichssteuerpflichtigkeit bestimmter Besitzungen:

1581: von Hatzfeld ./. Grafen von Sayn und Grafen von Wittgenstein, Koblenz Nr. 666.

1582: Gemeinde Seelbach ./. Graf von Sayn, Koblenz Nr. 2150. 1595: Graf von Leiningen /. Bischof von Metz, KOSER II. Nr. 943.

1604: Graf von Leiningen ./. Gemeinde Rixingen, KOSER II. Nr. 958.

1665: Fürst von Hohenzollern ./. Graf von Nassau-Saarbrücken, Koblenz Nr. 852. 1687: von Waldersdorf ./. Graf zu Wied-Runkel, Koblenz Nr. 2556.

18 Eine umfassende Untersuchung der Exemtionsprozesse wird eine von mir angeregte Doktorarbeit (Rolf Dieter GMEINER) bringen, die in Kürze fertiggestellt werden wird.

19 Beispiele aus den gedruckten Repertorien:

1509: Reichsfiskal ./. Erzbischof von Trier und Grafen von Isenburg-Grenzau, Koblenz Nr. 553.

1513: Reichsfiskal ./. Landgrafen von Hessen und Grafen von Sayn-Wittgenstein, Münster I. Nr. 2704.

dieser Prozesse liegt darin, dass es um den Strukturwandel der Reichsverfassung ging – nämlich um das Verhältnis der kaiserlichen Zentralgewalt zu den partikularen Kräften. Dass dabei, wie Smend insgesamt zutreffend bemerkt,[20] am Ende meist die endgültige Feststellung der Landsässigkeit und nicht die Sicherung der Reichsunmittelbarkeit der betroffenen Stände stand, spricht durchaus nicht gegen die verfassungsgeschichtliche Bedeutung dieser Verfahren. Denn bei der sich nur allmählich vollziehenden Verschiebung des politischen Kräfteverhältnisses verhinderte die Rechtshängigkeit der Frage am Reichskammergericht nicht selten, dass dieses Ergebnis nicht noch schneller eintrat. Angesichts der Offenheit der Situation in der Zeit hat das Reichskammergericht also als eigenständiger Faktor bei diesem Strukturwandel gewirkt.[21] Das gilt auch von dem Versuch, Verletzungen der Treuepflicht gegenüber Kaiser und Reich dadurch zu steuern, dass – nach dem bisher gedruckt vorliegenden Repertorien konzentriert auf die zwanziger und dreißiger Jahre des 16. Jahrhunderts – der Reichsfiskal zum Beispiel Klage erhob wegen Annahme fremder Kriegsdienste[22] oder wegen Unterstützung des Reichsfeindes durch Beherbergung eines französischen Kriegshauptmanns.[23] Auch wenn eine nähere Analyse dieser Akten ergeben sollte, dass auch hier das Ergebnis nicht den

1549: Reichsfiskal ./. Bischof von Metz und Stadt Kaufmanns Saarbrück, Koser II. Nr. 392.

1549: Reichsfiskal ./. Erzherzog von Österreich und Herren von Mörsberg und Belfort, Koser II. Nr. 393.

1549: Reichsfiskal ./. Pfalzgraf und Stift Seltz, Koser II. Nr. 394.

1549: Reichsfiskal ./. Herzog von Jülich-Berg-Kleve und Grafen von ManderscheidBlankenstein, Ztschr. Aachener Geschichtsver. 18, 1896, S. 149 Nr. 151.

1549: Reichsfiskal ./. Äbtissin von Herford und Stadt Herford, Münster I. Nr. 1946.

1549: Reichsfiskal ./. Bischof von Paderborn und Städte Brakel und Warburg, Münster I. Nr. 1948.

1549: Reichsfiskal ./. Landgraf von Hessen und Graf von Rietberg, Münster I. Nr. 1948a.

1549: Reichsfiskal ./. Abt von St. Maximin/Trier und Herren zu Nieder-Isenburg und Grenzau, Koblenz Nr. 554.

20 Smend (wie Anm. 1), S. 177.

21 Wie wichtig dieser Gesichtspunkt ist, zeigt sich daran, dass die eximierten Stände je nach Sachlage höchst unterschiedlich reagierten. Unter Umständen lag demselben Stand in einer Phase der Entwicklung daran, sich im Schutze des Reichsfiskals gegen die Unterwerfung unter die Landeshoheit des eximierenden Reichsstandes zu wehren, während er in anderen Phasen sich der Hilfe des Eximierenden gegen die Inanspruchnahme zu den Reichssteuern bediente. Dafür bis zum Erscheinen der Untersuchung Gmeiner (vgl. Anm. 18) nur ein literarischer Hinweis: Peter Neu, Manderscheid und das Reich, Rhein. Vierteljahresblätter, Jg. 36, 1972, S. 53 ff. bes. S. 57 ff., 61 ff.

22 1528: Reichsfiskal ./. Graf Siegmund von Hohenlohe, weil dieser gegen kaiserliches Gebot beim König von Frankreich als Hauptmann Kriegsdienste genommen habe, Koser II Nr. 389.

1536: Reichsfiskal ./. Heinrich von Fleckenstein, weil er gegen kaiserliches Gebot französische Dienste genommen habe, Koblenz Nr. 552.

23 1538: Reichsfiskal ./. Dr. Johann von Neipurg in Metz, weil er Graf Wilhelm von Fürstenberg beherbergt habe, als dieser oberster französischer Hauptmann war, Koser II Nr. 391.

ursprünglich gehegten Erwartungen entsprochen haben dürfte, bleibt doch festzuhalten, dass immerhin zeitweilig das zentrale Gericht des Reiches als geeignetes Instrument für solche Maßnahmen angesehen wurde.

7.1.2 Das Reichskammergericht als Landfriedensgericht

Unmittelbar betroffen war das Verfassungsgefüge des Reiches bei der – zumindest anfangs – dem Reichskammergericht zugewiesenen Funktion als Landfriedensgericht des Reiches.[24] Die Sicherung des Landfriedens und damit des Rechtsfriedens war eine der zentralen Aufgaben der sich am Übergang zur Neuzeit ausbildenden modernen Staatlichkeit. Deshalb darf diese Funktion keineswegs gering geschätzt werden. Nach dem bisher einer Analyse zugänglichen Prozessmaterial machten denn auch bis zur Mitte des 16. Jahrhunderts die Klagen wegen Landfriedensbruchs immerhin 7% aller eingehenden Sachen aus.[25] Dabei verdient der Umstand nähere Beachtung, dass der Eingang keineswegs gleichmäßig war, sondern sich zur Mitte des 16. Jahrhunderts hin steigerte.[26] Erst ein umfassenderer Überblick über die tatsächliche Frequenz des Reichskammergerichts als Landfriedensgericht und eine genauere Untersuchung der einschlägigen Verfahren ließe ein Urteil darüber zu, ob und wie das oberste Reichsgericht die ihm übertragene Aufgabe der Ahndung von Landfriedensbrüchen wirklich erfüllt hat.

7.1.3 Prozesse wegen Rechtsverweigerung und Nichtigkeit

Eine wichtige Nahtstelle zwischen der Reichsgerichtsbarkeit und der sich ständig stärker konsolidierenden Gerichtsbarkeit der Territorialgewalten sind die Klagen wegen *justitia denegata vel protracta*.[27] Gegen das Versagen der lokalen und regionalen Gerichte konnten sich die Betroffenen auch dann zur Wehr setzen, wenn

---

24 Ewiger Landfriede von 1495 § 6 (Karl Zeumer, Quellensammlung zur Geschichte der Deutschen Reichsverfassung, 2. Aufl., Tübingen 1913, Teil 2, S. 283 Nr. 173). Vgl. Conrad (Anm. 8), S. 158 ff., 161 ff.; Heinz Angermeier, Königtum und Landfriede im deutschen Spätmittelalter, München 1966, S. 588 ff.

25 Nach den Repertorien der Archive in Aachen, Marburg, Koblenz, Münster und des Bundesarchivs in Frankfurt (vgl. Anm. 17) werden bis zum Jahre 1530 incl. insgesamt 1.662 Verfahren angestrengt. Davon sind 119 als Landfriedensbruchsachen erkennbar.

26 In der Regel kamen nach den erfassten Beständen ein bis zwei Landfriedensbruchssachen jährlich vor das Reichskammergericht – abgesehen von Jahren, in denen kein Neuzugang festzustellen ist. Ab 1513 schwankt die Zahl zwischen drei und fünf Neuzugängen. Seit 1540 zeigt sich dann ein überdurchschnittliches Wachstum:
1540:5 1542: 6 1543: 5 1548: 10 1549: 8 1550: 8.

27 Vgl. Kurt Perels, Die Justizverweigerung im alten Reich seit 1495, in: ZRG GA 25 (1904), S. 1–51. Dieser Aufsatz lässt allerdings die meisten modernen Fragestellungen offen.

ihnen sonst der Weg zum Reichskammergericht durch ein Appellationsprivileg versperrt war. So war diese Klagemöglichkeit sowohl ein Element des individuellen Rechtsschutzes der Reichsangehörigen als auch ein Gradmesser für den Stand der Auseinandersetzung zwischen territorialer und zentraler Gerichtsbarkeit. Immerhin haben zum Beispiel die Parlamentsrichter in Paris auch über die Ausweitung solcher Fälle die Zentralgerichtsbarkeit gegenüber den territorialen Gerichten gestärkt und letztlich die Oberaufsicht über die partikularen Instanzen durchgesetzt.[28] In diesem Punkt lag also ebenfalls eine zunächst offene Situation vor, deren Bedeutung in der Zeit nicht von dem uns bekannten Ergebnis her beurteilt werden darf. Unter diesem Gesichtspunkt verdienen auch diese Verfahren ein stärkeres Interesse. Dabei legt ein Blick in die gedruckten Protokolle[29] des Reichskammergerichts bis zum Jahre 1587[30] die Vermutung nahe, dass von dieser Kontrollmöglichkeit der territorialen Gerichte in der ersten Phase des reichskammergerichtlichen Wirkens eher sparsam Gebrauch gemacht wurde.[31] Auch nachdem das Reichsgericht in Speyer einen festen Sitz gefunden hatte, wurden solche Verfahren bis in die siebziger Jahre nur sehr sporadisch im Protokoll verzeichnet.[32] Erst ab etwa 1576 zeigt sich eine größere Stetigkeit in der Zahl der Erwähnung von Verhandlungen über

28 Vgl. Robert Holtzmann, Französische Verfassungsgeschichte von der Mitte des 9. Jahrhunderts bis zur Revolution, München, Berlin 1910, Nachdruck München 1965, S. 242 ff.

29 Die Originalprotokolle des Reichskammergerichts aus dem 16. Jahrhundert sind 1683 beim Brand von Speyer vernichtet worden. Das besagen zwei Notizen: Koser I Nr. 141; sowie UB. Göttingen, Hss. Jurid. 114: 1656–1716, Notata ex protocollis pleni. Bruchstücke mit dem Zusatz „antiquiore protocolla pleni sunt perdite". Das Manuskript stammt von Ludolf. Dies stimmt auch mit dem Überlieferungsstand überein. Die in der Außenstelle Frankfurt des Bundesarchivs als „Ältestes Urteilsbuch 1573–1601" lagernde Handschrift (Signatur: RKG. III. 1) ist kein amtliches Produkt, sondern das Privatprotokoll des Assessors Dr. Johann Adam Mörder, wie sich aus einer Bemerkung fol. 20 der Handschrift deutlich ergibt. Auch das in Frankfurt als „Urteilsbuch 1631–1683" verzeichnete Manuskript (Signatur: RKG. III. 2) ist nicht von der Gerichtskanzlei gefertigt, sondern enthält lediglich Abschriften aus dem oder den nicht mehr vorhandenen Urteilsbüchern. Im Übrigen gibt es nur Protokollfragmente noch nicht deutlicher Provenienzen aus dieser Zeit in Frankfurt.

30 Raphael Seyler, Christian Barth, Urtheil und Beschaydt am hochlöblichen Kayserlichen Cammergericht, 5 Bände, Speyer 1604. Bei den folgenden Aufstellungen wird dieses Werk zitiert nach Band (= römische Ziffer), Seitenzahl und großen Buchstaben. Die Publikation von Seyler und Barth ist allerdings, wie verschiedene Stichproben gezeigt haben, keineswegs ganz zuverlässig. Das zeigt sich auch in diesem Fall daran, dass nach den Aktenrepertorien schon vor 1504, dem ersten Auftreten der Justitia denegata im Werk von Seyler und Barth, vier Prozesse dieser Art festzustellen sind. Vgl. Anm. 36.

31 1504: I. 211 B; 221 C; 1511: I. 322 D; 1514: I. 381 E; 1515: I. 415 F; 1516: I. 444 F; 1517: I. 485 H; 1518: I. 527 I.

32 1523: I. 632 A; 636 A; 1528: I. 962 G; 1530: I. 1133 F; 1533: II. 123 D; 1537: II. 520 C; 1539: II. 666 E; 751 A; 1541: II. 943 H; 1542: II. 1004 B; 1005 C; 1551: III. 339 C; 1557: lII. 809 D; 1558: III. 848 G; 879 F; 1567: IV. 4 72 B; 1569: IV. 724 A; 1571: IV. 921F; 1573: IV. 1199 D; 1574: V. 53 C.

Justizverweigerung oder Justizverzögerung in den Sitzungsprotokollen des Reichskammergerichts.[33] Diese Form der Auseinandersetzung zwischen Zentralgericht und territorialer Hofgerichtsbarkeit setzt also offenbar verstärkt erst in einer Zeit ein, für die Smend schon das Versagen des Reichskammergerichts und den Beginn der politischen Präponderanz des Reichshofrats konstatieren zu können glaubt.[34] Dieses aus den gedruckten Protokollen gewonnene Ergebnis stimmt – zumindest tendenziell[35] – überein mit den Angaben, die aus den gedruckten Archivrepertorien der Prozessakten über Klagen wegen Justizverweigerung oder Justizverzögerung zu gewinnen sind.

Tabelle 1 Angaben, die aus den gedruckten Archivrepertorien der Prozessakten über Klagen wegen Justizverweigerung oder Justizverzögerung zu gewinnen sind.[36]

1497	Stölzel II. S. 68 Nr. 9	Abt von Fulda
	Koblenz Nr. 1031	Graf
	Koser I. Nr. 631	Graf
1513	Koser II. Nr. 1123	Stadt Metz
1526	Koser II. Nr. 1061	Landgericht Hagenau
1527	Koser II. Nr. 1448	Stadt Rosenheim
1528	Aachen S. 30 Nr. 18	Stadt Aachen
1529	Koser II. Nr. 1126	Stadt Straßburg
1530	Münster I. Nr. 1681	Stadt Warendorf
1531	Aachen 18, 1896 S. 151 Nr. 766	Herzog von Jülich
1536	Koser II. Nr. 561	Amtmann
1542	Koser I. Nr.142	Schöffengericht
1549	Koser I. Nr. 472	Erzbischof von Riga
1550	Münster I. Nr. 65	Bischof von Münster
1555	Koser II. Nr. 1391	Bischof von Metz

33 1576: V. 153 C; 159 A; 1577: V.213 J; 308 E; 1578: V. 355 C; 356 A; 387 B; 1579: V. 437 A; 482 A; 499 H; 1580: V. 576 J; 607 A; 607 C; 1581: V.656 C; 715 A; 1582: V. 807 G; 1583: V. 818 E; 827 A; 1584: V. 952 C; 1585: V.1035 A; 1038 E; 1049 C; 1586: V. 1108 D.

34 Smend (Anm. 1), S. 181 ff., bes. 186 ff., 195 ff.

35 Mehr als eine solche tendenzielle Übereinstimmung lässt sich angesichts der Unterschiedlichkeit der beiden Quellenarten nicht feststellen. Einmal wurden in den gedruckten Protokollen die Parteinamen verfremdet, so dass sich die Identifizierung eines aus den Aktenrepertorien bekannten Prozesses mit einem Eintrag bei Seyler, Barth (Anm. 30) nur zufällig ergeben könnte. Zum anderen sind in den Repertorien die aus Seyler, Barth ermittelten Verhandlungstermine nicht angegeben, sondern nur das Datum des Eingangs der Klage beim RKG, so dass die Jahresangaben keineswegs deckungsgleich sein müssen. Schließlich ist zu berücksichtigen, dass in den benutzten Repertorien nur etwa 10% des überhaupt vorhandenen Materials an Prozessakten erfasst sind.

36 Aus Platzgründen können hier nur die Nachweise für das 16. Jahrhundert geboten werden.

1559	Koser II. Nr. 1972	Graf von Württemberg
1565	Koser I. Nr. 494	Bischof von Lüttich
1567	Münster I. Nr. 58	Herzog von Kleve-Mark
1579	Münster I. Nr. 1798	Bischof von Münster
1583	Koblenz Nr. 477	Schöffengericht
1585	Koser I. Nr. 450 Münster I. Nr. 3037	Bischof von Basel Offizial Werl/Kurköln
1589	Koblenz 1664	Graf
1590	Koblenz 1352	Erzbischof von Trier
1591	Koser II. Nr. 666 Münster I. Nr. 5895	Herr Stadt Lippstadt
1592	Koblenz Nr. 1353 Münster I. Nr. 2557	Erzbischof von Trier Stadt Dortmund
1594	Koblenz Nr. 2557	Erzbischof von Trier
1599	Münster I. Nr. 2934	Bischof von Münster
1600	Münster I. Nr. 1829	Kloster
1601	Münster I. Nr. 1830	Kurköln
1602	Koblenz Nr. 326	Graf
1603	Münster II. Nr. 6113	Bischof von Münster
1604	Koblenz Nr. 1220 Münster	Graf Bischof von Münster
1613	Münster I. Nr. 1436	Herzog von Jülich-Berg
1615	Koser II. Nr. 268	Stadt Straßenburg

Daraus ergibt sich zudem, dass die Kontrollklage gegen justizielle Willkür territorialer Gerichtseinheiten bis zum Ende des Alten Reiches in bemerkenswerter Regelmäßigkeit wiederkehrt.[37] In dem Material dieser Prozesse stecken noch kaum ausgeschöpfte Quellen zum Problemkreis der Kabinettsjustiz und der Machtsprüche.[38] So heißt es schon in einem Reichskammergerichtsurteil aus dem Jahre 1694 sehr deutlich:[39] „[...] daß wenn ein Landesherr nicht durch die dazu bestellten Gerichte, sondern aus seinem fürstlichen Cabinet den vorgekommenen Streit für sich und ‚per resolutiones' entscheidet, die darunter ausgefallene Meinung in die Rechtskraft nicht treten noch auch, wenn von dem fürstlichen Ausspruche keine ‚remedia juris' interponirt, [dem dadurch Beschwerten] seine Befugnisse [nämlich zur Anrufung des Reichskammergerichts] benehmen könne". Im Spiegel der Verfahren

37 Die folgende Zusammenstellung wird nur unter Vorbehalten geboten, weil einmal die berücksichtigten Akten nur etwa 10% des gesamten überlieferten Bestandes ausmachen und zum anderen die Rechtsverweigerung in mehr Verfahren eine Rolle gespielt haben könnte, als es aus den Betreffen der Aktenrepertorien zu ersehen ist: 1497: 3; 1513–1542: 9; 1549–1567: 6; 1579–1604: 18; 1613–1615: 2.

38 Vgl. dazu Conrad (Anm. 8), S. 284; Emilio Bussi, Zur Geschichte der Machtansprüche, in: Festschrift für Ernst Carl Hellbling zum 70. Geburtstag, hg. von Hans Lentze und Peter Putzer, Salzburg 1971, S. 51 ff.

39 Zitiert nach: Burkhard Wilhelm Pfeifer, Die Selbständigkeit und Unabhängigkeit des Richteramtes, Göttingen 1851, S. 80. Ein weiteres Beispiel: Koblenz Nr. 2837, 1793.

Tabelle 2 Klagen gegen Justizwillkür städtischer Obrigkeiten

	Geistliche Reichsfürsten	Weltliche Reichsfürsten	Kleinere Gerichtsherren	Städte	
1497	1	-	2	-	= 3
1513-1542	-	1	3	5	= 9
1549-1567	4	2	-	-	= 6
1579-1604	10	-	6	2	= 18
1613-1632	2	1	-	3	= 6
1650-1710	9	3	1	2	= 15
1715-1734	6	-	4	-	= 10
1745-1800	9	-	6	2	= 17
	41	7	22	14	84

wegen Rechtsverweigerung oder Rechtsverzögerung vor dem Reichskammergericht zeigt sich somit die bedeutungsvolle Funktion dieses zentralen Gerichtshofs im sich allmählich ausformenden System organisatorischer und verfahrensrechtlicher Sicherung der Rechte des einzelnen Untertanen. Bei einer näheren Analyse dieser Verfahren wäre das Augenmerk auf mögliche zeitliche, regionale oder strukturelle Differenzen zu richten.

Nach dem – allerdings sehr stark auf den Westen des Reiches konzentrierten[40] – bisher überschaubaren Aktenmaterial[41] kehren etwa Klagen gegen Justizwillkür städtischer Obrigkeiten in zwar nur geringem aber dafür regelmäßigem Umfang während des 16. bis 18. Jahrhunderts ständig wieder. Dagegen konzentrieren sich die Verfahren wegen verweigerter Justiz gegen Reichsfürsten[42] wie auch gegen kleinere geistliche oder weltliche Gerichtsherren auffällig im letzten Viertel des 16. Jahrhunderts sowie in der Zeit seit Beendigung des Dreißigjährigen Krieges. So sicher das letzte Phänomen mit der Festigung des Absolutismus und den dabei wach werdenden gegenläufigen Kräften zusammenhängen dürfte, so sehr bedürfte die Interpretation der anderen Feststellungen doch vorheriger Ergänzung um weiteres Material sowie vor allem intensiverer Analysen der einzelnen Prozesse. Gleichwohl zeigt schon diese recht grobe Übersicht, dass die Klagen wegen *justitia denegata vel protracta* für die Bestimmung der Funktion des Reichskammergerichts äußerst bedeutungsvoll ist. Zu ergänzen wäre dieses Bild durch eine Untersuchung der Nullitätsbeschwerde, die gleichfalls den durch Appellationsprivilegien versperrten

40 Es sind nur die auf die Archivsprengel Aachen, Marburg, Münster und Koblenz entfallenden Akten sowie die des untrennbaren Bestandes für Elsass, Lothringen, die Schweiz, Italien, die Niederlande und das Baltikum erfasst.

41 Die Aufstellung in Tabelle 2 steht unter dem in Anm. 37 formulierten Vorbehalt.

42 Dass in der Aufstellung (Anm. 41) Verfahren gegen weltliche Reichsfürsten kaum erscheinen, liegt daran, dass die durch die benutzten Repertorien erfassten Gebiete vorwiegend von geistlichen Fürsten beherrscht wurden.

Weg an das zentrale Reichsgericht auf außerordentliche Weise öffnete, wenn das angefochtene Urteil gegen fundamentale Rechtsgrundsätze verstieß.[43] Auch hier bestand für das Reichskammergericht eine Chance, das allmähliche Abdichten weiter Teile der territorialen Gerichtsorganisation im Reich gegenüber der Kontrolle durch die zentrale Reichsinstanz wenigstens partiell zu überwinden. Schließlich dürfte in diesem Zusammenhang auch das Problem der Appellationsverbote und Appellationsbehinderungen durch partikulare Mächte nicht außer Betracht bleiben,[44] da es auch dabei um die Oberaufsicht des Reichskammergerichts über die Territorialgerichte ging. Es erscheint bemerkenswert, dass keines der feststellbaren Appellationsverbote von dem jeweiligen Reichsstand wirklich durchgesetzt werden konnte. Vielmehr blieb bis zum Ende des Reichs anerkannter Verfassungsgrundsatz, der auch praktiziert wurde, dass nur der Kaiser durch Privileg von der Reichsgerichtsbarkeit befreien konnte. Bei dieser Durchsetzung der kaiserlichen Prärogative spielt das Wirken des Reichskammergerichts eine ganz entscheidende Rolle.

7.1.4 Verfassungsrechtliche Streitigkeiten zwischen territorialen Obrigkeiten und ihren Untertanen

Man wird somit die Stellung des Reichskammergerichts als Zentralgericht des Reiches weitaus differenzierter beurteilen müssen, als dies bisher im Allgemeinen geschieht. Das gilt vor allem auch angesichts der Feststellung, dass es eine wichtige Funktion als eine Art Verfassungsgerichtshof besaß für Streitigkeiten zwischen Reichsangehörigen und ihren territorialen Obrigkeiten um die Berechtigung hoheitlicher Eingriffe oder um obrigkeitliche Befugnisse. Darauf haben gerade kürzlich Hertz[45] und Heusinger[46] mit Nachdruck vor allem für das 17. und 18. Jahrhundert hingewiesen.[47] Wie sehr nicht nur der Reichshofrat, sondern gerade auch das Reichskammergericht als Kontrollorgan hoheitlichen Handelns

---

43 Zur Nullitätsbeschwerde vgl.: Wolfgang Sellert, Prozeßgrundsätze (Anm. 10), S. 395 ff.; Georg Wilhelm Wetzell, System des ordentlichen Zivilprozesses, 3. Aufl., Leipzig 1878, Nachdruck Aalen 1969, S. 782 ff. bes. S. 799 ff. Als Beispiel: Koser I Nr. 314, 1526; Nr. 603, 1540; Nr. 473, 474, 1573; Nr. 424, 1599.

44 Vgl. Jürgen Weitzel, Zur Zuständigkeit des Reichskammergerichts als Appellationsgericht, in: ZRG GA 90 (1973), S. 213 ff. In Kürze wird die Dissertation von Jürgen Weitzel über Appellationsverbote und Appellationsbehinderungen im Druck erscheinen, in der dieses Phänomen umfassend untersucht wird.

45 Hertz (Anm. 10), S. 334 ff.

46 Heusinger (Anm. 10), vor allem S. 9 ff.

47 Vgl. auch: Ernst Schubert, Die Landstände des Hochstifts Würzburg (Veröffentlichungen der Gesellschaft für Fränkische Geschichte. Reihe 9 Bd. 23), Würzburg 1967, S. 109, 117, 132; F. L. Carsten, Princes and Parliaments in Germany from the fifteenth to the eighteenth century, Oxford 1959, S. 281 f., 440 f.; für den Reichshofrat: v. Gschliesser (Anm. 6), S. 34 f.

territorialer Staatsorgane gefürchtet war, zeigt ein Vorgang in Württemberg, wo ein Landtagsabschied in einen Haupt- und einen Nebenabschied aufgeteilt wurde, weil man wegen eines Teiles der Beschlüsse „processus Camerales" befürchten müsse und es nicht nötig sei, „daß man in Camera aller verabschiedeten Puncte Wissens habe", wenn man aufgefordert werde, den Beschluss vorzulegen.[48] Solche politischen Verfahren um Probleme des Wandels der Territorialverfassung gab es von Anfang an vor dem Reichskammergericht, wie ein Blick in die Aktenrepertorien beweist. Die Spannweite der zu beurteilenden Probleme geht von einer Klage der Stände von Geldern und Zütphen gegen Carl von Egmont, „der sich nennt Herzog von Geldern", auf Befreiung von seiner Territorialherrschaft und Rückkehr unter die unmittelbare Herrschaft des Kaisers von 1495[49] über den Prozess der Stadt Hersfeld gegen den Abt von Hersfeld wegen Jurisdiktionskompetenz von 1509[50] bis zum Streit von Amtmann und Hintersassen des Amtes Ammerschweier gegen Hans Wilhelm von Rappoltstein von 1501 wegen Abgaben, Diensten und Steuern,[51] um nur einige besonders griffige Fälle zu nennen. Aber auch bei der Klage der Bäckergesellenbruderschaft von Kolmar gegen den Magistrat der Stadt wegen Störung der Kläger im Besitz des Rechtes, bei Fronleichnamsprozessionen vier Wachskerzen zunächst dem Allerheiligsten tragen zu dürfen dadurch, dass der Magistrat die Baderknechte dort gehen ließ, aus dem Jahre 1498,[52] hat im weiteren Sinne eine verfassungsrechtliche Streitigkeit zum Inhalt, da eine solche Änderung einen Wandel hierarchischer Gewichtungen im Gefüge der Stadt indizierte. Das Spektrum der Prozesse um politische Fragen ist also sehr weit und dementsprechend der Einfluss des Reichskammergerichtes in diesem Wandlungsvorgang keineswegs gering einzuschätzen. Die Zeitgenossen widmeten diesem Aspekt jedenfalls die gebührende Aufmerksamkeit, wie sich aus den Akten der Visitation von 1568 ergibt.[53] Nicht im offiziellen Visitationsabschied, sondern in einem Memoriale, das direkt „Dem Herrn Cammerrichter und Beysitzern zuzustellen" war, wird moniert, „daß in etlichen vielen Fällen fürnemblich denen Unterthanen wider ihre von Gott vorgesetzte Obrigkeit Mandata und Process erkannt, so hernachmahls cassirt werden möchten". Da dadurch „die Unterthanen in solchem ihrem Ungehorsam nicht nur wider ihre Obrigkeit gestärckt", sollen die Richter „in solchen Fällen fürsichtiglich gehen und sonderlich gut Aufmerkens haben" und bevor sie „auf vorbrachte

48 Württembergische Landtagsakten, Reihe 2, Bd. 3: Unter Herzog Johann Friedrich. 1608–1620, bearb. von Albert Eugen Adam, Stuttgart 1919, S. 689 Nr. 300, Zeile 9–17, 1618 August 13.

49 Koser I Nr. 140.

50 Stölzel II S. 69 Nr. 25.

51 Koser II Nr. 137 4.

52 Koser II Nr. 254.

53 Visitationsabschiede und Memorialien … das Kayserl. und des Reichs Cammergericht betreffende …, Wetzlar 1714, S. 89.

Narrata der Unterthanen wider ihre Obrigkeiten Process erkannt werden, solchs an dieselbigen, darunter die Supplicantes gesessen, geschrieben um nothwendigen Bericht gelangen lassen".

7.1.5 Initiativen des Reichskammergerichts zur Umgestaltung des Reichsrechts

Die gelehrten Juristen des Reichskammergerichts nahmen auch durch gezielte Initiativen Einfluss auf die Veränderung des Rechts. In ihrem eigenen Bereich konnten sie durch *communia decreta* das Prozessrecht und den Gang des Verfahrens regulieren und verändern.[54] Bekannt ist die mäßigende Einstellung des Reichsgerichtes in Hexenprozessen, die weit über die anderer Gerichte der Zeit hinausging.[55] Der Bericht des Reichskammergerichts über Missstände auf dem Gebiet der Strafjustiz im Jahre 1497 an den Reichstag war der Anlass zur Schaffung der *Constitutio Criminalis Carolina*, des ersten, modern zu nennenden Straf- und Strafverfahrensgesetzes des Reiches.[56] Auch andere rechtspolitische Initiativen der hohen Richter führten zu bedeutungsvollen Reichsgesetzen, wie die Reichsnotariatsordnung von 1512[57] oder den Reichsschluss über das Repräsentationsrecht der Enkel im Erbrecht.[58] Aus seinen Erfahrungen der rechtsprechenden Tätigkeit heraus nahm das Reichskammergericht also gerade in der ersten Hälfte des 16. Jahrhunderts nachhaltigen Einfluss auf die Umgestaltung des Reichsrechtes durch den Reichstag.[59]

7.1.6 Der Einfluss des Reichskammergerichts auf die Wandlungen der Territorialrechtsordnungen

Die gegenseitige Durchdringung der Strukturen des Reiches und der Territorien wirkte aber auch unmittelbar ohne den Umweg über reichsgesetzliche Regelungen.

54 Vgl. zu den Gemeinen Bescheiden: WETZELL (Anm. 43), S. 5 Anm. 5.

55 Vgl. SMEND (Anm. 1), S. 83, bes. Anm. 1.

56 Vgl. SMEND (Anm. 1), S. 83; Eberhard SCHMIDT, Einführung in die Geschichte der deutschen Strafrechtspflege, 3. Aufl., Göttingen 1965, S. 106 f.; Gerhard SCHMIDT, Sinn und Bedeutung der Constitutio Criminalis Carolina als Ordnung des materiellen und prozessualen Rechts, in: ZRG GA 83 (1966), S. 259 ff.

57 Vgl. SMEND (Anm. 1), S. 82; CONRAD (Anm. 8), S. 170.

58 Vgl. SMEND (Anm. 1), S. 82; Oskar KÜHN, Die Kaiserliche Konstitution von 1529 über die Erbfolge der Geschwisterkinder und Ulrich Zasius, in: ZRG GA 78 (1961), S. 310 ff., bes. S. 311, 314; Georg von BELOW, Die Ursachen der Rezeption des römischen Rechts in Deutschland, München, Berlin 1905, S. 124 ff.; Adolf STÖLZEL, Die Entwicklung der gelehrten Rechtsprechung, Bd. 2, Berlin 1910, S. 188 ff., bes. S. 192 f.

59 In diesem Sinne verdienen auch die *dubia cameralia* Beachtung. Vgl. WETZELL (Anm. 43), S. 6 Anm. 5.

Das Reichskammergericht und der Kameralprozess gaben für den Aufbau einer modernen territorialen Gerichtsverfassung und die Hinwendung der Partikularrechte zum gelehrten Recht vielfach entweder das Vorbild oder bildeten doch den äußeren Anstoß zur Durchsetzung oder Verfestigung solcher Tendenzen.[60] Bekannt ist das Beispiel der Braunschweig-Wolfenbüttelschen Hofgerichtsordnung von 1556, die der ehemalige Reichskammergerichtsassessor Mynsinger von Frundeck als herzoglicher Kanzler nach dem Vorbild der Reichskammergerichtsordnung schuf.[61] Aber auch die Entstehungsgeschichte des Entwurfes einer Reformierten Gerichtsordnung von 1537 für die Herzogtümer Jülich-Berg, über die wir durch die mustergültige Erschließung der Landtagsakten von Jülich-Berg durch Georg von Below ausgezeichnet informiert sind,[62] zeigt solche Einflüsse aus Speyer, da sich zu ihrer Abfassung die Kanzlei des für den Herzog am Reichskammergericht tätigen Prokurators Hubert Smetz bediente.[63] Da selbst mittlere und kleine Stände beim Reichskammergericht Prokuratoren und Advokaten über längere Zeit hinweg mit der Wahrnehmung ihrer Interessen beauftragten,[64] könnte das für Jülich-Berg

60 Der Einfluss des Reichskammergerichtes auf den Wandel der Territorialrechtsordnungen ist schon länger in der Rezeptionsgeschichte erkannt worden: vgl. Conrad (Anm. 8), S. 161 ff.; Wieacker (Anm. 5), S. 175 ff.; Wesenberg, Wesener (Anm. 8), S. 102 f.; Döhring (Anm. 8), S. 19 ff.; Dawson (Anm. 10), S. 195 f. Zur Gesetzgebung in den deutschen Territorien vgl. Armin Wolf, Die Gesetzgebung der entstehenden Territorialstaaten, in: Handbuch (Anm. 14), Bd. 1, 1973, S. 597 ff.

61 Vgl. Bruno Krusch, Die Entwicklung der Herzoglich Braunschweigischen Centralbehörden, Canzlei, Hofgericht und Consistorium bis zum Jahre 1584, in: Zeitschrift des Historischen Vereins für Niedersachsen 58 (1893), S. 289 ff.; dazu ergänzend: Werner Ohnsorge, Zur Geschichte der Kanzlei und des Hofgerichts zu Wolfenbüttel im 16. und 17. Jahrhundert, in: Beiträge zur Geschichte des Gerichtswesens im Lande Braunschweig, hg. von Werner Spiess, (Quellen und Forschungen zur braunschweigischen Geschichte 14), Braunschweig 1954, S. 9 ff.; Wilhelm Herse, Die ersten Jahrzehnte des Braunschweig-Wolfenbüttelschen Hofgerichts, in: ebenda, S. 1 ff. Zur Person Mynsingers: Hans Winterberg, Die Schüler von Ulrich Zasius (Veröffentlichungen der Kommission für geschichtliche Landeskunde in Baden-Württemberg. Reihe B Bd. 18), Stuttgart 1961, S. 53 ff. Nr. 48.

62 Die Landtagsakten von Jülich-Berg 1400–1610, hg. von Georg von Below (Publikationen der Gesellschaft für Rheinische Geschichtskunde 11), Bd. 1: 1400–1562, Düsseldorf 1895; Bd. 2: 1563–1589, Düsseldorf 1907.

63 Vgl. v. Below (Anm. 62), Bd. 1, S. 112, bes. auch Anm. 146, unter Hinweis auf Urkunden-Beilage S. 207 ff. Nr. 34, 208 f., 211 Nr. 35. Stölzel, Gelehrte Rechtsprechung (Anm. 58), Bd. 2, S. 216 ff. Nur ergänzend sei darauf hingewiesen, dass in den ersten beiden Jahrzehnten auch in Jülich-Berg zwei gelehrte Juristen – Lüning und von Dockum – nach vorübergehender Tätigkeit am Reichskammergericht als Kanzler des Herzogs die Umwandlung des Rechtes im Sinne der Rezeption maßgeblich gefördert haben. Vgl. Stölzel, Gelehrte Rechtsprechung (Anm. 58), Bd. 2, S. 178 ff., 200 ff.

64 Bei Smend (Anm. 1), S. 347 f. wird dieses Problem nur kurz und lediglich unter dem Aspekt der Entlohnung abgehandelt. Danach war die Zahlung eines jährlichen Dienstgeldes für die Laufzeit des Prozesses zwar umstritten, aber wohl üblich. Für Reichsstände und angesehenere Landstände wurde 1693 dieser Zustand offiziell in eine feste „Bestallung" umgeformt. In den Archiven gibt es

belegte Verfahren bei näherem Zusehen noch häufiger festzustellen sein. Doch bedurfte es nicht einmal so direkter Einflüsse, um die rechtlichen Ansichten der Richter des Reichskammergerichtes im Lande wirken zu lassen. Dafür bietet wiederum das Herzogtum Jülich-Berg eine gute Anschauung. Da nämlich kostspielige Prozesse, die nach überkommenem Recht im Herzogtum entschieden worden waren, beim Reichskammergericht nach gelehrtem Recht abweichend beurteilt wurden, drängten die Stände den Landesherrn, das heimische Recht den Grundsätzen des in Speyer angewandten Rechtes anzugleichen, was schließlich zum Erlass der stärker romanisierten Reformation von 1555 führte.[65] In diesem Fall hat also die Rechtsprechung des Zentralgerichtes einen direkten Einfluss auf die Wandlung des materiellen Rechtes in einem deutschen Territorium gehabt. Doch gibt es weit subtilere Interdependenzen zwischen dem Reichskammergericht und der Strukturänderung der Territorialverfassung, wobei allein das Vorhandensein des Zentralgerichtes als Katalysator die Entwicklung ermöglichte oder beschleunigte, ohne dass man von einem Obsiegen kammergerichtlicher Einflüsse sprechen könnte. Dafür mögen Vorgänge in der Grafschaft Mark zur Illustration dienen. Hier nutzte es in den ersten Jahrzehnten des 16. Jahrhunderts der Herzog von Kleve als Landesherr geschickt für seine Zwecke aus, dass die märkische Ritterschaft sich sowohl gegen die Appellationen an das Reichskammergericht als auch gegen die Entmachtung der überkommenen Landgerichte zugunsten der herzoglichen Räte als zentraler Justizinstanz wehrten.[66] Als im Jahre 1528 ein märkischer Ritter sich der Ladung vor die klevischen Räte widersetzt hatte, woraufhin Appellation an das Kammergericht erging, wies der Herzog daraufhin, dass eine solche beschwerliche Appellation unnötig gewesen wäre, wenn die Stände den Betroffenen von seinen Räten hätten vernehmen lassen. Ein Jahr später machte der Fürst in einer Landtagsproposition darauf aufmerksam, dass das Landesrecht in vielen Punkten dem am Reichskammergericht angewendeten Recht widerspreche, weshalb Appellationen nach dorthin unvermeidlich seien, wenn man das Recht nicht angleiche. So schürte er systematisch den Unmut der märkischen Stände gegen den kostspieligen Rechtsmittelzug nach Speyer, bis es ihm gelang, ihre Zustimmung zu einer Revision der Gerichtsordnung der Landgerichte zu erhalten, in der seine Vorstellungen vom

---

umfangreiche Materialien über Prokuratoren und Agenten einzelner Stände beim Reichskammergericht. Nicht minder aufschlussreich für diesen Problemkreis dürften die Akten der Prozesse sein, die Kammergerichtsprokuratoren wegen ihrer Gebühren geführt haben. Vgl. z. B. Koser I Nr. 113, 1515; Aachen 1 S. 28 Nr. 8, 1515; Koblenz Nr. 1075, 1517; Koblenz Nr. 1281, 1522; Koblenz Nr. 829, 1523; Aachen 1 S. 37 Nr. 65, 1550.

65 Vgl. die in Anm. 63 zitierte Literatur. Ergänzend: Stölzel, Gelehrte Rechtsprechung (Anm. 58), Bd. 2, S. 184 f., 229 ff., 235 ff., 259 f.

66 Rudolf Schulze, Die Landstände der Grafschaft Mark bis zum Jahre 1510 (Deutschrechtliche Beiträge I/4), Heidelberg 1907, S. 113 ff.

Gerichtsaufbau im Sinne eines zentralisierenden Instanzenzuges im Territorium Eingang fanden. Bei diesem Wandlungsprozess hat das Reichskammergericht offenkundig eine nicht unwesentliche Rolle gespielt, ohne dass es selbst irgendwelche Aktivitäten entfaltet hätte. Solche mittelbar prägende Kraft entfaltete es letztmalig sogar in den Fällen, in denen durch kaiserliches Appellationsprivileg sein Tätigkeitsbereich beschränkt wurde, weil Voraussetzung für die Begünstigung die Errichtung eines organisatorisch gleichwertigen Zentralgerichts als Appellationsinstanz für die Gebiete des privilegierten Reichsstandes war.[67]

7.1.7 Personelle Osmose zwischen dem Reichskammergericht und territorialen Instanzen

Dieser Prozess wechselseitiger Beeinflussung wurde häufig getragen von gelehrten Juristen, die beim Wechsel des Dienstherrn ihre Kenntnisse und Erkenntnisse in ihre neue Funktion mitnahmen und dort fruchtbar machten. Gerade während des 16. Jahrhunderts war eine Tätigkeit am Reichskammergericht nur selten Beginn oder gar Endstufe der beruflichen Laufbahn der gesuchten Fachleute des gelehrten Rechtes. Wenn es gewiss auch in dieser Zeit den Wechsel aus der Prokuratur zum Assessorat in Speyer selbst gab,[68] so war die Arbeit als Kammergerichtsassessor doch sehr häufig nur Zwischenstation zwischen anderen Tätigkeiten in hohen Funktionen des Reiches oder in landesfürstlicher oder städtischer Verwaltung.[69] Das Beispiel Mynsinger von Frundecks[70] wurde schon genannt. Ebenso können als besonders berühmte Namen genannt werden Viglius van Zwichem,[71] der später Präsident des Brüsseler Conseil d'Etat und des Conseil Privé wurde, und Andreas Gail,[72] der nach seiner Tätigkeit in Speyer als Kanzler dem Kurfürsten von Köln

---

67 Conrad (Anm. 8), S. 257 f.; Wieacker (Anm. 8), S. 178 bes. Anm. 11.

68 Das war offenbar besonders um die Mitte des 16. Jahrhunderts nach dem Rückgang und der zeitweiligen Unterbrechung der Tätigkeit des Gerichtes der Fall. Vgl. Kaul (Anm. 10), S. 198 f., 201. Die Personalzusammenstellungen von Groh (Anm. 10) beweisen diese Feststellung aber auch für später noch: Groh, Teil 1: Ayhin (S. 103), Apian (S. 104), Breuning (S. 110), Kobolt (S. 131), Gail (S. 152), Meyfisch (S. 168), Mörder (S. 170), Stieber (S. 184), Weidenkopf (S. 189), Weidenkopf (S. 190), Winckelmann (S. 197); Groh, Teil 2: Drechsel (S. 39). Aufgeführt wurden nur die Wechsel von Prokuratur oder Advokatur auf die Richterbank im 16. Jahrhundert. Aus den Personalaufstellungen ergibt sich, dass auch im 17. Jahrhundert dieser Wechsel durchaus noch nicht ausgeschlossen war.

69 Vgl. dazu etwa Wieacker (Anm. 8), S. 159 f., 155 ff. Roderich von Stintzing, Ernst Landsberg, Geschichte der deutschen Rechtswissenschaft, Abt. 1, München 1880, S. 478 ff. Symptomatisch die Berufswege der Schüler von Ulrich Zasius: vgl. Winterberg (Anm. 61), S. 9 ff.

70 Vgl. Winterberg (Anm. 61), S. 53 ff. Nr. 48.

71 Vgl. Winterberg (Anm. 61), S. 75 f. Nr. 77.

72 Wolfgang Sellert, Gail, in: Handwörterbuch zur Deutschen Rechtsgeschichte (HRG), Bd. 1, Berlin 1971, Sp. 1371–1373.

diente. Bei einer genaueren prosopographischen Analyse der Berufswege des Kammergerichtspersonals, bei der auch weniger bekannte Namen sowie Funktionen in kleineren und mittleren Territorien sowie den Städten mit in die Betrachtung einbezogen würden, würde erst wirklich hervortreten, wie intensiv dieser personelle Austauschprozess gewesen ist.[73] Nicht selten waren es Professoren, die an das Reichskammergericht berufen wurden und nach einer geraumen Zeit in das Lehramt zurückkehrten,[74] wodurch sie als Multiplikatoren bei der Verbreitung des *ius camerale* wirkten, das sich in der zweiten Hälfte des 16. Jahrhunderts als besondere Disziplin auszubilden begann.[75] In diesem Zusammenhang wäre endlich auch einmal die Rolle des Reichskammergerichts als einer nicht unbedeutenden Ausbildungsstätte für Juristen zu würdigen. Obwohl für die Wetzlarer Zeit die Liste der Praktikanten überliefert ist, in die sich von 1693 bis zum 10. Mai 1806 insgesamt 1732 Praktikanten eintrugen,[76] ist man bisher nicht einmal bei der Auswertung dieser Quelle darüber hinausgekommen, das Auftauchen berühmter Namen wie

---

73 Wiederum seien nur zur Veranschaulichung einige von mir ermittelte Namen des 16. Jahrhunderts aufgeführt, bei denen im Berufsweg außer einer Tätigkeit am Reichskammergericht namhafte Funktionen für Fürsten oder Städte zu verzeichnen sind:

GROH (Anm. 10), Teil 1: Johann Karl Fichard (S. 150), Mauritius Winckelmann (S. 192).

GROH (Anm. 10), Teil 2: Klein (S. 30), Christoph Faber (S. 45), zum Lamb (S. 69), Ruland (S. 88), von Zeiskam (S. 112), Zinner (S. 114).

WINTERBERG (Anm. 61): Franz Frosch (S. 38 Nr. 22), Degenhard von Haess (S. 48 f. Nr. 40), Wolfgang Hunger (S. 45 f. Nr. 35), Christoph Seid (S. 65 f. Nr. 65).

Karl Konrad FINKE, Die Tübinger Juristenfakultät 1477–1534 (Contubernium. Beiträge zur Geschichte der Eberhard-Karls-Universität Tübingen 2), Tübingen 1972: Konrad Braun (S. 205 ff. = Neue deutsche Biographie [NDB], Bd. 2, Berlin 1955, S. 556), von Croaria (S. 139 ff.), Beatus Widmann (S. 191).

NDB: Johann von Fichard (Bd. 5, 1961, S. 120), Marquard Freher (Bd. 5, S. 293 in der Genealogie), Hartmann d. Ä. (Bd. 8, 1969, S. 5 = ADB [Anm. 2], Bd. 10, 1879, S. 680).

Vgl. weiter STINTZING, LANDSBERG (Anm. 69) S. 482 ff.

74 So schon ohne nähere Nachweise STINTZING, LANDSBERG (Anm. 69), S. 479 ff. Diesem Problem wird in den wenigsten Universitäts- und Fakultätsgeschichten die notwendige Aufmerksamkeit gewidmet. Wiederum nur einige greifbare Beispiele: FINKE (Anm. 73): von Croaria (S. 139 ff.), Reuchlin (S. 153 ff.), Widmann (S. 176 ff., bes. S. 177), Braun (S. 205 ff.), Kalt (S. 212 f.), Kegel (S. 213). ABD (Anm. 2): Blarer (Bd. 2, 1875, S. 693), Everhardus (Bd. 6, 1877, S. 435 f.), Valentin Forster (Bd. 7, 1878, S. 182), Halbritter (Bd. 10, 1879, S. 404), Johann Harpprecht (Bd. 10, S. 621 f.). Franz GUNDLACH, Catalogus professorum academiae Marburgensis (Veröffentlichungen der Historischen Kommission für Hessen und Waldeck 15), Marburg 1927: Goddaeus (S. 80 f.), Mommer (S. 83), Regnerus Sixtinus (S. 91). Norbert HASSELWANDER, Aus der Gutachter- und Urteilstätigkeit an der alten Mainzer Juristenfakultät (Beiträge zur Geschichte der Universität Mainz 3), Wiesbaden 1956: Johannes Fürderer gen. Kühorn (S. 13).

75 Vgl. WIEACKER (Anm. 8), S. 174 bes. Anm. 19; WESENBERG (Anm. 8), S. 102 f.; STINTZING, LANDSBERG (Anm. 69), S. 481.

76 Ediert von Werner SCHMIDT-SCHARFF, Die Matrikel der Praktikanten am Reichskammergericht in Wetzlar 1693–1806, in: Archiv für Sippenforschung 11 (1934), S. 207–313.

Goethe,[77] des Freiherrn vom Stein[78] und des Freiherrn von Hardenberg[79] zu konstatieren.[80] Es kann daher kaum verwundern, dass die Ausbildungsfunktion des Reichskammergerichts für das 16. und 17. Jahrhundert bisher noch kaum in das Blickfeld des wissenschaftlichen Interesses gerückt ist, fehlt doch sogar eine ähnlich aussagekräftige Quelle über die Praktikanten dieser Zeit. Immerhin ist aber bekannt, dass nicht nur ein Basilius Amerbach aus Basel,[81] sondern auch zahlreiche andere Juristen des 16. Jahrhunderts eine Praktikantenzeit beim Reichskammergericht als notwendigen Bestandteil einer qualifizierten juristischen Ausbildung empfanden.[82]

---

77 Vgl. Schmidt-Scharff (Anm. 76), S. 309, zum 25. Mai 1772.

78 Vgl. Schmidt-Scharff (Anm. 76), S. 311, zu 1777.

79 Dieser Name fehlt in der Praktikantenliste. Der Aufenthalt Hardenbergs in Wetzlar ist jedoch hinreichend bekannt; vgl. Hofmann, Hardenberg, in: Biographisches Wörterbuch zur deutschen Geschichte, 2. Aufl., Bd. 1, München 1973, Sp. 1021.

80 Als einziger widmet Erich Döhring ([Anm. 8], S. 21) diesem Problemkreis einige substantiierte Bemerkungen. Dabei böte diese Quelle Anlass zu überaus aufschlussreichen Untersuchungen etwa unter dem Gesichtspunkt, weshalb Männer in z. T. hohen Stellungen am kaiserlichen Hof oder fürstlichen Höfen sich noch einmal nach Wetzlar begaben. Auch die Standesunterschiede wären zu beachten. So kamen zwischen 1728 und 1800 fast 30 Träger des Grafentitels zur Inskription. Dass die Eintragungen aus Süd- und Westdeutschland überwiegen, kann kaum verwundern. Um so größeres Interesse können die aus Nord- und Ostdeutschland stammenden Praktikanten beanspruchen, worunter besonders die aus den drei norddeutschen Hansestädten stammenden Juristen auffallen mit einer merklich steigenden Tendenz des Besuches aus Hamburg: Zwischen 1751 und 1784 ließen sich 35 Hamburger, 17 Lübecker und 12 Bremer als Praktikanten in Wetzlar einschreiben. Diese Andeutungen mögen zeigen, wie interessant eine sozialgeschichtliche Analyse dieser Quelle auch unter verfassungsgeschichtlichen Aspekten sein könnte.

81 NDB (Anm. 73), Bd. 1, 1953, S. 246 f.; Andreas Staehelin, Herausgeber von: Professoren der Universität Basel aus fünf Jahrhunderten, Basel 1960, S. 50.

82 Genannt seien aus den Personalaufstellungen von Groh (Anm. 10) für die Speyerer Zeit, also über das 16. Jahrhundert hinaus:

Groh (Anm. 10), Teil 1: Glensin (S. 154), Böcklin (S. 108), Däg (S. 135), Hag (S. 159), Leiniger (S. 165), Müller Friedrich (S. 171), Oelhafen (S. 173), Reinhard (S. 175), v. Senn (S. 181), Tesmer (S. 186), Vietor (S. 187), Weber Georg (S. 189), Werffbein (S. 191).

Groh (Anm. 10), Teil 2: Calvi (S. 27), Egglin (S. 41), Embesterrath (S. 42), Gödelmann (S. 53), Stephanus (S. 97), Ziegler (S. 113).

Davon gehören allerdings nur wenige noch in das 16. Jahrhundert: Glensin 1598, Böcklin 1598, Weber 1596.

Das liegt sicherlich daran, dass die von Groh benutzten Quellen für nur vorübergehend in Speyer anwesende Personen nur selten Anlaß zu Eintragungen boten und auch erst spät einsetzen. Dass auch schon vorher im 16. Jahrhundert das Reichskammergericht als Ausbildungsstätte frequentiert wurde, beweisen nicht nur die von Döhring ([Anm. 8], S. 21) zitierten gesetzlichen Quellen von 1555 und 1566, sondern auch ein Gemeiner Bescheid des Gerichts von 1563 (Seyler, Barth [Anm. 30], Bd. 4, S. 140 B), wonach die Praktikanten sich beim Gericht immatrikulieren sollten. Leider ist diese Immatrikulationsliste in Speyer 1683 verloren gegangen. Auch in Quellen der Visitationen gibt es Hinweise auf die Praktikanten: Visitationsabschiede (Anm. 53), S. 79, 1564 § 35; S. 97, 1570 § 23; S. 200, 1595 § 16. Aber auch einige Lebensläufe, die aus der „Allgemeinen deutschen Biographie“

Dass das „Studentenleben" in Speyer nicht weniger wildbewegt war als an den Universitäten, zeigen einige Eintragungen in Speyerer Kirchenbüchern.[83] Allerdings beschränkte sich der Aufenthalt beim Reichskammergericht nicht darauf, wie Aufzeichnungen und Niederschriften über die dort empfangenen Belehrungen[84] beweisen. Sie zeigen, dass auch schon im 16. Jahrhundert mit regelrechten Unterweisungen durch Angehörige des Gerichtshofes zu rechnen sein wird. Eine nähere Untersuchung solcher Aufzeichnungen würde unsere Einsicht nicht nur in die Kameralpraxis der Zeit, sondern auch in die Form der Juristenausbildung des 16. Jahrhunderts in wünschenswerter Weise vertiefen können. Die

---

und der „Neuen deutschen Biographie" zu ermitteln waren, bezeugen dies: Raymund Pius Fichard 1556, ADB (Anm. 2), Bd. 6, 1877, S. 760. Geizkofler: 1577, ADB (Anm. 2), Bd. 8, 1878, S. 529. Johann Harpprecht: 1589, ADB (Anm. 2), Bd. 10, 1879, S. 621 f.

83 Am 6. August 1600 wurde der Praktikant Eggling vom Koch des Eberhard Wambold von Umstadt lebensgefährlich verletzt (Groh [Anm. 10], Teil 2, S. 41). Am 31. Januar/10. Februar 1629 wird der Praktikant Gerhard Calvi von dem Praktikanten Gerhard Embestarrath ermordet, der daraufhin aus der Stadt flüchtet (Groh [Anm. 10], Teil 2, S. 27, 42). Vgl. auch schon Stintzing, Landsberg (Anm. 69), S. 479.

84 In den Archiven und Bibliotheken ruhen offenbar bisher unerkannt oder nicht als wertvolle Quelle gewürdigt solche Handschriften. Ich habe bisher folgende Aufzeichnungen ermitteln können:
a) UB. Göttingen, Hss. Jurid. Nr. 108, enthaltend Aufzeichnungen des Caspar Schaher Francofurtensis über Materien des Kameralprozesses, 1573–1595. Der Göttinger Handschriftenkatalog vermutet in Schaher einen am Reichskammergericht tätigen Prokurator, der die Sammlung für seine praktischen Zwecke oder zur Unterrichtung von Praktikanten angefertigt habe. Diese Vermutung halte ich für wenig wahrscheinlich. Ein Prokurator dieses Namens war in den mir zugänglichen Personallisten (vgl. Seyler, Barth [Anm. 30]) nicht zu ermitteln. Auch spricht für die Niederschrift eines gehörten Kursus, dass am Anfang (Bl. 1) der 11. Februar 1515, am Ende des ersten Teils (Bl. 54) der 14. Februar genannt wird. Nur ergänzend sei erwähnt, dass die in dieser Handschrift enthaltenen Teile „Processus camerae tractatus methodicus" (Bl. 1–54) und „Analysis processus iudiciarii ex ordine Camerae Imp." (Bl. 62–68) mit denselben Überschriften wiederkehren in: Adriani Gylmanni, *Symphorema supplicationum pro processibus, super omnibus ac singulis Imperii romani constitutionibus, in supremo Camerae Imperialis auditorio impetrandis,* Teil 1, Frankfurt 1601.
b) UB. Gießen, Handschriften MCXXXII. B. S. Ms. 529 fol. min. fol. 3–5 a.: Instructio eorum, qui in camera imperiali addisci debent vel prosunt. Methodus referendi causas in judicio etc., 16. Jahrhundert.
c) H. H. StA. Wien, Reichsarchive, Reichskammergerichtsvisitationsakten, A. Gebundene Akten. Fasc. 313: Kayserl. Cammergerichts Canzlei-Practicum F. Adlers, 1539.
d) Ebenda, Fase. 314: Allerhand Formularia so am Kays. Cammergericht bräuchlich und daselbst mitt fleiss colligiret in usum Laurentzii Schraderi et heredum, rescripta,1595.
e) Hans Thieme (Die beiden Amerbach, in: *L'Europa e il diritto romano. Studi inmemoria di Paolo Koschaker,* Mailand 1954, Bd. 1, S. 151) weist auf die Nachschriften des Basilius Amerbach in der Baseler Universitätsbibliothek hin, die dieser von seinen Unterweisungen in Speyer 1560 angefertigt hat.
f) Stadtarchiv Kempten, Kurtze Einleitung zum allerneuersten Praxi und Styl des RKG., undatiert, Handschrift.

Erhellung der personellen Osmose zwischen den Instanzen des Reiches und denen der Territorien muss also weit hinausgehen über die Ermittlung weiterer Falle unmittelbarer Beeinflussung wie bei der Wolfenbütteler Hofgerichtsordnung, obwohl auch solche Feststellungen sicherlich möglich sein dürften. Das Schwergewicht sollte vielmehr darauf liegen, dass mit den Juristen durch deren ständigen Wechsel zwischen Tätigkeiten für das Reich und die Territorien eine homogene Schicht führender Funktionsträger entstand, die ihre Kenntnisse und Fertigkeiten ebenso im Reichsrecht wie im Partikularrecht erworben und bewahrt hatten, die wenigstens zeitweilig auch die Interessen der Zentralinstanz mitgetragen hatten, die damit als ein verbindendes Moment im Verfassungsgefüge des Reiches wirkten.[85] Für einige Regionen des Reiches ist in den letzten Jahren festgestellt worden, wie eine solche Funktionselite sich auch durch das Konnubium verband und zur staatstragenden Schicht des jeweiligen Territoriums entwickelte.[86] Zumindest für das 16. Jahrhundert sind diese sozialgeschichtlichen Feststellungen zu ergänzen um die vertikale Komponente, nämlich um die Bindung und Verbindung zahlreicher Juristen zum Reich und seinen Institutionen. Später entwickelte sich auch um das Reichskammergericht selbst ein dichtes Netz familiärer Bindungen.

7.1.8 Tendenzen zur richterlichen Unabhängigkeit

Will man zu einer Neubestimmung der Stellung des Reichskammergerichts im Verfassungsgefüge des Reiches während des 16. Jahrhunderts kommen, so gilt es vor allem die Momente zu sehen, die es als eigenständigen Faktor des historischen Prozesses erweisen. Es genügt nicht, das Gericht als Objekt der Politik zwischen Kaiser und Ständen zu betrachten und seine Bedeutung allein danach zu bemessen,

---

85 Auf diesen Gesichtspunkt machte mit etwas anderer Akzentuierung kürzlich aufmerksam: Peter MORAW, Gedanken zur politischen Kontinuität im Deutschen Spätmittelalter, in: Festschrift für Hermann Heimpel zum 70. Geburtstag (Veröffentlichungen des Max-Planck-Instituts für Geschichte 36), Bd. 2 Göttingen 1972, S. 45 ff. bes. S. 54 ff.

86 Vgl. etwa für Niedersachsen: Hans Joachim von der OHE, Die Zentral- und Hofverwaltung des Fürstentums Lüneburg (Celle) und ihre Beamten (1526–1648), Diss. phil. Göttingen 1953, Celle 1955; Helmut SAMSE, Die Zentralverwaltung in den südwelfischen Landen vom 15. bis zum 17. Jahrhundert (Quellen und Darstellungen zur Geschichte Niedersachsens 49), Hildesheim 1940. Für Württemberg: Irmgard KOTHE, Der Fürstliche Rat in Württemberg im 15. und 16. Jahrhundert (Darstellungen aus der Württembergischen Geschichte 29), Stuttgart 1938, bes. S. 10, 34 ff., 71 ff.; Irmgard LANGE-KOTHE, Zur Sozialgeschichte des fürstlich-württembergischen Rates, in: Vierteljahrschrift für Sozial- und Wirtschaftsgeschichte 34 (1941), S. 237–276. Für Hessen: Wolfgang METZ, Das Eindringen des Bürgertums in die hessische Zentralverwaltung, Diss. phil. Göttingen 1947, maschschr., Autorenreferat in: Nassauische Annalen 65 (1954), S. 262; DERS., Zur Sozialgeschichte des Beamtentums in die Zentralverwaltung der Landgrafschaft Hessen-Kassel bis zum 18. Jahrhundert, in: Zeitschrift des Vereins für Hessische Geschichte und Landeskunde 67 (1956), S. 138–148.

ob es im Sinne der einen oder anderen politischen Intention eine Rolle gespielt habe. Gewiss war gerade das Reichskammergericht niemals ein Tribunal, das unpolitisch oder unberührt von den Irrungen und Wirrungen seiner Zeit agierte. Zeitweise wurde es sogar – wie in den dreißiger Jahren des *Rechtlichen Krieges* gegen die Protestanten – zu einem eindeutigen Instrument zur Durchsetzung kaiserlicher Interessen.[87] Die konfessionelle Frage hat auch die innere Einheit des Gerichtes zeitweilig tief erschüttert.[88] Dennoch ist es verfehlt, nur diesen Aspekt zu sehen. Vielmehr nutzten die Richter in Speyer die räumliche Trennung vom Kaiserhof sehr zielbewusst dazu aus, um als unabhängiges Element in den Auseinandersetzungen der Zeit zu wirken.[89] Es gibt nicht wenige Beispiele dafür, dass das Reichskammergericht gerade im 16. Jahrhundert sich zu ausdrücklichen kaiserlichen Weisungen in Widerspruch setzte und entgegen dem herrscherlichen Willen so verfuhr und judizierte, wie es das für richtig hielt.[90] In stolzem Selbstbewusstsein verkündete im Jahre 1539 – also in einer Phase weitgehender Übereinstimmung mit den konfessionellen Positionen des Kaisers[91] – ein Assessor, das Kammergericht dürfe kaiserliche Befehle nicht vollziehen, „die der natürlichen billigkeit und erbarkeit, auch dem gemainen nutz widerstreben".[92] Sicherlich konnte sich der Kaiser politisch über solche ihm missliebigen rechtlichen Entscheidungen des Speyerer Gerichtshofes hinwegsetzen[93] und schließlich gegen Ende des 16. Jahrhunderts dem Reichshofrat in Wien ein institutionelles Übergewicht verschaffen.[94] Dennoch sind diese kammergerichtlichen Entscheidungen nicht bedeutungslos, da sie für das 16. Jahrhundert die Eigenständigkeit des Gerichts im Verfassungsgefüge des Reiches bezeugen. Dieses Bemühen um Selbständigkeit zeigt sich im Übrigen auch gegenüber der ständischen Position, die durch das Recht der Präsentation der meisten Assessoren[95] einen übermächtigen Einfluss auf dem Weg über personalpolitische Entscheidungen hätte gewinnen können. Dem wirkte das Reichskammergericht jedoch sehr bald dadurch entgegen, dass es 1557 anregte, was 1570 wirklich eingeführt wurde, dass nämlich die präsentierten Kandidaten

---

87 Zum *Rechtlichen Krieg* vgl. Smend (Anm. 1), S. 140 ff. Heute die sehr intensive Aufarbeitung dieser Phase durch Fabian, Dommasch (Anm. 10).

88 Vgl. z. B. Smend (Anm. 1), S. 189 f., 131 f., 139 ff., 156 f.

89 Vgl. dazu z. B. Smend (Anm. 1), S. 141, 160 f., 146 ff.

90 Vgl. Smend (Anm. 1), S. 164 f., bes. Anm. 3.

91 Allerdings war die Tätigkeit des Reichskammergerichts nicht nur der kaiserlichen Seite, sondern ebenso der Position der katholischen Reichsstände verpflichtet. Vgl. Smend (Anm. 1), S. 141 f., 160 ff.

92 Zitiert nach Smend (Anm. 1), S. 165 f.

93 Vgl. Smend (Anm. 1), S. 164 ff.

94 Vgl. Smend (Anm. 1), S. 195 ff.; v. Gschliesser (Anm. 6), S. 28 ff., 38 ff.; Sellert, Zuständigkeitsabgrenzung (Anm. 10), S. 124 ff.

95 Zur Präsentation der Assessoren vgl. Conrad (Anm. 8), S. 163; Smend (Anm. 1), S. 264 ff.

ihre praktische Eignung für ihre richterliche Aufgabe durch ein in Speyer abzulegendes Examen nachweisen mussten.[96] Zumindest für das ausgehende 17. und 18. Jahrhundert zeugen die damals angefertigten Proberelationen und Examensprotokolle[97] noch heute von der zeitgenössischen Relationstechnik und sind damit wertvolle Quellen für methodologiegeschichtliche Untersuchungen. Ihre nähere Analyse könnte aber auch Einblick in manche sonst nicht fassbaren personalpolitischen Interna gewähren, da die Speyerer Richter durch das Examen die Möglichkeit besaßen, Kandidaten abzuwehren, die nach ihrer Meinung nur aus politischen oder persönlichen Gründen von einem Präsentationsstand benannt worden waren.[98] Auch in dieser Hinsicht gewann das Gericht also eine selbständige Stellung. In diesen Zusammenhang gehört schließlich ebenfalls das stets vom Reichskammergericht in Anspruch genommene Recht, die bei ihm zur Beachtung insinuierten[99] Privilegien[100] und neuen Territorialgesetze oder Reichsgesetze[101] zu überprüfen.[102]

---

96 Vgl. Smend (Anm. 1), S. 304 f.

97 In der Außenstelle Frankfurt des Bundesarchivs gibt es 27 Bände Präsentationsakten (1531–1806) (Signatur: RGK. IV. B. 1), 33 Bände Präsentationsprotokolle (1715–1806) (Signatur: RKG. rv. B. 2) sowie 199 Bände mit Probearbeiten und Relationen (1688–1805) in denen die Examen generale, die Voten, Zensuren und Korrelationen zu den von den Assessoren eingereichten Probearbeiten enthalten sind. Interessanterweise wurden einige Proberelationen sogar im Druck publiziert: Caspar Klock, *Liber singularis relationum pro adsessoratu habitarum … ab anno 1600 etc. …*, Frankfurt 1653; Johann Deckherr, *Relationum votorum et decisionum augustiss.imp. camerae iudicii liber singularis*, Speyer 1681; Johann Friedrich Hofmann, *Relationes camerales novissimae … assessoribus et assessoratus candidatis elaboratae …*, Wetzlar 1691; Heinrich Gunther Thülemar, *Relationum, decisionum et votorum ab .. .camerae imperialis judicii ... assessoribus et ... assessoratus candidatis elaboratorum … opus in duas partes distributum*, Frankfurt, Wetzlar 1696.

98 Schon vor der Einführung des Examens für die Präsentierten gab es Fälle der Ablehnung von ungeeigneten Kandidaten (vgl. Smend [Anm. 1], S. 304 bes. Anm. 2, Beispiel von 1538) oder wurden Präsentierte aus anderen Gründen nicht zugelassen (vgl. Finke [Anm. 73], S. 145, Beispiel von 1507). Wie notwendig eine Auswahl war, zeigen die in den Visitationsabschieden des 16. Jahrhunderts mehrfach wiederholten Mahnungen, dass die Präsentationsberechtigten nur geeignete Kandidaten schicken sollten.

99 Zum Institut der Insinuation vgl. Sellert, Insinuation, in: HRG (Anm. 72), Bd. 2, 1. Aufl. 1973, Sp. 385–387.

100 Eine – allerdings nicht vollständige – Liste der insinuierten Privilegien bei Georg Gottlieb Balemann, Jüngere Visitationschlüsse die Verbesserung des Kaiserlichen Reichs-Kammergerichtlichen Justizwesens betreffend, Lemgo 1771/1780, S. 265–288. Es wäre zu überprüfen, ob diese Angaben identisch sind mit dem Register der insinuierten Privilegien (zweite Hälfte 16. Jahrhundert bis Ende 18. Jahrhundert): Bundesarchiv, Außenstelle Frankfurt RKG. Mise. 460. Ein zuverlässiger Überblick besteht bislang noch nicht.

101 Verzeichnis der Landes-, Prozeß-, Polizei-Ordnungen und Statuten, die dem Reichskammergericht übergeben wurden bei Balemann (Anm. 100), S. 288–294. Auch diese Liste ist keineswegs vollständig.

102 Vgl. dazu Bernd Wulffen, Richterliches Prüfungsrecht im Heiligen Römischen Reich Deutscher Nation des 18. Jahrhunderts, Diss. Jur. Frankfurt am Main 1968.

Das Gericht in Speyer war eben nicht nur Objekt politischen Handelns, sondern hat den historischen Prozess mit den ihm zur Verfügung stehenden Mitteln auf seine Weise durchaus wirkungsvoll mitgestaltet. Wie sehr diese eigenständige Haltung im Bewusstsein der Juristen wach geblieben war, zeigte sich, als im 19. Jahrhundert Beispiele aus der Judikatur des Reichskammergerichts als leuchtende Vorbilder für die richterliche Unabhängigkeit angeführt wurden,[103] diesem sich erst im 19. Jahrhundert voll entfaltenden Ideal des liberalen Rechtsstaats.

7.2 Die Rechtsprechung des Reichskammergerichts

So wichtig die Frage nach der Stellung des Reichskammergerichts im Verfassungsgefüge des Reiches ist, so wenig genügt jedoch die Betrachtung dieses Aspektes. Ein Gericht kann vielmehr, wie Hertz zu Recht hervorhebt,[104] „offenbar nur aus seiner Rechtsprechung beurteilt werden". Dieser berechtigten Forderung kann allerdings vorläufig nur bedingt entsprochen werden. Eine genauere Würdigung inhaltlicher Aspekte der kammergerichtlichen Rechtsprechung würde voraussetzen, dass das Prozessmaterial durch Spezialstudien schon stärker aufgearbeitet wäre. Eigene Quellenstudien zu diesem Zweck würden angesichts der großen Zahl der beim Reichskammergericht anhängig gewesenen Verfahren und des schlechten Erschließungszustandes der überlieferten Prozessakten[105] den vorgegebenen Rahmen sprengen. In dieser Situation haben Hertz[106] und Heusinger[107] den Weg beschritten, eine Reihe von symptomatischen Einzelfällen vorzuführen, wobei sie sich auf das gedruckte Material beschränkten.[108] Abgesehen davon, dass eine Wiederholung dieses Vorgehens kaum neue Ergebnisse versprach, erschien es auch methodisch als nicht ganz unbedenklich, da die Gefahr besteht, dass die vorgeführten Beispiele das Gesamtbild doch nicht so stark bestimmt haben, um daraus einigermaßen zuverlässige Schlüsse ziehen zu können.[109] Deshalb soll hier der

103 So etwa Pfeiffer (Anm. 39).

104 Hertz (Anm. 10), S. 331.

105 Im 19. Jahrhundert waren noch etwa 100.000 Prozessakten vorhanden. Vgl. Anm. 15.

106 Hertz (Anm. 10), passim.

107 Heusinger (Anm. 10), bes. S. 8 ff.

108 Vgl. Heusinger (Anm. 10), S. 8 Anm. 7; Hertz (Anm. 10), S. 331 f.

109 Immerhin hat das verwertete Material zweimal einer subjektiven Auswahl unterlegen: einmal derjenigen des publizierenden Kameralisten, zum anderen derjenigen des heute Auswertenden. Daher vermögen solche Beispielsfälle wohl ein sehr anschauliches Bild von der Fülle der vom Reichskammergericht zu erledigenden Streitigkeiten zu vermitteln; nicht aber dürfen daraus Schlüsse auf die Bedeutung der behandelten Fallgruppe im Rahmen der judiziellen Tätigkeit des Gerichts insgesamt gezogen werden.

Versuch gewagt werden, anhand des durch gedruckte Aktenverzeichnisse[110] zu gewinnenden Teileinblicks in die überlieferte Aktenmasse tradierte Urteile über die Wirksamkeit der Rechtsprechung des Reichskammergerichts zu überprüfen und Anregungen für eine Korrektur einiger Züge dieses Bildes zu geben.

7.2.1 Berichte und Zahlen über die Arbeit des Gerichts

Will man sich über die Effizienz und Bedeutung der judiziellen Tätigkeit des Kammergerichts informieren, so stößt man sehr schnell auf anekdotisch sehr effektvolle, zeitgenössische Berichte über die katastrophalen Ergebnisse der geringen Arbeitsleistung oder zeitraubenden Arbeitsweise der Richter in Speyer und später in Wetzlar. Hierher gehört etwa die dramatisierende Darstellung Mosers:[111] „Bei manchen Prozessen konnte kaum ein Pferd die Prozessakten wegziehen, so umfangreich sind sie geworden." Noch eindrucksvoller ist der offensichtlich ironisierende Bericht aus dem 18. Jahrhundert, wonach dasjenige der an der Decke der kammergerichtlichen Repositur aufgehängten Aktenbündel zur Bearbeitung gelangt sei, das zuerst herabfiel, weil sein Bindfaden morsch geworden sei.[112] Nicht minder passt in dieses Bild Goethes – im Übrigen durchaus von Verständnis für die Arbeit des Gerichts getragener[113] – Bericht in „Dichtung und Wahrheit",[114] in dem er erwähnt, dass bei der von Kaiser Joseph II. veranlassten Visitation[115] 20.000 un-

110 Vgl. Anm. 17.

111 Zitiert nach WIGGENHORN (Anm. 10), S. 8 Anm. 5.

112 Vgl. STÖLZEL, Gelehrte Rechtsprechung (Anm. 58), Bd. 2, S. 115.

113 So hielt Goethe nur die von ihm angetroffenen Verhältnisse für negativ: „Was mir in Wetzlar begegnete, ist von keiner großen Bedeutung, aber es kann ein höheres Interesse einflößen, wenn man eine flüchtige Geschichte des Kammergerichts nicht verschmähen will um sich den ungünstigen Augenblick zu vergegenwärtigen, in welchem ich daselbst anlangte." Bei diesem knappen Abriss der Geschichte des Gerichtes lässt Goethe ihm volle Gerechtigkeit widerfahren, indem er auf die widrigen Umstände hinweist, unter denen es arbeiten musste. Einer besonderen Beachtung wert ist dabei, dass es das Schwergewicht darauf legte, das Reichskammergericht sei vor allem dem Rechtsfrieden zu dienen bestimmt gewesen. Unter diesem Aspekt ist auch nur zu verstehen wenn er knapp resümiert: „Frisch arbeiten sie [die Assessoren] weg alles was kurz abgetan werden kann und muß, was über den Augenblick entscheidet oder was sonst leicht beurteilt werden kann, und so erscheinen sie im ganzen Reiche wirksam und würdig. Die Sachen von schwererem Gehalt hingegen, die eigentlichen Rechtshändel blieben im Rückstand, und es war kein Unglück. Dem Staate liegt nur daran, daß der Besitz gewiß und sicher sei; ob man mit Recht besitze, kann ihn weniger kümmern. Deswegen erwuchs aus der nach und nach aufschwellenden ungeheuren Anzahl von verspäteten Prozessen dem Reiche kein Schade." Nach einem Mann wie Goethe war es also unzweifelhaft, dass die staatliche Gerichtsbarkeit nicht in erster Linie dem individuellen Rechtsschutz, sondern der Sicherung des Rechtsfriedens diene.

114 Im 12. Buch des III. Teils.

115 Vgl. zu diesem unglücklichen Eingreifen des jungen Kaisers: SMEND (Anm. 1), S. 232 ff.

erledigte Prozesse nebst 50.000 Revisionen vorgelegen hätten, die auf die Visitation hätten warten müssen. Obwohl Goethe als Praktikant in Wetzlar durchaus gute Informationsmöglichkeiten gehabt haben dürfte, ist solchen Zahlenangaben nur mit größter Vorsicht zu begegnen. So berichtet schon im Jahre 1620 die Altenburger Gesandtschaft von über 50.000 unerledigten Akten,[116] während doch, wie schon Smend dazu bemerkt hat,[117] bei der letzten Visitation festgestellt worden sei, dass bis zum Jahre 1700 überhaupt nur insgesamt 46.817 Eingänge beim Reichskammergericht zu verzeichnen gewesen seien. Bei der Heranziehung solcher Zahlen aus zeitgenössischen Quellen stößt man also auf unüberwindliche Widersprüche, die beweisen, dass sie kaum zuverlässig Auskunft über die tatsächliche Lage geben können.[118] Vielmehr sollten sie unter Berücksichtigung quellenkritischer Maßstäbe lediglich als Quellen für die Einschätzung der Arbeitslast des Gerichts durch bestimmte Zeitgenossen verwertet werden. Immerhin gibt es zu denken, dass es ja nicht nur Klagen über die ineffektive Arbeitsweise des Gerichts gab, sondern dass nicht wenige namhafte Zeitgenossen seine Tätigkeit sehr gelobt haben.[119] Aus einer solchen Gegenüberstellung von zeitgenössischen Meinungen und Beurteilungen[120] ist also sicherlich kein realistisches Bild von der tatsächlichen Arbeitsleistung des Reichskammergerichts und seiner Anerkennung im Rechtsleben zu gewinnen.

7.2.2 Inanspruchnahme des Gerichts als Vertrauensbeweis

Dafür bietet schon eher der Umfang einen Anhalt, in dem die Rechtssuchenden glaubten, bei dem Reichskammergericht Befriedigung ihres Bedürfnisses nach wirkungsvoller Streitentscheidung zu finden.[121] Wollte man allein der negativen Einschätzung der Wirkungen der reichskammergerichtlichen Rechtsprechung Glauben schenken, so wäre es unverständlich, dass so zahllose Menschen aller Stände den Weg nach Speyer und später nach Wetzlar nicht gescheut haben, um dort unter

116 Smend (Anm. 1), S. 187 Anm. 1.

117 Zitiert nach Smend (Anm. 1), S. 187 Anm. 1.

118 Eine Ausnahme dürften die meisten der in ordnungsgemäßen Visitationen ermittelten Zahlen bilden. Doch sind sie bisher weder systematisch gesammelt, noch quellenkritisch ausgewertet. Auch setzen sie erst 1581 ein. Vgl. Visitationsabschiede (Anm. 53), S. 162, 1581; S. 167, 1583; S. 172, 1584; S. 174, 1585; S. 184, 1586. Die letzte konkrete Zahlenangabe findet sich 1587, S. 193 § 3.

119 Vgl. Anm. 3, 4.

120 Das gilt auch für die meisten Zahlenangaben, die in der Regel mehr auf Beurteilungen der Lage als auf korrekten Ermittlungen beruhen dürften.

121 Dieses Kriterium kann allerdings nur einen groben Anhalt bieten. Es bedürfte genauerer zeitlicher Differenzierungen, um dieses Argument intensiver verwerten zu können. Das ist angesichts des bisherigen Erschließungsstandes der Prozessakten kaum möglich. Die von Smend (Anm. 1) sporadisch eingestreuten Angaben einiger Jahresquoten von Neueingängen (z. B. S. 187 Anm. 1) sind nicht ausreichend für einen breiteren Überblick.

Aufbietung großer Mühen und Kosten ihr Recht zu suchen. So gewinnt denn die Zahl von etwa 100.000 beim Reichskammergericht von 1495 bis 1806 anhängig gemachter Verfahren[122] durchaus die Kraft eines Vertrauensbeweises für das Wirken dieses Gerichtes entgegen allen sicherlich auch berechtigten Klagen. Dass dabei die Parteien keineswegs blindlings vorgingen, sondern die Tätigkeit des Gerichtes offenbar recht genau einzuschätzen wussten, zeigt der Rückgang der Zahl der Neueingänge in den Zeiten vorübergehender Auflösung des Reichskammergerichts oder der Behinderung seiner Rechtspflege.[123]

Erstinstanzliche Verfahren und Appellationsprozesse

Dieser Aspekt sei noch etwas näher betrachtet, indem gefragt wird, wer es denn war, der das oberste Reichsgericht mit welchen rechtlichen Streitigkeiten bemühte. Dazu bedarf es zunächst einer Unterscheidung zwischen erstinstanzlichen Verfahren und Appellationsprozessen.[124] Nève hat für den Lütticher Aktenbestand einen Anteil von nur etwa 18% erstinstanzlicher Prozesse ermittelt.[125] Danach hätte das Reichskammergericht weit überwiegend als Rechtsmittelgericht und Aufsichtsinstanz für die Territorialgerichte fungiert. Das Bild verändert sich jedoch, wenn man zeitlich stärker differenziert. So ergibt eine Auswertung der gedruckten Aktenrepertorien, dass die Relation zwischen den beiden Verfahrensarten offenbar recht starken Schwankungen unterworfen gewesen sein muss. Bei diesem Aktenbestand beläuft

---

122 Vgl. Anm. 15.

123 Das zeigt ein Überblick über die durch gedruckte Repertorien (vgl. Anm. 17) erschlossenen Prozessakten. In diesem allerdings nur sehr begrenzten Quellenmaterial entfallen auf die 53 Jahre des Reichskammergerichts von 1495–1547 1.382 Akten, auf die Periode von 1548–1613 die Zahl von 4.372 Neueingängen. In der ersten Periode liegen – bei einem sonstigen Durchschnitt von 26 Neueingängen pro Jahr – unter der Quote von zehn jährlichen Neuzugängen die Jahre: 1499, 1500, 1505–1507, 1519, 1545–1547. Über dem angegebenen Durchschnitt liegen dagegen die Jahre: 1496, 1512, 1526, 1532, 1534–1536, 1538–1543. In der zweiten Periode sind die Abweichungen nach unten nicht ganz so krass wie in der ersten, da die Jahre völligen Ausfalls fehlen. Selbst in Jahren unterdurchschnittlicher Zuwachsraten wurde doch nur selten weniger als zwei Drittel des durchschnittlichen Neueingangs von 70 Akten pro Jahr erreicht: 1552, 1555, 1557, 1563. Dagegen gibt es auch in diesem Zeitraum deutliche Jahre überdurchschnittlicher Zugangsquoten: 1548–1551, 1577–1581, 1591–1598, 1602–1604, 1607–1610, 1613. Jedem Kenner der wechselvollen Geschichte des Reichskammergerichts im 15. und 16. Jahrhundert wird es möglich sein, die Wellenbewegung dieser Zahlen tendenziell mit dem geschichtlichen Wechsel in Übereinstimmung zu bringen.

124 Unter der Kategorie der „Appellationsprozesse“ werden hier der Einfachheit halber alle Verfahren begriffen, die nicht von Anfang an vor das Reichskammergericht gehörten, also auch Verfahren gegen Maßnahmen territorialer Gerichte wie Nichtigkeitsbeschwerden oder Klagen wegen Justizverweigerung.

125 Vgl. Nève (Anm. 10), S. 249 f.

sich der Anteil erstinstanzlicher Verfahren in der Zeit von 1495 bis 154[126] auf 27%, um dann im Zeitraum von 1548 bis 1613 auf 43% zu steigen.[127] Entgegen der von Smend geäußerten Ansicht von dem eindeutigen Überwiegen der Appellationsprozesse, hat es sogar Jahre gegeben, in denen mehr erstinstanzliche Klagen einkamen als Appellationen.[128] Abgesehen davon, dass diese Werte auf ein überproportionales Rückgehen der Erstinstanzprozesse im 17. und 18. Jahrhundert schließen lassen, wenn der für Lüttich ermittelte Durchschnittswert von 18% zustandekommen soll,[129] bleibt vor allem festzuhalten, dass es offenbar einer sorgfältigen neuen Funktionsbestimmung des Reichskammergerichts für die verschiedenen Phasen seines Wirkens bedarf. So bedeutungsvoll insgesamt seine Rolle als Rechtsmittelgericht gewesen ist, so sehr verdienen doch die Frequenzschwankungen Beachtung im Kontext der jeweiligen historischen Entwicklung.[130]

Prozessmaterien und Parteien

Will man zu einem differenzierteren Urteil über die Judikatur des Reichskammergerichts kommen, so führt ein erster Weg dorthin über eine nähere Betrachtung der Gegenstände und Rechtsmaterien, um die dort gestritten wurde. In den Untersuchungen Smends,[131] aber auch in den Darlegungen von Hertz und Heusinger[132] spielen vor allem Auseinandersetzungen um hoheitliche Befugnisse eine Rolle. Diese Verfahren haben das Bild von der politischen Funktion des Kammergerichts geprägt. Sie sind ebenso in der zeitgenössischen Literatur wie in historischen

---

126 1495–1547: 1.382 Neuzugänge; davon 372 erstinstanzliche Prozesse = 27%. 1548–1613: 4.372 Neuzugänge; davon 1.903 erstinstanzliche Prozesse = 43%. Dagegen befindet sich unter dem von Lieberich ([Anm. 10], S. 422) untersuchten baierischen Bestand von 37 Akten bis 1501 nur ein erstinstanzlicher Prozess.

127 Smend (Anm. 1), S. 71.

128 Es sind die Jahre: 1509, 1542, 1551, 1552, 1554, 1555, 1568, 1572, 1574, 1577–1580, 1583, 1589. Fortan blieb die Quote der erstinstanzlichen Neuzugänge deutlich unter der der Appellationsverfahren. In einigen Jahren wurden immerhin mehr als die Hälfte des Anteils der Appellationsprozesse erreicht, also eine deutliche Überschreitung der angegebenen Durchschnittsquoten: 1497, 1508, 1514, 1515, 1523, 1525, 1526, 1528, 1530, 1541, 1543, 1544, 1549, 1559, 1553, 1556–1562, 1564, 1565, 1567, 1569–1571, 1573, 1575, 1576, 1581, 1582, 1584--1588, 1590–1592, 1594–1601, 1603, 1605–1609.

129 Ein so starkes Zurückgehen dieser Klageart würde sich erklären aus der Abnahme der Landfriedensbruchklagen sowie der sichtlichen Bevorzugung des Reichshofrates für Klagen gegen Reichsunmittelbare während dieser beiden Jahrhunderte.

130 Das gilt es auch gegenüber Smend ([Anm. 1], S. 71 bes. Anm. 3) festzuhalten, der die Appellationsfunktion wohl doch zu undifferenziert in den Vordergrund schiebt, ohne allerdings dabei die politische Bedeutung der erstinstanzlichen Klagen zu verkennen (vgl. Smend [Anm. 1], S. 72).

131 Vgl. Smend (Anm. 1), passim.

132 Vgl. Hertz (Anm. 10), passim; Heusinger (Anm. 10), S. 8 ff.

Untersuchungen bevorzugt worden. Überblickt man jedoch die durch gedruckte Repertorien zugänglichen Prozesse einmal unter dem Gesichtspunkt,[133] ob sie funktionell öffentlichrechtliche oder privatrechtliche[134] Streitigkeiten zum Gegenstand hatten,[135] so entsteht ein wesentlich variableres Bild. In dem Zeitraum von 1495 bis 1547 überwiegen mit 75% der Verfahren die Prozesse um privatrechtliche Materien. Gewiss besaßen die Streitigkeiten um hoheitliche Befugnisse besonderes politisches Gewicht, das sich nicht unbedingt in Prozentzahlen ausdrücken muss. Doch besteht andererseits die verfasste Ordnung eines Volkes nicht allein aus solchen Beziehungen der Mächtigen untereinander oder zu den ihnen Unterworfenen. Daher ist es keineswegs ohne Interesse, dass so zahlreiche rechtliche Probleme vor das Reichskammergericht kamen, die für die Rechtsverhältnisse der Angehörigen breiterer Schichten des Volkes untereinander von Bedeutung waren. Soweit ihr Streitgegenstand heute noch erkennbar ist,[136] betrafen die bis 1547 eingehenden Klagen zu 20% Schuldansprüche zuzüglich 7,3% Injurienklagen, 29,7% Prozesse um dingliche Berechtigungen einschließlich der aus ihnen fließenden Gülten und 18% Erbschaftssachen.[137] Obwohl darunter durchaus nicht wenige Auseinanderset-

---

133 Der folgenden Analyse ist allerdings ein methodischer Vorbehalt zuzufügen. Die Aktenrepertorien wurden von Archivaren angefertigt, die bei der Bestimmung des Streitgegenstandes wohl gelegentlich nicht so präzise sein konnten, wie es sich der Rechtshistoriker wünschen würde. Vgl. dazu Pitz (Anm. 10), S. 7 ff. Ebenso muss bemerkt werden, dass die folgenden Kategorien keineswegs aus der Unterscheidung von erstinstanzlicher Zuständigkeit und Appellationsverfahren abzuleiten sind. Bei Klagen gegen Reichsunmittelbare waren nicht selten auch Materien betroffen, die in die Gruppe der privatrechtlichen Streitigkeiten einzuordnen sind. So wurde ein Erbschaftsstreit auch dann dieser Kategorie zugeordnet, wenn er zwischen Mitgliedern eines reichsgräflichen Hauses schwebte.

134 Ich benutze dabei einen von Heinrich Mitteis (Lehnrecht und Staatsgewalt, Weimar 1933, unveränderter Nachdruck Darmstadt 1958, S. 8) geprägten Begriff, bei dessen Verwendung zwar anerkannt wird, dass es bis in die Neuzeit hinein keine scharfe begriffliche Trennung zwischen öffentlichem und privatem Recht gab, ohne dass jedoch übersehen wird, dass ein bestimmter Rechtsbereich schon damals funktionell öffentlich-rechtlich wirkte.

135 In die Kategorie der öffentlich-rechtlichen Streitigkeiten habe ich eingeordnet: Klagen wegen Landfriedensbruchs, um Jurisdiktion und andere Hoheitsrechte, um Abgaben, Zehnten und Dienste, um Arrestierung sowie wegen Rechtsverweigerung. In die Kategorie der privatrechtlichen Streitigkeiten habe ich eingeordnet: Prozesse um Schuldsachen, wegen Injurien, um dingliche Ansprüche und Gülten sowie Erbstreitigkeiten. Es wurde also nach der Rechtsmaterie kategorisiert und nicht nach der Bedeutung des Prozesses. Insgesamt hat sich dieses begriffliche Instrumentarium als Arbeitsmittelbewährt. In diesem Sinne fielen an in der Periode 1495–1547: Öffentlich-rechtliche Klagen: 322 = 25%; Privatrechtliche Klagen: 966 = 75%; insgesamt = 1.288.

136 In 94 Fällen war der Streitgegenstand aus dem Akteninhalt nicht mehr ersichtlich. Deshalb ist bei der Ermittlung der Verhältniszahlen (Anm. 135) nicht von der Zahl von 1.382 Neuzugängen (Anm. 123) ausgegangen worden, sondern von der Zahl 1.288.

137 Schuldrechtliche Ansprüche: 265 Sachen = 20%; Injurienklagen: 94 Sachen = 7 = 3%; Dingliche Berechtigungen: 372 Sachen = 29,7%; Erbschaftssachen: 235 Sachen = 18%.

zungen zwischen Angehörigen der führenden feudalen Schicht zu finden sind, zeigt sich in diesen Zahlen doch vor allem deutlich, wie stark das Reichskammergericht gerade in der ersten Phase seines Wirkens auch von dem wirtschaftlich erstarkenden Bürgertum für die in seinem Bereich erwachsenden Probleme in Anspruch genommen wurde.[138] Erst durch die 1521 erfolgende Einführung einer Appellationssumme von 50 fl., die im Jahre 1570 auf 150 fl. und 1600 auf 300 fl. erhöht wurde,[139] wurde das Reichskammergericht abgeschirmt von den Problemen der einfacheren Leute. In der Anfangsphase seiner Tätigkeit wurde dagegen vor dem höchsten Reichsgericht nicht selten um kleinere Summen aus unbedeutenden Geschäften gestritten.[140] Diese Wirkung der aus organisationsökonomischen Gründen sicherlich notwendigen Einführung und mehrfachen Erhöhung der Appellationssumme hat man bisher kaum hinlänglich beachtet. Unübersehbar ist jedoch auch, wie weit das Vermögensrecht noch mit dem Liegenschaftsrecht identisch war. Der hohe Prozentsatz von Prozessen um Liegenschaften und Gülten spricht da eine deutliche Sprache. Sicherlich darf dieses allein aus dem Aktenmaterial südwest-, west- und nordwestdeutscher Provenienz gewonnene Ergebnis nicht vorschnell verallgemeinert werden. Aus diesen Gebieten war der Weg zum Reichskamergericht – abgesehen vom Problem der Appellationsprivilegien – nicht weit,[141] so dass keine zu beschwerlichen Entfernungen einem Verfahren dort hinderlich waren. Doch zeigt der von Pitz untersuchte Streit zwischen kleineren Handelsleuten aus

Auch Lieberich ([Anm. 10], S. 425) stellt fest, dass es bei dem von ihm untersuchten Aktenbestand fast durchweg um privatrechtliche Ansprüche geht.

138 Dies gilt es festzuhalten gegen Smend ([Anm. 1], S. 110 f. bes. S. 111 Anm. 2), der meint, die Städte hätten dem Reichskammergericht reserviert gegenübergestanden.

139 Vgl. Conrad (Anm. 8), S. 159 f.

140 Nur einige Beispiele aus den ersten Jahren der Tätigkeit des Kammergerichtsseien genannt, bei denen der Streitwert so gering ist, dass er schon nach der Einführung der Appellationssumme von 50 fl. die Appellation ausgeschlossen hätte:
1493: 23 fl. aus Bürgschaft, Stölzel, Gelehrtes Richtertum (Anm. 17), S. 68 Nr. 2.
1494: 11 fl. wegen Zehrung, Koser II Nr. 533.
1495: 43 Pfd. Straßburger Pfennige aus einem Geschäft um Wachs, Koser II Nr. 1130. Schuldforderung wegen einer Zeche, Koser II Nr. 1491. Zahlung eines Kaufpreises für 100 Viertel Korn, Koser II Nr. 355.
1496: Forderung für verkaufte Früchte, Stölzel, Gelehrtes Richtertum (Anm. 17), S. 65 Nr. 6. 47 fl. Zinsen für ein Darlehn von 50 fl. über 18 Jahre, Koser II Nr. 1896. Saldo aus der Abrechnung über ein Handelsgeschäft, Koser II Nr. 354.
1497: 24 fl. aus Bürgschaft, Koser II Nr. 1954. Schuldforderung wegen Zehrung, Koblenz Nr. 126.
1498: 42 fl. aus einer Schuldurkunde, Koser II Nr. 873.Vgl. auch Lieberich (Anm. 10), S. 425.

141 Die wechselnden Sitze des Reichskammergerichts vor der endgültigen Niederlassung in Speyer – Frankfurt, Worms, Nürnberg, Regensburg, Augsburg, Regensburg, Worms, Speyer, Worms, Nürnberg, Eßlingen – lagen alle im süd- und südwestdeutschen Raum, waren also aus Nord- und vor allem Nordostdeutschland nur schwer zu erreichen.

Lüneburg und Hamburg,[142] dass man zumindest auch aus Niedersachsen den Weg wegen kleinerer Summen an das Reichskammergericht nicht scheute. Dennoch wird dem Umstand der Entfernung der Rechtsuchenden vom Sitz des Reichskammergerichts sowie vor allem dem Rückgang solcher Verfahren um kleine Streitwerte durch die systematische Steigerung der Appellationssumme bei einer intensiveren Analyse Aufmerksamkeit zu schenken sein. Erst dann wird jedenfalls zu sagen sein, wann und unter welchen Umständen beim Reichskammergericht „gerade auch einfache Leute aus dem Volke, reichsmittelbare Untertanen, Schutz" fanden.[143] Dass das Gericht des Reiches allerdings bis zur Mitte des 16. Jahrhunderts für die Belange der Bürger von großer Bedeutung war, lässt sich schon jetzt sagen. Fraglich ist, ob auch die bäuerliche Bevölkerung das Reichskammergericht im selben Umfang wie die städtisch-bürgerliche als Hüter ihrer rechtlich-wirtschaftlichen Interessen angesehen hat. Sicherlich kämpften auch bäuerliche Gemeinden und Dorfschaften erbittert um ihre Rechtsstellung im Hinblick auf Steuern, Dienste, Abgaben und Nutzungsrechte.[144] Doch scheinen die Landbewohner als Individuen nicht mit derselben Selbstverständlichkeit wie die Städter ihr Recht in privatrechtlichen Streitigkeiten beim Reichskammergericht gesucht zu haben. Dabei spielt es gewiss eine Rolle, dass die persönlichen Rechtsverhältnisse der Bauern und die daraus resultierenden Gerichtsstrukturen Appellationen vom Lande seltener zuließen.[145] Es sollte aber auch nicht vergessen werden, dass die Bauern selbst gegenüber den von gelehrten Juristen geprägten neuen Gerichten eine abwehrende Haltung einnahmen.[146] Speziell gegen das Reichskammergericht zeigte sich die bäuerliche Abneigung, als zu Beginn des Bauernkrieges darüber verhandelt wurde, ob nicht die Streitpunkte von diesem neuen Reichsgericht entschieden werden

142 Pitz (Anm. 10), bes. S. 13 ff.

143 So Heusinger (Anm. 10), S. 9, allerdings im Zusammenhang mit Verfahren wegen Missbrauchs obrigkeitlicher Gewalt. Für den Reichshofrat: v. Gschliesser (Anm. 6), S. 34. Auf jeden Fall kann man schon heute die Ansicht von Stölzel (Gelehrtes Richtertum [Anm. 17], Bd. 1, S. 323) als widerlegt ansehen, dass bis auf einen kleinen Bruchteil als Parteien nur angesehene Adelsfamilien oder weltliche und geistliche Korporationen aufgetreten seien.

144 1495–1547: 32 Prozesse. Vgl. dazu auch Karl Siegfried Bader, Studien zur Rechtsgeschichte des mittelalterlichen Dorfs, Teil 2: Dorfgenossenschaft und Dorfgemeinde, Köln u. a. 1962, S. 219 Anm. 426, S. 238 bes. Anm. 508, S. 245 Anm. 553, S. 365 Anm. 431, S. 421 ff.

145 Der Einbau der grund- oder gar gutsherrschaftlichen Gerichte in den staatlichen Instanzenzug wurde erst im 19. Jahrhundert vollendet. Damit war aber für die Mehrzahl der Bauern aus rechtlichen Gründen der Weg an das Reichskammergericht nur ausnahmsweise zulässig.

146 Vgl. dazu Georg von Below, Die Ursachen der Rezeption des römischen Rechts in Deutschland (Historische Bibliothek 19), München 1905, Nachdruck Aalen 1964, S. 67 ff. bes. S. 81; Günter Franz, Der Deutsche Bauernkrieg, 4. Aufl., Darmstadt 1956, S. 2, 25, 59, 81; A. Stern, Das römische Recht und der deutsche Bauernkrieg, in: Zeitschrift für schweizerische Geschichte 14 (1934).

könnten.[147] Die Bauern empfanden dieses Tribunal als das der Herren und nicht als das ihre. Deshalb lehnten sie diesen Verfahrensvorschlag ab. Zu ihren Forderungen gehörte ja auch eine Reorganisierung des Zentralgerichts unter Ausschaltung der Rechtsgelehrten.[148] Dieses Misstrauen der ländlichen Bevölkerung gegenüber dem dann bald in Speyer ständig residierenden Gericht dürfte nicht verringert worden sein, als das Reichskammergericht nach der blutigen Niederschlagung des Bauernaufstandes dazu bestimmt wurde, über die im Bauernkrieg entstandenen Schäden zu entscheiden.[149] Bis zur Mitte des 16. Jahrhunderts kamen solche Prozesse vor das Reichsgericht.[150] Obwohl die zur Verfügung stehenden Quellen und die nur vorläufige Art ihrer Auswertung keineswegs schon endgültige Schlüsse erlauben, zeichnet sich damit doch sehr deutlich wenigstens tendenziell ab, dass eine neue Bewertung der Judikatur des Reichskammergerichts nur möglich ist, wenn die Prozesse in privatrechtlichen Streitigkeiten stärker berücksichtigt werden, wie sie vorwiegend von der nichtfeudalen Schicht der Stadtbewohner, teilweise aber auch bestimmter bäuerlicher Kreise an das Gericht herangetragen wurden. Sie prägten offenbar die judizielle Tätigkeit des Zentralgerichtes in weit stärkerem Umfange als die in der Literatur so sehr hervorgehobenen Prozesse in politisch brisanten Angelegenheiten. Damit ergäbe sich aber auch indirekt ein neuer Ansatz für die Beurteilung der Stellung des Speyerer Tribunals in der verfassten Ordnung des Reiches seit dem Übergang zur Neuzeit.

7.2.3 Das Reichskammergericht und die Rezeption

In diesem Zusammenhang gilt es auch noch einen Blick zu werfen auf die divergierenden Ansichten zur Bedeutung des Reichskammergerichts für die Rezeption des gelehrten Rechtes in Deutschland. Auf der einen Seite wird hervorgehoben, dass

---

147 Vgl. den Bericht des Johann Keßler von St. Gallen über den Beginn des Aufstandes in Oberschwaben: Günther Franz, Quellen zur Geschichte des Bauernkrieges, Darmstadt 1963, S. 146 f. Nr. B. 31.

148 1525 Mai, Entwurf eines Schreibens der Bauern an Adel und Reichsstädte zur Vorbereitung des Heilbronner Bauerntages. 1525 Mai 18, Reichsreformentwurf für die fränkische Bauernschaft. Franz (Anm. 147), S. 373, S. 376 Art. 4, S. 377 Art. 6, S. 378 Art. 64.

149 1526 August 27, § 7 des Reichsabschiedes zu Speyer über den Bauernkrieg. Franz (Anm. 147), S. 599.

150 Schon die früheren Bauernaufstände hatten zu Kammergerichtsprozessen geführt:
1509: Koser II Nr. 765; 1523: Koser II Nr. 1984.
Doch die Masse der Prozesse entstand aus dem eigentlichen Bauernkrieg:
1525: Koser II Nr. 388; Koblenz Nr. 2900; 1526: Koser II Nr. 135, 1941; 1527: Koser II Nr. 297, 1728; 1528: Koser II Nr. 183, 863, 864, 1591, 1904, 1983; 1531: Koser II Nr. 177, 1256; Münster II Nr. 3622; 1532: Koser II Nr. 12, 13, 14; 1540: Koser II Nr. 710; 1542: Koser II Nr. 15; 1543: Koser II Nr. 16; 1549: Koser II Nr. 17.

durch die auf der oberitalienischen Statutentheorie[151] beruhende Kameralpraxis in Form der strikten Forderung des Beweises für Existenz und Geltung von Statuten und Gewohnheiten zur Verdrängung des heimischen Rechtes durch das Gemeine Recht geführt habe.[152] Auf der anderen Seite meinen Stölzel[153], wie auch Smend,[154] dass der Kammergerichtsjudikatur kein großer Einfluss auf die Romanisierung der Rechtsordnung – namentlich des Privatrechts – beizumessen sei. Die Argumente dieser sich widersprechenden Urteile bedürfen einer Überprüfung, die zumindest zu einer feineren Differenzierung der Beurteilung führt.

So erscheint es – wenigstens für das 16. Jahrhundert – keineswegs sicher, dass schon damals die Statutentheorie so strikte angewendet wurde und damit die Richter des Reichskammergerichts das heimische Recht so weitgehend verdrängt haben, wie es immer wieder behauptet wird. Aus den gedruckten Sitzungsprotokollen bis zum Jahre 1587 ergibt sich nämlich, dass es während des ganzen erfassten Zeitraums Beweisinterlokute gibt, in denen das Vorbringen und der Beweis von Statutar- und Gewohnheitsrecht nachgelassen wurde.[155] Die Intusvermerke der gedruckten Aktenverzeichnisse[156] bestätigen den Eindruck, dass keineswegs von vornherein das heimische Recht in so starkem Maße vernachlässigt worden sein kann. In buntem Wechsel finden sich darin Auszüge von Gerichtsordnungen,[157]

151 Vgl. zu dieser Wieacker (Anm. 8), S. 83, 138 f.; Winfried Trusen, Römisches und partikulares Recht in der Rezeptionszeit, in: Rechtsbewahrung und Rechtsentwicklung. Festschrift für Heinrich Lange zum 70. Geburtstag, hg. von Kurt Kuchinke, München 1970, S. 98 ff.

152 Vgl. Dawson (Anm. 10), S. 189 ff.; Trusen (Anm. 151), S. 104 ff., 111 ff.

153 Stölzel, Gelehrte Rechtsprechung (Anm. 58), Bd. 2, S. 106, 123.

154 Smend (Anm. 1), S. 71 Anm. 3.

155 Seyler, Barth (Anm. 30): 1510: 1.290 H; 1514: I. 386 F; 1516: I. 462 J; 1520: I. 546 C; 1522: 1.551 A; 568 B; 577 B; 1523: l. 627 C; 628 B; 1524: 1.699 D; 1527: I. 879 E; 1528: I. 942 D; 1531: II. 30 E; 65 D; 1532: Il. 96 D; 148 C; 153 C1533: 11.193 B; 1534: II. 258 C; 267 A; 297 A; 1535: II. 373 B; 1537: 11.484 B; 500 B; 1538: II. 616 D; 618 B; 626 A; 657 A; 1539: II. 729 E; 763 B; 1540: II. 856 B; 1541: II. 941 F; 1542: II. 990 E; 1544: II. 1173 E; 1180 C; 1193 A; 1548: III. 6 D; 1549: III. 25 E; 40 F; 1554: III. 559 A; 1556: III. 685 F; 1557: III. 744 G; 837 B; 1560: III. 1067 G; 1117 D; 1562: IV. 14 E; 1563: IV. 119 D; 1564: IV. 255 B; 1565: IV. 343 A; 1567: IV. 467 F; 513 B; 1568: IV. 552 A; 612 E; 1569: IV. 694 F; 1571: IV. 916 D; 934 E; 1572: IV. 1068 E; 1133 A; 1138 D; 1576: V. 147 A; 179 E; 1580: V. 626 C. Bei diesen Eintragungen finden sich meist Angaben über den Charakter des zu beweisenden Rechtes. Danach ist das Bild noch weit bunter als nach den Intusvermerken der Akten (Anm. 157–159). Es finden sich Hinweise auf Gerichtsordnungen, Landrechte, Rechtsbräuche, städtische Statuten, Stadtrechtsreformationen, Lehnsbräuche, Weistümer.

156 Diese Intusvermerke sind also keineswegs nur als Hinweise auf orts- und landesgeschichtliche Quellen von Bedeutung, wie etwa Pitz ([Anm. 10], S. 7 f.) zu glauben scheint. Leider sind sie nicht einmal in allen Repertorien enthalten. Nur Koser I, Koblenz und Münster enthalten sie.

157 1544: Koblenz Nr. 1725; 1553: Koblenz Nr. 1812; 1597: Koblenz Nr. 2158; 1604: Münster II Nr. 3693.

Rechtsbräuchen[158] aber auch bäuerlichen Weistümern[159] zum Nachweis eines als geltend beanspruchten Statutar- oder Gewohnheitsrechtes. Natürlich ergibt sich aus diesen Hinweisen noch nicht, ob die Richter den geführten Nachweis wirklich als ausreichend angesehen haben. Der angebotene Beweis konnte auch als unerheblich abgelehnt[160] oder die vorgelegten Statuten oder Gewohnheiten als dem Recht und der Billigkeit widersprechend unberücksichtigt gelassen worden sein.[161] Darüber sowie über die Frage, ob und wieviel Fälle es gegeben hat, in denen das Gemeine Recht völlig undiskutiert bevorzugt wurde, so dass es gar nicht zum Beweis des heimischen Rechts kommen konnte, könnten nur Einzelanalysen einschlägiger Prozesse Auskunft geben. Doch sollten die angeführten Indizien Anlass dazu sein, vor solchen genaueren Untersuchungen nicht mit der alten Sicherheit wie bisher davon zu sprechen, dass die strikte Anwendung der Statutentheorie durch das Reichskammergericht sehr bald zu einer rigiden Verdrängung des heimischen Rechts geführt habe. Umgekehrt wird man aber auch die Behauptung vom geringen Einfluss der Kameraljudikatur auf die Romanisierung des Privatrechtes in dieser Form nicht aufrechterhalten können. Smend wird dazu offensichtlich durch eine Überbewertung des politischen Aspektes veranlasst, während Stölzel unzulässige Schlüsse aus wenigen, das kurhessische Gebiet betreffenden Prozessen zog.[162] Seine Ansicht, dass darunter nur selten Streitgegenstände auftauchten, die der Sache nach überhaupt dem Einfluss Römischen Rechtes zugänglich seien, ist schon deshalb unhaltbar, weil seine Quellenbasis viel zu schmal war.[163] Auch gehörten, wie schon gezeigt werden konnte, Schuld-, Schadensersatz-, Liegenschafts- und Erbschaftssachen zu den Hauptgebieten, mit denen sich das Reichskammergericht in der ersten Hälfte des 16. Jahrhunderts beschäftigen musste.[164] Bei diesen Rechtsmaterien kann man aber nicht davon sprechen, dass sie einer Romanisierung von Anfang an kaum zugänglich gewesen seien. Schließlich ist es mehr als zweifelhaft, ob die von Stölzel als für eine Rezeption ungeeignet ausgeschiedenen Rechtsgebiete eine

---

158 1496: Koser I Nr. 10; 1537: Koser I Nr. 181; 1541: Koser I Nr. 180; 1548: Koser I Nr. 160; 1573: Koser I Nr. 200; 1592: Koser I Nr. 284.

159 1497: Koblenz Nr. 2233; 1528: Koblenz Nr. 2697; 1530: Koblenz Nr. 1179; 1534: Münster I Nr. 1970; 1548: Koblenz Nr. 1852; 1549: Koblenz Nr. 2231; 1561: Koblenz Nr. 1631; 1564: Koblenz Nr. 710; 1565: Koblenz Nr. 1596; 1569: Koblenz Nr. 364, 893; 1570: Koblenz Nr. 2335; 1573: Koblenz Nr. 1991; 1574: Koblenz Nr. 1383; 1578: Koblenz Nr. 894; 1581: Koblenz Nr. 1731; 1585: Koblenz Nr. 1004, 2638; 1586: Koblenz Nr. 2370; 1592: Koblenz Nr. 1923; 1599: Koblenz Nr. 325; 1605: Koblenz Nr. 1113; 1606: Koblenz Nr. 2093, 2098; 1607: Koblenz Nr. 2688.

160 So z. B. Seyler, Barth (Anm. 30), I. S. 825 H. 1526. Vgl. Trusen (Anm. 151), S. 110 ff.

161 Stölzel, Gelehrte Rechtsprechung (Anm. 58), Bd. 2, S. 82; Trusen (Anm. 151), S. 110 ff., 116 ff.

162 Stölzel, Gelehrte Rechtsprechung (Anm. 58), Bd. 2, S. 392–398.

163 So auch schon: Dawson (Anm. 10), S. 100 Anm. 19.

164 Vgl. S. 124 f. (1976: 465 f.; 1999: S. 246], bes. Anm. 137.

solche Folgerung wirklich rechtfertigen. So wäre etwa zu prüfen, ob nicht die Rechtsprechung des Kammergerichts in lehnrechtlichen Streitigkeiten dem gemeinen Lehnrecht den endgültigen Durchbruch in den deutschen Lehnhöfen ermöglicht hat.[165] Am gewichtigsten ist jedoch der Einwand, dass Stölzels Rezeptionsverständnis nicht mehr akzeptabel ist. Geht es nur in zweiter Linie um die Übernahme materiellen Rechtes und primär um die Methode der Rechtsanwendung nach den Grundsätzen des gelehrten Rechts,[166] so wären Stölzels Folgerungen selbst dann nicht richtig, wenn die Kammergerichtsprozesse wirklich vorwiegend Rechtsmaterien behandelt hätten, die einer Romanisierung nicht besonders zugänglich waren. Aus den genannten Gründen wird man die Beteiligung des Reichskammergerichts am Rezeptionsvorgang anders als Smend und Stölzel beurteilen müssen. Damit ist jedoch noch nichts gesagt darüber, wie man sich den Einfluss der kammergerichtlichen Judikatur auf die Wandlung des deutschen Rechtslebens praktisch vorzustellen habe. Bei der Betrachtung dieses Phänomens wird man sich von dem erst im 19. Jahrhundert. voll entwickelten Denkmodell der notwendigen gegenseitigen Beeinflussung von Rechtsprechung, Wissenschaft und Gesetzgebung frei machen müssen. Schon die unterschiedliche Haltung europäischer Staaten und Gerichte in der Frage der Notwendigkeit oder auch nur Zulässigkeit, die gefällten Urteile den Parteien gegenüber zu begründen[167] oder gar begründete Urteile und das ganze Prozessmaterial zu publizieren,[168] offenbart, dass die Denkvorstellungen der kontinentaleuropäischen Jurisprudenz auch bei diesem Problem noch von denen des 19. und 20. Jahrhunderts abwichen. Bislang ist durch vergleichende Untersuchungen diese unterschiedliche Einstellung zur Urteilsbegründung und Urteilspublikation erst festgestellt, ohne dass doch schon eine annähernd befriedigende Erklärung dafür zu geben wäre. Gleichwohl besteht nahezu Einhelligkeit

---

165 Die Zahl der Lehnsprozesse vor dem Reichskammergericht ist nicht unbedeutend, wie sich sowohl aus Seyler, Barth (Anm. 30) als auch aus den gedruckten Aktenrepertorien ergibt. Zum Verhältnis des deutschen zum gemeinen (langobardischen) Lehnrecht vgl. Bernhard Diestelkamp, Das Lehnrecht der Grafschaft Katzenelnbogen (Untersuchungen zur deutschen Staats- und Rechtsgeschichte. Neue Folge 11), Aalen 1969, S. 126 f., 273 ff.

166 So die heute fast einhellige Meinung. Vgl. Wieacker (Anm. 8), S. 124 ff.

167 Vgl. dazu vor dem Erscheinen des zweiten Bandes des „Handbuchs der Quellen und Literatur der neueren europäischen Privatrechtsgeschichte“: Heinrich Gehrke, Die Rechtsprechungs- und Konsilienliteratur Deutschlands bis zum Ende des Alten Reiches, Diss. jur. Frankfurt am Main 1972, S. 45 ff., 60 ff. [Druckfassung: Die privatrechtliche Entscheidungsliteratur Deutschlands, (Ius Commune. SonderHeft 3), Frankfurt am Main 1974]; Gerhard Walter, Die Französische Rechtsprechung des Ancien Regime und ihre Sammlungen, Diss. jur. Frankfurt am Main 1972, S. 55 ff.; Johannes Michael Scholz, Literaturgeschichtliche und vergleichende Anmerkungen zur portugiesischen Rechtsprechung im Ancien Regime, in: *Revista Portuguesa de Historie* XIV (1973), S. 125 ff., 132 ff.; Sellert, Prozeßgrundsätze (Anm. 10), S. 358 ff.

168 Vgl. Gehrke (Anm. 167), S. 28 ff.; Walter (Anm. 167), S. 63 ff.

in der Feststellung, dass auch die Judikate der gelehrten Richter des Kontinents auf die rechtswissenschaftliche Entwicklung ganz Europas nachhaltigen Einfluss ausgeübt haben. Es müssen also in dieser Zeit Kommunikationsmittel unabhängig von der Druckerpresse – aber im Ergebnis nicht minder wirkungsvoll – vorhanden gewesen sein, die es aufzuspüren gilt. Erinnert sei an die Einwirkungen der kammergerichtlichen Rechtsprechung auf die Gesetzgebung in Jülich-Berg in den ersten Jahrzehnten des 16. Jahrhunderts,[169] also bevor Mynsinger von Frundeck mit seinen „Observationes" die ersten Judikate aus Speyer im Druck einer breiteren Öffentlichkeit bekannt machte.[170] Bei diesem Beispiel wirkten die praktischen Folgen der Rechtsprechung im Lande zusammen mit der Existenz gelehrter Juristen am Herzogshof, die vorher am Kammergericht tätig gewesen waren, auf eine Angleichung der Territorialrechtsordnung an die Kameralpraxis hin. Es ist eben für das 15. und 16. Jahrhundert keineswegs eine „banale Tatsache, daß die praktische Macht der Gerichte sich nur dort entfalten kann, wo die Entscheidungen in entsprechender Weise publiziert werden", wie Heusinger unter Verwendung eines Zitates von Murad Ferid meint.[171] Es gab damals offenbar subtilere Methoden und Wege, den höchstrichterlichen Judikaten Bekanntheit und Verbreitung zu verschaffen. Eine intensivere argumentative Auseinandersetzung konnte allerdings erst mit Hilfe der Verbreitung durch das Buch beginnen, so dass sich der Einfluss der Rechtsprechung des Reichskammergerichts durch das Aufkommen und die Verbreitung der Literatur zur Kameraljurisprudenz sicherlich verstärkt haben dürfte.[172] Allerdings sollte man auch in diesem Punkt stärker zeitlich und sachlich differenzieren. Nach den Frankfurter Messekatalogen der Jahre 1564 bis 1573 kamen zum Beispiel an diesem Ort zunächst nur Publikationen der gesetzlichen Grundlagen der Existenz

169 Vgl. S. 110 f. [1976: S. 450; 1999: S. 229 f.].

170 Mynsingers „Oberservationes" erschienen zuerst 1563 in Basel (Gehrke [Anm. 167], S. 174), Gails „Practicarum observationum libri duo" 1578 in Köln (Gehrke [Anm. 167], S. 175). Vgl. zur Kameralistik auch: Wieacker (Anm. 8), S. 174; Dawson (Anm. 10), S. 213 ff., der zu Recht hervorhebt, dass die Literatur zur Kameralistik erst seit 1601 anschwillt (S. 224 ff.).

171 Heusinger (Anm. 10), S. 24 f.

172 Es wäre eine Untersuchung wert, wie schnell sich die Werke der Kameraljurisprudenz in der Praxis durchgesetzt haben und in Anwaltsschriftsätzen oder Richtervoten verwendet wurden. 1582 wird z. B. Gail, 1595 werden Gail und Mynsinger in einem Reichskammergerichtsprozess zitiert: Koser I Nr. 447, 453. Vgl. im Übrigen zum Problem der Verbreitung der Spruchsammlungen: Gehrke (Anm. 167), S. 28 ff., vor allem aber Walter (Anm. 167), S. 75 ff. Interessant die Bemerkungen von Georg Melchiors von Ludolf (*Symphorema consultationum et decisionum forensium*, Bd. 1, Frankfurt 1731, Vorrede) über den Nutzen reichskammergerichtlicher Urteilssammlungen.

des Reichskammergerichts[173] und des Kameralprozesses[174] auf den Markt, bevor endlich auf der Fastenmesse 1573 die Mynsingerschen „Responsorum iuris sive consiliorum decades sex" in einem Foliodruck aus Basel als erstes Werk mit Judikaten zum materiellen Recht angeboten wurden.[175] Dennoch scheint sicher, dass das Reichskammergericht mit seiner Rechtsprechung die Rezeption in Deutschland schon seit Beginn des 16. Jahrhunderts nachhaltig beeinflusst hat. Wie weit die Kameraljurisprudenz noch im 17. und 18. Jahrhundert auf das Privat- und Prozessrecht der sich immer stärker territorial aufsplitternden Partikularrechte[176] einwirkte und einwirken konnte,[177] ist dagegen eine andere Frage, die hier nicht mehr erörtert werden kann.

7.2.4 Zahl der ergangenen Urteile als Effektivitätskriterium

Nach diesen allgemeinen Überlegungen zur Natur der Rechtsprechung des Reichskammergerichts im 16. Jahrhundert und die Art und Weise ihres Einflusses auf das Rechtsleben der Zeit gilt es, sich noch mit dem gravierenden Einwand auseinanderzusetzen, dass die Effektivität der Arbeit des zentralen Gerichtes in Speyer unter der zu langen Prozessdauer und der schlechten Vollstreckungsmöglichkeit

---

173 Die Messekataloge des 16. Jahrhunderts. Faksimiledruck hg. von Bernhard Fabian, Bd. 1: Die Messekataloge Georg Willers: Herbstmesse 1564 bis Herbstmesse 1573, Hildesheim 1972.

1564: Constitutio et ordinatio Iudicii Camerae Imperialis ... anni 1548 germanici edita, deinde in latinum conversa per Justinum Goblerum (S. 10).

1565: Domini Caroli quinti Imperatoris constitutio politicae et Rei publicae Imperialis ... Justinum Goblerum, Frankfurt (S. 60).

1570: Alle und jede Visitationsabschiede deß Keyserlichen Cammergerichts ... durch Nicolaum Cisnerum ... , Frankfurt 1570 (S. 321).

174 1571: Cammergerichtsordnung Prozess ... Noe Meuwrer, Frankfurt 1571 (S. 359 f.). Vorauf geht nur: 1572: Die fürnembste deß Kayserlichen Chammergerichts vom jar 1495 biß auf das Jar 1570 eröffnet Bey- und Endurteil ... Raphael Seyler, 1572 (S. 438). In diesem Werk sind aber nur die für sich unergiebigen Sprüche abgedruckt.

175 1573: Dn. Joachimi Mynsingeni Responsorum iuris sive consiliorum decades sex, Basel 1573 (S. 488).

176 Zum Usus modernus pandectarum vgl. Wieacker (Anm. 8), S. 204 ff.; Wesenberg (Anm. 8), S. 103 ff.

177 Das positive Zitat von Pütter, das Heusinger (Anm. 10), S. 23 nach Stintzing, Landsberg ([Anm. 69], S. 478 ff.) wiedergibt, bezieht sich wohl kaum auf die privatrechtlichen Materien. Einen Anhaltspunkt könnten die Neuauflagen von Werken der Kameralistik bieten. So wurden nach Gehrke ([Anm. 167], S. 30 Anm. 30) die „Practica" des Andreas Gail zwischen 1578 und 1771 immerhin zwanzigmal aufgelegt. Mynsingers „Observationes" erlebten dagegen nur 18 Auflagen in der Zeit von 1563 bis 1697. Die „Responsorum Decades" von Mynsinger werden von 1573 bis 1619 insgesamt achtmal neu gedruckt (Gehrke [Anm. 167), S. 147). Es scheint also auch noch im 17. und 18. Jahrhundert ein Bedarf für diese Bücher vorhanden gewesen zu sein. Wie intensiv jedoch die Benutzung war, ergibt sich daraus nicht.

seiner Judikate gelitten habe. Diese Klagen kehren zu häufig wieder, als dass sie übergangen werden könnten. Zunächst war es die ständige Unterbesetzung des Gerichtes,[178] die zur Folge hatte, dass das Reichskammergericht in zahlreichen Fällen der Prozesse nicht in angemessener Zeit Herr werden konnte. Doch sollten auch die seit dem Visitationsabschied von 1531 ständig wiederkehrenden Klagen über die gelehrte Streitsucht der Beisitzer untereinander und die überflüssige Länge der Relationen und Voten nicht unterschlagen werden.[179] Smend spricht schon für die letzten Jahrzehnte des 16. Jahrhunderts – einer äußerlich durchaus noch glanzvollen Periode – von einem völligen Bankrott der Tätigkeit des Speyerer Gerichtshofes.[180] Er begründet dieses Urteil damit, dass nach seinen Ermittlungen den damals ergehenden Endurteilen wohl das Zwanzigfache an neu eingehenden Sachen gegenübergestanden habe, woraus hervorgehe, dass die Richter die Arbeitslast nicht bewältigt hätten und immer weniger bewältigen konnten. Leider hat dieser bisher beste Kenner der Quellen des Reichskammergerichts sein Versprechen nicht eingelöst, sein statistisches Material in einem zweiten Teil vorzulegen und zu erörtern.[181] Daher ist nicht mehr überprüfbar, welche Prämissen Smend seinen statistischen Angaben zugrundegelegt hat. Woher hat er die Zahlen über die Neueingänge und wie zuverlässig sind diese Angaben?[182] Hat er bei seiner Gegenüberstellung der neu eingehenden und der erledigten Verfahren nur die durch *sententia definitiva* in der Sache abgeschlossenen Prozesse berücksichtigt oder auch andere Urteile als Definitivsentenzen gezählt? Immerhin war schon 1572 streitig, ob man als Endurteile auch solche ansehen könne „da gebetene prorogationes terminorum praejudicialium abgeschlagen oder die appellationes ob non devolutionem nicht angenommen", wie es in einem Visitations-Memorial heißt.[183] Auch gab es Vorgänge, die aus formalen Gründen nicht ins ordentliche Verfahren

---

178 Vgl. Smend (Anm. 1), S. 264 ff.; Dawson (Anm. 10), S. 188 ff.

179 Vgl. Visitationsabschiede (Anm. 53) S. 1, §§ 1, 2, 11–13, 1531; S. 13 f., § 2, 1550; S. 20, §§ 1, 2, 1556; S. 27, § 1, 2, 1556; S. 41, §§ 23, 24, 25, 1559; S. 69, § 1; S. 71, § 17, 1562; S. 91, § 1, 1569; S. 95, § 6, 1570; S. 129, Vorrede, §§ 6, 13, 14, 1577; S. 162, § 1, 1581; S. 163, §§ 1, 2, 1581; S. 167, § 1, 1583; S. 172, §§ 2, 3, 1584; S. 173, 1577; S. 193, Vorrede, §§ 1–3, 1587; S. 197, Vorrede, 1595; S. 201, § 1, 1595; S. 202, Vorrede, §§ 1, 2, 1600. Smend ([Anm. 1], S. 186) weist daher zu Recht daraufhin, dass sich bei Erhöhung der Zahl der Beisitzer keineswegs automatisch die Entscheidungsfrequenz erhöhte.

180 Vgl. Smend (Anm. 1), S. 186 f.

181 Vgl. Smend (Anm. 1), S. X, 187 Anm. 1.

182 Smend gibt an einigen Stellen Hinweise darauf, woher er die Zahlen der Neuzugänge genommen hat (vgl. Smend [Anm. 1], S. 16 Anm. 3; 71 bes. Anm. 2, 4; S. 96 Anm. 2; S. 107 Anm. 3; S. 186). Für die frühe Zeit stützt er sich weitgehend auf Harpprecht, dessen Angaben jedoch keineswegs alle Verfahren erfassen, die in den betreffenden Jahren anhängig gemacht wurden, worauf schon Lieberich ([Anm. 10], S. 425 Anm. 24) hingewiesen hat.

183 Visitationsabschiede (Anm. 53), S. 102, § 20.

übergingen, so dass es für sie kein Endurteil in der Sache geben konnte, obwohl durch die gerichtliche Entscheidung die entsprechenden Eingänge erledigt wurden.[184] Ludolf berichtet für den Anfang des 18. Jahrhunderts sogar: „Decernuntur processus plerumque extrajudicialiter".[185] Es ist also offenbar nicht einfach, eine einigermaßen zuverlässige Grundlage für eine solche Erfolgsstatistik zu gewinnen. Hinzu kommt, dass es sehr fraglich ist, ob selbst bei Zuverlässigkeit und Vollständigkeit des Zahlenmaterials die schlichte Gegenüberstellung von Neueingängen und Erledigungen einen geeigneten Maßstab für die Beurteilung der Effektivität der gerichtlichen Tätigkeit des Reichskammergerichts im 16. Jahrhundert bieten könnte. Bei diesem Verfahren wird nämlich unterstellt, dass sinnvolles Ziel eines Prozesses nur die Erwirkung eines vollstreckbaren Titels sein könne, so dass ein Verfahren ohne Endurteil eo ipso als Misserfolg in der Arbeitsstatistik des Gerichtes erscheinen müsse. Diese Vorstellung ist jedoch für das 16. Jahrhundert keineswegs so selbstverständlich, wie es uns erscheint.[186] Pitz hat bei dem von ihm analysierten niedersächsischen Reichskammergerichtsprozess zeigen können, dass ein längeres Ruhen des Verfahrens durchaus nicht auf mangelnder Arbeitsbereitschaft des Gerichts beruhen musste. Es lag vielmehr weitgehend in der Hand der Parteien, ob und wann ein Prozess weiter betrieben wurde.[187] Diese waren gelegentlich so wenig an einem Fortschreiten des Verfahrens interessiert, dass Pitz die Vermutung äußert, man habe wohl nicht selten in dieser Zeit Prozesse nicht unbedingt zur Erlangung eines Urteils angestrengt und fortgeführt. Vielmehr hätten offenbar die einzelnen Verfahrensabschnitte in solchen Fällen nur die Grundlage für außergerichtliche Schritte der Parteien zur Streiterledigung bieten sollen.[188] Diese pazifizierende Wirkung von Reichskammergerichtsverfahren, in denen es gar nicht mehr auf ein Endurteil ankam, hatte sogar dazu geführt, dass das Gericht ermächtigt wurde, Prozesse nur dann weiter zu bearbeiten, wenn die Parteien darauf sollizitierten,

---

184 Auf die Problematik der Extrajudizialsachen kann hier nicht eingegangen werden. Seit 1530 gab es einen Judizial- und einen Extrajudizialsenat am Reichskammergericht (vgl. Sellert, Prozeßgrundsätze [Anm. 10], S. 178 bes. Anm. 602). Es wurden offenbar auch gesonderte Protokolle über die Extrajudizialsitzungen geführt. Vgl. etwa im Bundesarchiv, Außenstelle Frankfurt: RKG. Misc. 530, 539, 540, 542, 545, 547, 548, 555, 556, 557. Dieser Umstand ist deshalb in diesem Zusammenhang bedeutungsvoll, weil Smend sich für einige Werte auf Seyler, Barth (Anm. 30) beruft. In dieser Publikation sind jedoch offenbar nur die Entscheidungen der ordentlichen Sitzungstage abgedruckt.

185 Zitiert nach Sellert, Prozeßgrundsätze (Anm. 10), S. 178 Anm. 602. Am Reichshofrat finden sich ähnliche Verhältnisse: vgl. v. Gschliesser (Anm. 6), S. 39 f.

186 Ähnlich für den Reichshofrat auch v. Gschliesser (Anm. 6), S. 39 f.

187 Man nannte dies *Sollizitieren*. Vgl. dazu: Sellert, Prozeßgrundsätze (Anm. 10), S. 332 ff.

188 Vgl. Pitz (Anm. 10), S. 65, 79 f., 121.

wie auch Goethe in seinem Bericht plastisch schildert.[189] Dass dies auch schon ein brennendes Problem des 16. Jahrhunderts war, zeigt das ständige Bemühen der Visitationskommissionen, dem Reichskammergericht ein Abstoßen solcher Verfahren zu ermöglichen, um die die Parteien und Prokuratoren sich nicht mehr bemühten.[190] Somit ist der bloße Vergleich zwischen der Zahl der Neuzugänge und der der ergangenen Entscheidungen nur bedingt zur Beurteilung der kammergerichtlichen Arbeit im 16. Jahrhundert geeignet.[191] Dasselbe gilt aber auch für die Gegenüberstellung von Entscheidungsstatistiken verschiedener Gerichte dieser Zeit.[192] Kann man noch sagen, dass die sehr unterschiedliche Zahl der an den einzelnen Tribunalen arbeitenden Richter[193] zwar die Entscheidungsfrequenz beeinflusst

---

189 Vgl. Smend (Anm. 1), S. 187 Anm. 1: 1562 wurde dies zum ersten Mal erlaubt. Bei Goethe (Anm. 114) heißt es dazu: „Der Referent quälte sich und das Gericht mit einem schweren verwickelten Handel, und zuletzt fand sich niemand, der das Urteil einlösen wollte. Die Parteien hatten sich verglichen, auseinandergesetzt, waren gestorben, hatten den Sinn geändert. Daher beschloß man, nur diejenigen Gegenstände vorzunehmen, welche erinnert wurden."

190 Das beweist das – allerdings offenbar vergebliche – Bemühen der Visitationskommission, das *Contumazieren* wirkungsvoller zu gestalten. Vgl. Visitations-Abschiede (Anm. 53), S. 10, § 9, 1533; S. 22, § 9; S. 38 ff., §§ 3–22, 1559; S. 50, § 8, 1560; S. 53 f., §§ 1–9, 1561; S. 59 ff., §§ 7, 16–20, 1561; S. 83, Vorrede, 1567; S. 106 f., §§ 3–5, 1573; S. 116 f., § 8, 1575; S. 127, § 1–6, 1576; S. 136, §§ 4–18, 1577; S. 143, §§ 1, 2, 1577. Wie schwierig es war, verfahrensrechtlich mit Parteien fertig zu werden, die säumig wurden und blieben, zeigen noch die umständlichen Ausführungen von Georg Wilhelm Wetzell ([Anm. 43], § 40, S. 605 ff.) zum Contumazialverfahren.

191 Beachtung verdient die Feststellung von Lieberich ([Anm. 10], S. 415 f.), dass die Mehrzahl der von ihm untersuchten 37 Prozesse bis 1501 rasch abgewickelt wurden. Für sie gilt also nicht einmal das Argument überlanger Prozessdauer. Bei modernen Effektivitätsuntersuchungen berücksichtigt man im Übrigen auch nicht nur die Prozessdauer, sondern u. a. auch den Befriedungseffekt. Vgl. z. B. Rolf Bender, Der Referentenentwurf zum 1. Justizreformgesetz – ein „Schuß ins Dunkle", in: Zeitschrift für Rechtspolitik 5 (1972), S. 118 ff.

192 Der von Smend ([Anm. 1], S. 187 Anm. 1) geplante „Vergleich mit modernen Verhältnissen" ist dagegen unzulässig, da die modernen Gerichtsstrukturen und Prozessverhältnisse mit denen der frühen Neuzeit inkomparabel sind. Zum Vergleich bieten sich wegen der guten Erschließung des Urteilsmaterials an der Lübecker Oberhof, der zu Anfang des 15. Jahrhunderts das Obergericht für mehr als 300.000 Menschen war (vgl. Wilhelm Ebel, Lübisches Recht, Bd. 1, Lübeck 1971, S. 10) sowie der Große Rat von Mechelen, der als Zentralgericht des großen burgundischen Herrschaftsbereichs eine bedeutende Funktion ausübte. Für Lübeck wäre zurückzugreifen auf die von Wilhelm Ebel edierten Lübecker Ratsurteile, Bd. 1–4, Göttingen 1955–1967. Für Mechelen liegen vor die von A. H. Huussen jr. zusammengestellten Sententieregister van de Groote Raad van Mechelen 1470–1582. Annexe I zu „Onderzoeksmethoden betreffende het Archief van de Groote Raad van Mechelen" in: Concilium Magnum (Anm. 15), S. 279 ff.

193 Diese Zahl schwankte ja selbst am Reichskammergericht. Nach anfänglich 16 Beisitzerstellen, die aber keineswegs immer besetzt waren (vgl. Smend [Anm. 1], S. 101), wurde die Zahl 1521 auf 18 und Mitte des 16. Jahrhunderts auf 24 ordentliche und 10 außerordentliche Beisitzerstellen erweitert, und 1570 die bis 1648 eingehaltene Zahl von 41 Beisitzern erreicht (Smend [Anm. 1], S. 174, 265 ff.). In Lübeck schwankte die Zahl der Ratsherren zwischen 32 und 13 (Ebel [Anm. 192],

hat, aber eben auch Ausdruck der Wertschätzung im politisch-sozialen System ist und daher nicht berücksichtigt werden darf, so sind doch andere Bedingungen so differierend, dass ein Vergleich problematisch erscheint. Dazu gehört nicht nur die Größe und Struktur der Gerichtssprengel,[194] sondern auch der Umstand, dass das zum Vergleich herangezogene Gericht genau wie das Reichskammergericht sowohl Rechtsmittelinstanz als auch für erstinstanzliche Verfahren zuständig gewesen sein müsste.[195] Erst wenn diese Arbeitsbedingungen ermittelt und für den Vergleich extrapoliert wären, ließe sich aus der Relation der Entscheidungsfrequenz verschiedener Zentralgerichte ein begründetes Urteil über die Arbeitsbewältigung auch durch das Reichskammergericht ableiten. Bis dahin muss der Hinweis darauf genügen, dass Klagen über zu lange Prozessdauer und zu geringen Entscheidungsausstoß auch bei anderen Gerichtshöfen des 16. und 17. Jahrhunderts an der Tagesordnung waren.[196] Daher muss die Frage erlaubt sein, ob es sich hierbei nicht um generelle Probleme einer neuen Organisationsstruktur handelt, so dass die Ergebnisse nur bedingt den besonderen Verhältnissen am Reichskammergericht anzulasten wären.

7.2.5 Vollstreckungsmöglichkeiten als Effektivitätskriterium

Zum Abschluss sei auch noch ein Wort zu einem sicherlich gewichtigen Einwand gesagt: Dass nämlich die schlechte Vollstreckbarkeit der Kammergerichtsurteile ihrer Effizienz im Wege gestanden habe. Daran ist richtig, dass dem Reichskammergericht kein Machtapparat zur Durchsetzung seiner Judikate unterstand – ein Umstand, den es jedoch mit dem Reichshofrat gemeinsam hatte. Berichte von Kammergerichtsboten, die bei bloßen Zustellungshandlungen auf teilweise drastische Gegenwehr partikularer Machthaber stießen,[197] machen deutlich, wie groß die Diskrepanz zwischen dem Recht des Reichsgerichtes und der ihm widerstrebenden Macht von Reichsständen sein konnte. Das machte sich naturgemäß noch

---

S. 235), die mit der Oberhoftätigkeit beschäftigt waren. Der Große Rat von Mechelen wurde schon 1473 mit Stellen für zwei Vorsitzende 4 Ritter, 6 Rewestmeester, sowie 12 Laien und 8 Geistlichen aus Räte ausgestattet (vgl. Maes, in: *Vijfhonderd jaar groote raad 1473–1973*, Mechelen 1973, S. 19).

194 In diesem Zusammenhang verdient nicht nur die wachsende Einschränkung des Zuständigkeitsbereichs durch Appellationsprivilegien Beachtung, sondern etwa auch der Umstand, dass z. B. der Lübecker Oberhof nur für städtisch-bürgerliche Prozesse tätig wurde oder dass der Große Rat von Mechelen zuständig war für ein weithin wirtschaftlich besonders fortgeschrittenes Gebiet.

195 Die erstinstanzlichen Verfahren spielten nicht nur zahlenmäßig eine große Rolle im 16. Jahrhundert (vgl. S. 122 f. [1976: 463 f.; 1999: S. 243 f.]), sondern waren vor allem auch politisch brisant und deshalb für das Gericht eine besondere Belastung, auch wenn es zeitlich damit offenbar schneller fertig wurde. Vgl. Smend (Anm. 1), S. 71.

196 Zum Reichshofrat vgl. z. B. v. Gschliesser (Anm. 6), S. 38 ff., 46 ff.

197 Vgl. Sellert, Die Ladung des Beklagten vor das Reichskammergericht. Eine Auswertung von Kammerbotenberichten, in: ZRG GA 84 (1967), S. 202 ff.

stärker bemerkbar, wenn es sogar um Urteilsvollstreckungen ging. Dennoch wäre es verfehlt, diese bekannten Umstände vorschnell zu generalisieren und daraus Schlüsse auf einen von vornherein vorhandenen, strukturell bedingten Mangel an Effektivität der Arbeit des Gerichtes zu ziehen. Was über die divergierenden Anschauungen vom Prozesszweck gesagt wurde,[198] gilt auch für die Vollstreckung. Ist das Urteil in vielen Fällen nicht unbedingt das angestrebte Ziel, so bildet auch der erwirkte Spruch zunächst nur einen weiteren Schritt auf dem Wege zur außergerichtlichen Erledigung. Die Urteilsvollstreckung ist unter diesen Umständen wirklich nur als *ultima ratio* anzusehen, zu der man erst greift, wenn alle anderen Mittel versagt haben. Hinzu kommt, dass selbst mächtigere Reichsstände sich keineswegs zu allen Zeiten Widerstand gegen kammergerichtliche Urteile leisten konnten.[199] Ein Beispiel dafür, wie eine Veränderung der Umstände auch eine andere Haltung gegenüber Judikaten des Reichskammergerichts erzwingen konnte, bietet der fehdelustige Ritter Götz von Berlichingen.[200] Während seiner Tätigkeit als erfolgreicher „Raubunternehmer" in den Jahren 1505 bis 1516 missachtete er folgenlos in drei Fällen die Reichsacht.[201] Als dagegen nach seinem Missgeschick im Bauernkrieg einer seiner Hintersassen 1529 gegen ihn beim Reichskammergericht eine Klage anstrengte und er 1531 wegen Bruchs der kaiserlichen Inhibition erneut in die Reichsacht erklärt wurde, musste sich der Ehrenfeste – wenn auch zähneknirschend – in das Sachurteil fügen und 410 fl. Schadensersatz leisten.[202] Als wie bedrohlich Maßnahmen des Kammergerichts selbst für einen Herzog von Württemberg zu Anfang des 17. Jahrhunderts empfunden wurden, beweist eine dringende Mahnung des württembergischen Landtagsausschusses im Jahre 1607, der Herzog möge die bisher verweigerten Zahlungen auf Gültverschreibungen leisten, da zu befürchten sei, die Gültherren „möchten pald viam mandati am kais. Cammergericht / daruf die von Augspurg etwas andeutung ton / vor die hand nemmen".[203] Vor allem aber konnte mittleren und kleinen Ständen eine solche Haltung sehr schnell gefährlich werden, da begehrliche Nachbarn unter dem Vorwand der Vollstreckung von Mandaten des Reichskammergerichts von Rechts wegen das hätten durchsetzen können, was sie in bloßer Machtausübung nicht

198 Vgl. S. 121 f. [1976; S. 476; 1999: S. 257 f.].

199 So bemerkt zu Recht zum Beispiel Smend ([Anm. 1], S. 142 f.), dass die Urteile und Achterkenntnisse des Reichskammergerichts in der Reformationszeit zwar die Reformation nicht aufhalten konnten, aber als ständige Drohung über den protestierenden Reichsständen schwebten, weil sie jederzeit aktualisiert werden konnten.

200 Vgl. dazu die ausgezeichnete Biographie: Helgard Ulmschneider, Götz von Berlichingen. Ein adliges Leben der deutschen Renaissance, Sigmaringen 1974.

201 Zum Ausdruck „Raubunternehmer": Ulmschneider (Anm. 200), S. 92 ff. Zu den drei Achterklärungen daselbst: S. 69, 86, 128.

202 Ulmschneider (Anm. 200), S. 230 f. Die Zahlung der Summe ist nachgewiesen (S. 231 Anm. 209).

203 Württembergische Landtagsakten (Anm. 48), Reihe 2, Bd. 2, S. 775 Nr. 387.

gewagt hätten.[204] So wäre denn zu fragen, ob wirklich die spektakulären Fälle erfolgreichen Widerstandes gegen kammergerichtliche Sprüche das Gesamtbild so sehr bestimmt haben. Bedenken dagegen müssen auch deshalb wach werden, weil es bei einer Mehrzahl der Prozesse um privatrechtliche Streitigkeiten zwischen Privatpersonen ging.[205] Hier war das Interesse der Reichsstände nur als Herren der eigenen Verwaltungs- und Gerichtsorganisationen betroffen, die sie bei dieser Gelegenheit gegenüber dem Reichskammergericht zu stärken versuchen konnten. Doch zeigt die Beobachtung der Geschichte der Appellationsverbote,[206] dass dies keineswegs auf Dauer erfolgreich war. So bedarf denn auch das Argument der schlechten Vollstreckungsmöglichkeit neuer Überlegungen und Untersuchungen. Damit sei dieser Umblick beendet. Es mussten angesichts des Forschungsstandes mehr Fragen aufgeworfen werden als beantwortet werden konnten. Doch scheint mir, dass es wichtig genug ist, mit neuen Fragestellungen ein altes Thema für neue Betrachtungen zu erschließen. Dabei konnte im vorgegebenen Rahmen noch nicht einmal annähernd der Problemkreis vollständig abgesteckt werden. Die Arbeit mit den Materialien des Reichskammergerichts und die Beschäftigung mit der Geschichte dieser zentralen Institution des Alten Reiches wird noch zahlreiche weitere Aspekte zutage bringen. Entscheidend bleibt jedoch, dass die Beurteilung des Wirkens dieses wichtigen Verfassungsorgans sich frei macht von den zentral- und einheitsstaatlichen Vorstellungen des 19. und beginnenden 20. Jahrhunderts. Dann wird es auch gelingen, dem Reichskammergericht in der Justizgeschichte Europas den ihm zustehenden Platz zu verschaffen.

---

204 Das sah Goethe (vgl. Anm. 114) in seinem Bericht noch sehr deutlich. Im Hinblick auf die Judikatur des Reichshofrates, die aber in dieser Hinsicht ähnlichen Bedingungen unterlag, berichtet darüber auch der Ritter von Lang, worauf Hertz ([Anm. 10] S. 351 Anm. 38) hingewiesen hat.

205 Vgl. S. 124 f. [1976: S. 465; 1999 S. 245 f.].

206 Vgl. S. 107 [1976: S. 447; 1999: S. 226].

8. Quellen- und Literaturverzeichnis

Vorbemerkung: Nachgewiesen sind nur Quellen und Literatur, die in der Abhandlung über das Kammergericht zitiert sind. Die Verzeichnisse wurden von J. Friedrich Battenberg bearbeitet.

8.1 Verzeichnis der gedruckten Quellen

ALTMANN, Wilhelm, s. unter „Regesta Imperii XI"

ANGERMEIER, Heinz, Deutsche Reichstagsakten, Mittlere Reihe I und V, s. unter „Deutsche Reichstagsakten unter Maximilian I."

ANNAS, Gabriele (Bearb.), Deutsche Reichstagsakten 22, s. unter „Deutsche Reichstagsakten unter Kaiser Friedrich III."

BATTENBERG, Friedrich, Eine Darmstädter Handschrift zur Kammergerichtsordnung Kaiser Friedrichs III., in: Archiv für hessische Geschichte NF 36 (1978), S. 37–62

BATTENBERG, Friedrich, Die Gerichtsstandsprivilegien der deutschen Kaiser und Könige bis zum Jahr 1451, Bände I und II (Quellen und Forschungen zur Höchsten Gerichtsbarkeit im Alten Reich, 12/I–II), Köln/Wien 1983

BATTENBERG, Friedrich/Bernhard DIESTELKAMP (Hrsg.), Die Protokoll- und Urteilsbücher des königlichen Kammergerichts aus den Jahren 1465 bis 1480, mit Vaganten und Ergänzungen, bearb. von Christine Magin und Julia Maurer, Bände 1–3 (Quellen und Forschungen zur Höchsten Gerichtsbarkeit im Alten Reich, 44/1–3), Köln/Weimar/Wien 2004

BECKMANN, Gustav (Bearb.), Deutsche Reichstagsakten 12, s. unter „Deutsche Reichstagsakten unter König Sigmund"

BOCK, Ernst (Hrsg.), Deutsche Reichstagsakten, Mittlere Reihe III, s. unter „Deutsche Reichstagsakten unter Maximilian I."

CHMEL, Joseph, Regesta Chronologico-Diplomatica Friderici IV., s. unter „Regesta Chronologico-Diplomatica"

Deutsche Reichstagsakten unter König Wenzel, 3. Abteilung, bearb. von Julius WEIZSÄCKER (Deutsche Reichstagsakten [Ältere Reihe], 3), Göttingen ^{2}1956

Deutsche Reichstagsakten unter König Sigmund, 6. Abteilung, bearb. von Gustav BECKMANN (Deutsche Reichstagsakten [Ältere Reihe], 12), Göttingen ^{2}1957

Deutsche Reichstagsakten unter Kaiser Friedrich III., 2. Abteilung (1441–1442). bearb. von Hermann HERRE und Ludwig QUIDDE (Deutsche Reichstagsakten [Ältere Reihe], 16/1), Göttingen ^{2}1957

Deutsche Reichstagsakten unter Kaiser Friedrich III., 8. Abteilung, 1. Hälfte (1468–1470), bearb. von Ingeborg Most-Kolbe (Deutsche Reichstagsakten [Ältere Reihe], 22,1), Göttingen 1973

Deutsche Reichstagsakten unter Kaiser Friedrich III., 8. Abteilung, 2. Hälfte (1471), hrsg. von Helmut Wolff (Deutsche Reichstagsaken [Ältere Reihe], 22,2), Göttingen 1999

Deutsche Reichstagsakten unter Kaiser Friedrich III., 8. Abteilung (1468–1471), Verzeichnisse und Register, bearb. von Gabriele Annas und Helmut Wolff (Deutsche Reichstagsakten [Ältere Reihe], 22), Göttingen 2001

Deutsche Reichstagsakten unter Maximilian I., Bd. I,1–2: Reichstag zu Frankfurt 1486, bearb. von Heinz Angermeier, unter Mitwirkung von Reinhard Seyboth (Deutsche Reichstagsakten, Mittlere Reihe, I), Göttingen 1989

Deutsche Reichstagsakten unter Maximilian I., Bd. II, 1–2: Reichstag zu Nürnberg 1487, bearb. von Reinhard Seyboth (Deutsche Reichstagsakten, Mittlere Reihe, II), Göttingen 2001

Deutsche Reichstagsakten unter Maximilian I., III, 1–2 (1488–1490), hrsg. von Ernst Bock (Deutsche Reichstagsakten, Mittlere Reihe, III), Göttingen 1972/73

Deutsche Reichstagsakten unter Maximilian I., Bd. IV, 1–2: Reichsversammlungen 1491–1493, bearb. von Reinhard Seyboth (Deutsche Reichstagsakten, Mittlere Reihe, IV), Göttingen 2008 [hierzu die Rezension von Friedrich Battenberg, in: ZRG GA 127 (2010), S. 573–575]

Deutsche Reichstagsakten unter Maximilian I., Bd. V, 1–2: Reichstags von Worms 1495, bearb. von Heinz Angermeier (Deutsche Reichstagsakten, Mittlere Reihe, V), Göttingen 1981 [hierzu die Rezension von Friedrich Battenberg, in: ZRG GA 112 (1982), S. 385–388]

Deutsche Reichstagsakten unter Maximilian I., Bd. VI: Reichstage von Lindau, Worms und Freiburg 1496–1498, bearb. von Heinz Gollwitzer (Deutsche Reichstagsakten, Mittlere Reihe, Bd. VI), Göttingen 1979

Diestelkamp, Bernhard (Hrsg.), Die Protokoll- und Urteilsbücher, s. „Battenberg, Friedrich/ Bernhard Diestelkamp, Die Protokoll- und Urteilsbücher …"

Diestelkamp, Bernhard (Hrsg.), Urkundenregesten, s. unter „Urkundenregesten …"

Eisenhardt, Ulrich (Hrsg.), Die kaiserlichen Privilegia de non Appellando (Quellen und Forschungen zur Höchsten Gerichtsbarkeit im Alten Reich, 7), Köln/Wien 1980

Gollwitzer, Heinz, Deutsche Reichstagsakten, Mittlere Reihe, Bd. VI, s. unter „Deutsche Reichstagsakten unter Maximilian I."

Harpprecht, Johann Heinrich, Staats-Archiv des Kayserl[ichen] und des H[eiligen] Röm[ischen] Reichs Cammer-Gerichts oder Sammlung von gedruckten und mehrentheils ungedruckten Actis publicis, Archival-Urkunden, Bd. 1, Ulm 1757

Heinig, Paul-Joachim/ Grund, Ines (Bearb.), Das Taxregister der römischen Kanzlei 1471–1475 (Regesten Kaiser Friedrichs III., 1440–1493, Sonderband 2), Wien/Weimar/ Köln 2001

Heinig, Paul-Joachim (Hrsg.), Regesten Kaiser Friedrichs III., s. unter „Regesten …"

Helmrath, Johannes (Hrsg.), Regesten Kaiser Friedrichs III., s. unter „Regesten …"

HERRE, Hermann (Bearb.), Deutsche Reichstagsakten 16,1, s. unter „Deutsche Reichstagsakten unter Kaiser Friedrich III.“

KOLLER, Heinrich (Hrsg.), Die Reformation Kaiser Siegmunds, in: Monumenta Germaniae Historica. Staatssschriften des späteren Mittelalters VI, Hannover 1964, S. 1–29

KOLLER, Heinrich (Hrsg.), Regesten Kaiser Friedrichs III., s. unter „Regesten ...“

LACKNER, Christian (Hrsg.), Regesten Kaiser Friedrichs III., s. unter „Regesten ...“

LAUTERBACH, Klaus H. (Hrsg.), Der Oberrheinische Revolutionär. Das buchli der hundert capiteln mit xxxx statuten (Monumenta Germaniae Historica. Staatsschriften des späteren Mittelalters, VII), Hannover 2009

LUGER, Daniel, Das ‚Königliche Gerichtsbuch‘ des Michael von Pfullendorf aus den Jahren 1442 bis 1451 – Zu den Anfängen des Kammergerichts am römisch-deutschen Königshof. Einführung und Edition (Quellen und Forschungen zur Höchsten Gerichtsbarkeit im Alten Reich, 77), Wien/Köln 2022

MOST-KOLBE, Ingeborg (Bearb.), Deutsche Reichstagsakten 22,1, s. unter „Deutsche Reichstagsakten unter Kaiser Friedrich III.“

NIEDERSTÄTTER, Alois, Regesten Kaiser Friedrichs III., s. unter „Regesten ...“

Protokoll- und Urteilsbücher des Königlichen Kammergerichts, s. unter: „BATTENBERG, Friedrich/Bernhard DIESTELKAMP (Bearb.), Die Protokoll- und Urteilsbücher ...“

QUIDDE, Ludwig (Bearb.), Deutsche Reichstagsakten 16,1, s. unter „Deutsche Reichstagsakten unter Kaiser Friedrich III.“

Regesta chronologica-diplomatica Friderici III. Romanorum Imperatoris (Regis IV.), bearb. von Joseph CHMEL, 2 Bände, Wien 1838–1840 (ND Hildesheim 1962) [Register dazu s. unter „Regesten Kaiser Friedrichs III., Sonderband 1“]

Regesta Imperii XI, 1–2: Die Urkunden Kaiser Sigmunds 1410–1437, bearb. von Wilhelm ALTMANN, Innsbruck 1896–1900 (ND Hildesheim 1967)

Regesten Kaiser Friedrichs III. (1440–1493), nach Archiven und Bibliotheken geordnet, hrsg. von Heinrich KOLLER, Heft 1: Die Urkunden und Briefe aus Stadtarchiven im Bayerischen Hauptstaatsarchiv [München], mit Ausnahme von Regensburg und Augsburg, bearb.von Heinrich KOLLER, Wien/Köln/Graz 1982

Regesten Kaiser Friedrichs III. (1440–1493), nach Archiven und Bibliotheken geordnet, hrsg. von Heinrich KOLLER, Heft 2: Die Urkunden und Briefe aus Klosterarchiven im Bayerischren Hauptstaatsarchiv [München], bearb. von Christine Edith JANOTZA, Wien/Köln/Graz 1983

Regesten Kaiser Friedrichs III. (1440–1493), nach Archiven und Bibliotheken geordnet, hrsg. von Heinrich KOLLER, Heft 3: Die Urkunden und Briefe aus den Archiven und Bibliotheken des Regierungsbezirks Kassel, vornehmlich aus dem Hessischen Staatsarchiv Marburg/L., bearb. von Paul-Joachim HEINIG, Wien/Köln/Graz 1983

Regesten Kaiser Friedrichs III. (1440–1493), nach Archiven und Bibliotheken geordnet, hrsg. von Heinrich KOLLER, Heft 4: Die Urkunden und Briefe aus dem Stadtarchiv Frankfurt am Main, bearb. von Paul-Joachim HEINIG, Wien/Köln/Graz 1988

Regesten Kaiser Friedrichs III. (1440–1493), nach Archiven und Bibliotheken geordnet, hrsg. von Heinrich KOLLER, Heft 5: Die Urkunden und Briefe aus dem Hessischen Hauptstaatsarchiv Wiesbaden, bearb. von Ronald NEUMANN, Wien/Köln/Graz 1988

Regesten Kaiser Friedrichs III. (1440–1493), nach Archiven und Bibliotheken geordnet, hrsg. von Heinrich KOLLER, Heft 6: Die Urkunden und Briefe des Kantons Zürich, vornehmlich aus dem Staatsarchiv Zürich, bearb. von Alois NIEDERSTÄTTER, Wien/Köln 1988

Regesten Kaiser Friedrichs III. (1440–1493), nach Archiven und Bibliotheken geordnet, hrsg. von Heinrich KOLLER, Heft 6: Nachträge, bearb. von Christian SIEBER, 2005 [nur online, http://www.regesta-imperii.de/fileadmin/user_upload/downloads/Sieber.pdf, eingesehen: 9.1.2025]

Regesten Kaiser Friedrichs III. (1440–1493), nach Archiven und Bibliotheken geordnet, hrsg. von Heinrich KOLLER, Heft 7: Die Urkunden und Briefe aus den Archiven und Bibliotheken des Regierungsbezirks Köln, bearb. von Thomas R. KRAUS, Köln/Weimar/Wien 1990

Regesten Kaiser Friedrichs III. (1440–1493), nach Archiven und Bibliotheken geordnet, hrsg. von Heinrich KOLLER und Paul-Joachim HEINIG, Heft 10: Die Urkunden und Briefe aus den Archiven und Bibliotheken des Landes Thüringen, bearb. von Eberhard HOLTZ, Köln/Wien/Weimar 1996

Regesten Kaiser Friedrichs III. (1440–1493), nach Archiven und Bibliotheken geordnet, hrsg. von Heinrich KOLLER und Paul-Joachim HEINIG, Heft 11: Die Urkunden und Briefe aus den Archiven und Bibliotheken des Landes Sachsen, bearb. von Elfie-Marita EIBL, Köln/Wien/Weimar 1998

Regesten Kaiser Friedrichs III. (1440–1493), nach Archiven und Bibliotheken geordnet, hrsg. von Heinrich KOLLER und Paul-Joachim HEINIG, Heft 12: Die Urkunden und Briefe des Österreichischen Staatsarchivs in Wien, Abt. Haus-, Hof- und Staatsarchiv: Allgemeine Urkundenreihe, Familienurkunden und Abschriftensammlungen (1440–1446), bearb. von Thomas WILLICH, Wien/Weimar/Köln 1999

Regesten Kaiser Friedrichs III. (1440–1493), nach Archiven und Bibliotheken geordnet, hrsg. von Heinrich KOLLER, Paul-Joachim HEINIG und Alois NIEDERSTÄTTER, Heft 13: Die Urkunden und Briefe des Österreichischen Staatsarchivs in Wien, Abt. Haus-, Hof- und Staatsarchiv: Allgemeine Urkundenreihe, Familienurkunden und Abschriftensammlungen (1447–1457), bearb. von Paul HEROLD, Paul und Kornelia HOLZNER-TOBISCH, Wien/Weimar/Köln 2001

Regesten Kaiser Friedrichs III. (1440–1493), nach Archiven und Bibliotheken geordnet, hrsg. von Heinrich KOLLER, Paul-Joachim HEINIG und Alois NIEDERSTÄTTER, Heft 14: Die Urkunden und Briefe aus Archiven und Bibliotheken der Stadt Nürnberg. Teil 1: 1440–1449, bearb. von Dieter RÜBSAMEN, Wien/Weimar/Köln 2000

Regesten Kaiser Friedrichs III. (1440–1493), nach Archiven und Bibliotheken geordnet, hrsg. von Heinrich KOLLER, Paul-Joachim HEINIG und Alois NIEDERSTÄTTER, Heft 15: Die Urkunden und Briefe aus den Beständen „Reichsstadt“ und „Hochstift“ Regensburg des Bayerischen Hauptstaatsarchivs in München sowie aus den Regensburger Archiven und

Bibliotheken, bearb. von Franz FUCHS und Karl-Friedrich KRIEGER, Wien/Weimar/Köln 2002

Regesten Kaiser Friedrichs III. (1440–1493), nach Archiven und Bibliotheken geordnet, hrsg. von Heinrich KOLLER, Paul-Joachim HEINIG und Alois NIEDERSTÄTTER, Heft 16: Die Urkunden und Briefe aus den Archiven und Bibliotheken des Bundeslandes Sachsen-Anhalt, bearb. von Eberhard HOLTZ, Wien/Weimar/Köln 2001

Regesten Kaiser Friedrichs III. (1440–1493), nach Archiven und Bibliotheken geordnet, hrsg. von Heinrich KOLLER, Paul-Joachim HEINIG und Alois NIEDERSTÄTTER, Heft 17: Die Urkunden und Briefe aus den Archiven und Bibliotheken der Stadt Speyer, bearb. von Joachim KEMPER, Wien/Weimar/Köln 2002

Regesten Kaiser Friedrichs III. (1440–1493), nach Archiven und Bibliotheken geordnet, hrsg. von Heinrich KOLLER, Paul-Joachim HEINIG und Alois NIEDERSTÄTTER, Heft 18: Die Urkunden und Briefe des Österreichischen Staatsarchivs in Wien, Abt. Haus-, Hof- und Staatsarchiv: Allgemeine Urkundenreihe, Familienurkunden und Abschriftensammlungen (1458–1463), bearb. von Sonja DÜNNEBEIL, Paul HEROLD und Kornelia HOLZNER-TOBISCH, Wien/Weimar/Köln 2004

Regesten Kaiser Friedrichs III. (1440–1493), nach Archiven und Bibliotheken geordnet, hrsg. von Heinrich KOLLER, Paul-Joachim HEINIG und Alois NIEDERSTÄTTER, Heft 19: Die Urkunden und Briefe aus Archiven und Bibliotheken der Stadt Nürnberg. Teil 2: 1450–1455, bearb. von Dieter RÜBSAMEN, Wien/Weimar/Köln 2004

Regesten Kaiser Friedrichs III. (1440–1493), nach Archiven und Bibliotheken geordnet, hrsg. von Heinrich KOLLER, Paul-Joachim HEINIG und Alois NIEDERSTÄTTER, Heft 20: Die Urkunden und Briefe aus den Archiven und Bibliotheken der Bundesländer Berlin, Brandenburg und Mecklenburg-Vorpommern sowie des Archivum Panstwowe w Szczecinie/Staatsarchivs Stettin für die historische Provinz Pommern, bearb. von Elfie-Marita EIBL, Wien/Weimar /Köln 2004

Regesten Kaiser Friedrichs III. (1440–1493), nach Archiven und Bibliotheken geordnet, hrsg. von Heinrich KOLLER, Paul-Joachim HEINIG und Alois NIEDERSTÄTTER, Heft 21: Die Urkunden und Briefe aus den schlesischen Archiven und Bibliotheken der Republik Polen (mit Nachträgen zum Heft Sachsen), bearb. von Eberhard HOLTZ, Wien/Weimar/Köln 2006

Regesten Kaiser Friedrichs III. (1440–1493), nach Archiven und Bibliotheken geordnet, hrsg. von Heinrich KOLLER, Paul-Joachim HEINIG und Alois NIEDERSTÄTTER, Heft 22: Die Urkunden und Briefe des Österreichischen Staatsarchivs in Wien, Abt. Haus-, Hof- und Staatsarchiv: Allgemeine Urkundenreihe, Familienurkunden und Abschriftensammlungen (1464–1469), bearb. von Christine OTTNE, Wien/Weimar/Köln 2007

Regesten Kaiser Friedrichs III. (1440–1493), nach Archiven und Bibliotheken geordnet, hrsg. von Heinrich KOLLER, Paul-Joachim HEINIG und Alois NIEDERSTÄTTER, Heft 23: Die Urkunden und Briefe aus dem Landesarchiv Baden-Württemberg, Abt. Hauptstaatsarchiv Stuttgart, Teil 1: Bestand A 602 („Württembergische Regesten"), bearb. von Pau-Joachim HEINIG, Wien/Weimar/Köln 2007

Regesten Kaiser Friedrichs III. (1440–1493), nach Archiven und Bibliotheken geordnet, hrsg. von Heinrich KOLLER, Paul-Joachim HEINIG und Alois NIEDERSTÄTTER, Heft 24: Die Urkunden und Briefe aus dem historischen Staatsarchiv Königsberg im Geheimen Staatsarchiv Preußischer Kulturbesitz Berlin, aus den Staatsarchiven Gdánsk, Toruń, Riga sowie dem Staatsarchiv Tallinn für die historischen Landschaften Preußen und Livland, bearb. von Elfie-Marita EIBL, Wien/Weimar/Köln 2010

Regesten Kaiser Friedrichs III. (1440–1493), nach Archiven und Bibliotheken geordnet, hrsg. von Heinrich KOLLER, Paul-Joachim HEINIG und Alois NIEDERSTÄTTER, Heft 25: Die Urkunden und Briefe aus den Kurmainzer Beständen des Staatsarchivs Würzburg sowie den Archiven und Bibliotheken in der Stadt Mainz, bearb. von Petra HEINICKER, Wien/Weimar/Köln 2010

Regesten Kaiser Friedrichs III. (1440–1493), nach Archiven und Bibliotheken geordnet, hrsg. von Heinrich KOLLER, Paul-Joachim HEINIG und Alois NIEDERSTÄTTER, Heft 26: Die Urkunden und Briefe aus den Archiven und Bibliotheken der Tschechischen Republik, bearb. von Eberhard HOLTZ, Wien/Weimar/Köln 2012

Regesten Kaiser Friedrichs III. (1440–1493), nach Archiven und Bibliotheken geordnet, hrsg. von Heinrich KOLLER, Paul-Joachim HEINIG und Alois NIEDERSTÄTTER, Heft 27: Die Urkunden und Briefe des Österreichischen Staatsarchives in Wien, Abt. Haus-, Hof- und Staatsarchiv: Allgemeine Urkundenreihe, Familienurkunden und Abschriftensammlungen (1470–1475), bearb. von Sonja DÜNNEBEIL und Daniel LUGER, Wien/Weimar/Köln 2012

Regesten Kaiser Friedrichs III. (1440–1493), nach Archiven und Bibliotheken geordnet, Bände 28–35, hrsg. von Paul-Joachim HEINIG, Christian LACKNER und Alois NIEDERSTÄTTER, Heft 28: Die Urkunden und Briefe aus den Archiven und Bibliotheken der Stadt Nürnberg. Teil 3: 1456–1463, bearb. von Dieter RÜBSAMEN, Dieter, Wien/Weimar/Köln 2013

Regesten Kaiser Friedrichs III. (1440–1493), nach Archiven und Bibliotheken geordnet, Bände 28–35, hrsg. von Paul-Joachim HEINIG, Christian LACKNER und Alois NIEDERSTÄTTER, Heft 29: Die Urkunden und Briefe aus den Archiven und Bibliotheken der Republik Slowenien. Teil 1: Die staatlichen, kommunalen und kirchlichen Archive in der Stadt Laibach/Ljubljana, bearb. von Joachim KEMPER, Jure VOLČJAK und Martin ARMGART, Wien/Weimar/Köln 2014

Regesten Kaiser Friedrichs III. (1440–1493), nach Archiven und Bibliotheken geordnet, Bände 28–35, hrsg. von Paul-Joachim HEINIG, Christian LACKNER und Alois NIEDERSTÄTTER, Heft 30: Die Urkunden und Briefe des Österreichischen Staatsarchivs in Wien, Abt. Haus-, Hof- und Staatsarchiv: Allgemeine Urkundenreihe, Familienurkunden und Abschriftensammlungen (1483–1488), bearb. von Peter GRETZEL, Wien/Weimar/Köln 2014

Regesten Kaiser Friedrichs III. (1440–1493), nach Archiven und Bibliotheken geordnet, Bände 28–35, hrsg. von Paul-Joachim HEINIG, Christian LACKNER und Alois NIEDERSTÄTTER, Heft 31: Die Urkunden und Briefe aus den Archiven und Bibliotheken der deutschen

Bundesländer Bremen, Hamburg und Schleswig-Holstein sowie der skandinavischen Länder, bearb. von Eberhard Holtz, Wien/Weimar/Köln 2016

Regesten Kaiser Friedrichs III. (1440–1493), nach Archiven und Bibliotheken geordnet, Bände 28–35, hrsg. von Paul-Joachim Heinig, Christian Lackner und Alois Niederstätter, Heft 32: Die Urkunden und Briefe aus dem Staatsarchiv Bamberg und den Archiven und Bibliotheken des Regierungsbezirks Oberfranken sowie aus dem Bestand Rep. 106a (Fehdeakten) des Staatsarchivs Nürnberg, bearb. von Elfie-Marita Eibl, Wien/Weimar/Köln 2018

Regesten Kaiser Friedrichs III. (1440–1493), nach Archiven und Bibliotheken geordnet, Bände 28–35, hrsg. von Paul-Joachim Heinig, Christian Lackner und Alois Niederstätter, Heft 33: Die Urkunden und Briefe aus den Archiven und Bibliotheken Niedersachsens (mit Ausnahme der HAB Wolfenbüttel), bearb. von Paul-Joachim Heinig, Wien/Weimar/Köln 2018

Regesten Kaiser Friedrichs III. (1440–1493), nach Archiven und Bibliotheken geordnet, Bände 28–35, hrsg. von Paul-Joachim Heinig, Christian Lackner und Alois Niederstätter, Heft 34: Die Urkunden und Briefe des Österreichischen Staatsarchivs in Wien, Abt. Haus-, Hof- und Staatsarchiv: Allgemeine Urkundenreihe, Familienurkunden und Abschriftensammlungen (1476–1479), bearb. von Kornelia Holzner-Tobisch und Anne-Katrin Kunde, Wien/Weimar/Köln 2019

Regesten Kaiser Friedrichs III. (1440–1493), nach Archiven und Bibliotheken geordnet, Bände 28–35, hrsg. von Paul-Joachim Heinig, Christian Lackner und Alois Niederstätter, Heft 35: Die Urkunden und Briefe des Österreichischen Staatsarchivs in Wien, Abt. Haus-, Hof- und Staatsarchiv: Allgemeine Urkundenreihe, Familienurkunden und Abschriftensammlungen (1480–1482), bearb. v. Petra Heinicker und Anne-Katrin Kunde, Wien/Weimar/Köln 2019

Regesten Kaiser Friedrichs III. (1440–1493), nach Archiven und Bibliotheken geordnet, hrsg. von Paul-Joachim Heinig, Johannes Helmrath und Christian Lackner, Bd. 36: Die Urkunden und Briefe aus den Archiven und Bibliotheken der Regierungsbezirke Arnsberg, Detmold und Münster, bearbeitet von Petra Heinicker, nach Vorarbeiten von Eberhard Holtz, Wien/Weimar/Köln 2022

Regesten Kaiser Friedrichs III. (1440–1493), nach Archiven und Bibliotheken geordnet, hrsg. von Paul-Joachim Heinig, Johannes Helmrath und Christian Lackner, Bd. 37: Die Urkunden und Briefe aus den Archiven und Bibliotheken des Regierungsbezirks Karlsruhe, bearb. von Konrad Krimm, Wien/Weimar/Köln 2024

Regesten Kaiser Friedrichs III. (1440–1493), nach Archiven und Bibliotheken geordnet, hrsg. von Paul-Joachim Heinig, Johannes Helmrath und Christian Lackner, Bd. 38: Die Urkunden und Briefe aus den Archiven und Bibliothekenn des Regierungsbezirks Unterfranken, bearb. von Paul-Joachim Heinig, Wien/Weimar/Köln 2024

Regesten Kaiser Friedrichs III. (1440–1493), nach Archiven und Bibliotheken geordnet, kumuliertes Register der bislang erschienenen Hefte, bearb. von Dieter Rübsamen und Volker Manz, Mainz 2013

Regesten Kaiser Friedrichs III. (1440–1493), nach Archiven und Bibliotheken geordnet, hrsg. von Heinrich KOLLER, Sonderband 1: Regesta chronologica-diplomatica Friderici III. Romanorum Imperatoris (Regis IV.), von Joseph CHMEL, Register, erarbeitet von Dieter RÜBSAMEN und Paul-Joachim HEINIG, Wien/Weimar/Köln 1992

RÜBSAMEN, Dieter (Hrsg.), Das Briefeingangsregister des Nürnberger Rates für die Jahre 1449–1457 (Historische Forschungen, 22), Sigmaringen 1997

SEYBOTH, Reinhard, Deutsche Reichstagsakten, Mittlere Reihe I, II und IV, s. unter „Deutsche Reichstagsakten unter Maximilian I."

Urkundenregesten zur Tätigkeit des deutschen Königs- und Hofgerichts bis 1451, hrsg. von Bernhard DIESTELKAMP, Bände 1 (Die Zeit von Konrad I. bis Heinrich VI. 911–1197) - 17 (Die Zeit Ruprechts 1407–1410) (Quellen und Forschungen zur Höchsten Gerichtsbarkeit im Alten Reich, Sonderreihe, 1–17), Köln/Weimar/Wien 1986–2018

WEIZSÄCKER, Julius (Bearb.), Deutsche Reichstagsakten 3, s. unter „Deutsche Reichstagsakten unter König Wenzel"

WOLFF, Helmut (Hrsg./Bearb.), Deutsche Reichstagsakten 22, s. unter „Deutsche Reichstagsakten unter Kaiser Friedrich III."

8.2 Verzeichnis der Forschungsliteratur

AMEND-TRAUT, Anja, Art. „Reichskammergericht" in: Handwörterbuch zur deutschen Rechtsgeschichte IV, Berlin ^{2}2024, Sp. 1572–1582

AMEND-TRAUT, Anja/Bernhard DIESTELKAMP, Konfliktlösungsmöglichkeiten im Deutschen Reich (bis 1496), in: David von Mayenburg (Hrsg.), Handbuch zur Geschichte der Konfliktlösung in Europa, Bd. 2, Berlin 2021, S. 403–412

ANGERMEIER, Heinz, Das alte Reich in der deutschen Geschichte. Studien über Kontinuitäten und Zäsuren, München 1984

ANGERMEIER, Heinz, Königtum und Landfriede im deutschen Spätmittelalter, München 1966 [dort zu Friedrich III. und dem Königlichen Kammergericht insb. S. 488–503]

ANGERMEIER, Heinz, Reichsreform 1410–1555. Die Staatsproblematik in Deutschland zwischen Mittelalter und Gegenwart, München 1984

ANNAS, Gabriele, Kaiser Friedrich III. und die Reichsversammlungen des 15. Jahrhunderts. Beobachtungen zu politische Aushandlungs- und ‚Clearing'-Prozessen, in: Günter Frank/Franz Fuchs/Mathias Herweg (Hrsg.), Das 15. Jahrhundert (Melanchthon-Schriften der Stadt Bretten, 15), Stuttgart-Bad Cannstatt 2021, S. 29–53

AUGE, Oliver, Art. „Reichsreform", in: Handwörterbuch zur deutschen Rechtsgeschichte IV, Berlin 22024, Sp. 1658–1665

BATTENBERG, Friedrich, Das Hofgerichtssiegel der deutschen Kaiser und Könige, 1235–1451 (Quellen und Forschungen zur Höchsten Gerichtsbarkeit im Alten Reich, 6), Köln/Wien 1979

BATTENBERG, Friedrich, Der Königsprozeß als Mittel zur Regulierung von Folgen städtischer Unruhen: Die Verfahren um die Restitution eines in die Zunftunruhen von 1405 involvierten Metzer Bürgers an den Gerichten Sigmunds, Albrechts II. und Friedrichs III., in: ders., Herrschaft und Verfahren. Politische Prozesse im mittelalterlichen römisch-deutschen Reich, Darmstadt 1995, S. 99–125

BATTENBERG, Friedrich, Die Lichtenberg-Leiningensche Fehde vor dem Kammergericht Kaiser Friedrichs III., in: ZGO 124 (1976), S. 105–176

BATTENBERG, Friedrich, Die Wormser Kammergerichtsordnung und die Neukonstituierung der königlichen Justiz in Frankfurt 1495. Zur Reform des Königlichen Kammergerichts, in: Archiv für hessische Geschichte NF 64 (2006), S. 51–83

BATTENBERG, Friedrich, Ein Folgeprozeß zum Zunftaufstand in der Reichsstadt Metz von 1405. Ein Beitrag zur Stellung und Funktion der obersten Reichsgerichte [einschießlich des Kammergerichts] im 15. Jahrhundert, in: ders., Beiträge zur Höchsten Gerichtsbarkeit im Reich im 15. Jahrhundert (Quellen und Forschungen zur Höchsten Gerichtsbarkeit im Alten Reich, 11), Köln/Wien 1981, S. 82–194

BATTENBERG, Friedrich, Gerichtsschreiberamt und Kanzlei am Reichshofgericht 1235–1451 (Quellen und Forschungen zur Höchsten Gerichtsbarkeit im Alten Reich, 2), Köln/Wien 1974

BATTENBERG, Friedrich, Herrschaftsstabilisierung und Fehderecht: Ein Fiskalprozeß zwischen den Herrschaften Lichtenberg und Leiningen um die Vorherrschaft im Unterelsaß vor dem Kammergericht Friedrichs III. 1458–1466, in: ders., Herrschaft und Verfahren. Politische Prozesse im mittelalterlichen römisch-deutschen Reich, Darmstadt 1995, S. 125–144

BATTENBERG, Friedrich, Art. „Kammergericht", in: Lexikon des Mittelalters V, 1991, Sp. 890–891

BATTENBERG, Friedrich, Königliche Gerichtsbarkeit und Richteramt nach der Kammergerichtsordnung von 1495: Realisierung eines Reformanliegens oder politischer Kompromiß?, in: Serge Dauchy/Jos Monballyu/Alain Wijffels (Hrsg.), Auctoritates Xenia R.C. van Caenegem oblata: de Auteurs van de Rechtsontwikkeling/La Formation du droit et ses auteurs/Law Making and its Authors/Die Auktoren der Rechtsentwicklung (Iuris Scipta Historica, XIII), Brüssel 1997, S. 91–111

BATTENBERG, Friedrich, Königliche Kammergerichtsbarkeit im späteren 15. Jahrhundert, in: Rolf Lieberwirth/Heiner Lück (Hrsg.), Akten des 36. Deutschen Rechtshistorikertages, Baden-Baden 2008, S. 525–543

BATTENBERG, Friedrich, Art. „Privilegia de non appellando", in: Handwörterbuch zur deutschen Rechtsgeschichte, Berlin ^{2}2024, Sp. 828–830

BATTENBERG, Friedrich, Art. „Privilegia de non evocando", in: Handwörterbuch zur deutschen Rechtsgeschichte, Berlin ^{2}2024, Sp. 830–832

BATTENBERG, Friedrich, Art. Reichskanzlei", in: Handwörterbuch zur deutschen Rechtsgeschichte, Berlin ^{2}2024, Sp. 1582–1589

Battenberg, Friedrich, Von der Hofgerichtsordnung König Ruprechts von 1409 zur Kammergerichtsordnung Kaiser Friedrichs III. von 1471, in: ders., Beiträge zur Höchsten Gerichtsbarkeit im Reich im 15. Jahrhundert (Quellen und Forschungen zur Höchsten Gerichtsbarkeit im Alten Reich, 11), Köln/Wien 1981, S. 21–81

Battenberg, Friedrich, Rezension zu Baum, Wilhelm, Kaiser Sigismund: Hus, Konstanz und Türkenkriege, Graz/Wien/Köln 1993 [zu Gerichtsbarkeit und Kammergericht insb. S. 171–174], in: ZRG GA 125 (1995), S. 518–519

Baumbach, Hendrik, Königliche Gerichtsbarkeit und Landfriedenssorge im deutschen Mittelalter. Eine Geschichte der Verfahren und Delegationsformen zur Konfliktbehandlung (Quellen und Forschungen zur Höchsten Gerichtsbarkeit im Alten Reich, 68), Köln/Weimar/Wien 2017

Baumbach, Hendrik, Strafsachen innerhalb der höchsten Gerichtsbarkeit des Heiligen Römischen Reiches im Spätmittelalter, in: Anja Amend-Traut/Peter Oestmann (Hrsg.), Von Bußen und Strafen. Gerichtliche Verfolgung von Unrecht zwischen Mittelalter und Neuzeit (Quellen und Forschungen zur Höchsten Gerichtsbarkeit im Alten Reich, 80), Köln 2024, S. 103–130

Below, Georg von, Die Ursachen der Reception des römischen Rechts in Deutschland, München 1905 (ND Aalen 1964)

Boockmann, Hartmut, Geschäfte und Geschäftigkeit auf dem Reichstag im späten Mittelalter (Schriften des Historischen Kollegs: Vorträge, 17), München 1988

Buchda, Gerhard/Cordes, Albrecht, Art. „Anwalt“, in: Handwörterbuch zur deutschen Rechtsgeschichte 1, Berlin ^{2}2008, Sp. 255–263

Coing, Helmut, Römisches Recht in Deutschland (Reihe „Ius Romanum Medii Aevi“, V, 6), Mailand 1964

Cordes, Albrecht, Art. „Fiskal“, in: Handwörterbuch zur deutschen Rechtsgeschichte 1, Berlin ^{2}2008, Sp. 1584–1585

Deutsch, Andreas, Historische Rechtssprache der Deutschen – Eine Einführung, in: ders. (Hrsg.), Historische Rechtssprache des Deutschen (Schriftenreihe des Deutschen Rechtswörterbuchs, 15), Heidelberg 2013, S. 21–80 [dort auch zu König und Kammergericht insb. S. 51–56]

Dick, Bettina, Die Entwicklung des Kameralprozesses nach den Ordnungen von 1495 bis 1555 (Quellen und Forschungen zur Höchsten Gerichtsbarkeit im Alten Reich, 10), Köln/Wien 1981

Dienst, Heide, Art. „Ladislaus Postumus“, in: Gerhard Taddey (Hrsg.), Lexikon der deutschen Geschichte bis 1945: Ereignisse – Institutionen – Personen, Stuttgart ^{3}1998, S. 719

Diestelkamp, Bernhard, Beobachtungen zur Schriftlichkeit im Kameralprozess, in: Peter Oestmann (Hrsg.), Zwischen Formstrenge und Billigkeit. Forschungen zum vormodernen Zivillprozeß (Quellen und Forschungen zur Höchsten Gerichtsbarkeit im Alten Reich, 56), Köln/Weimar/Wien 2009, S. 105–115

Diestelkamp, Bernhard, Das Gericht des deutschen Königs im Hoch- und Spätmittelalter und das peinliche Strafrecht, in: Gerhard Lingelbach/Heiner Lück (Hrsg.), Deutsches

Recht zwischen Sachsenspiegel und Aufklärung. Rolf Lieberwirth zum 70. Geburtstag, Frankfurt am Main/Bern/New York/Paris 1991, S. 37–45 [auch abgedruckt in: Bernhard Diestelkamp, Recht und Gericht im Heiligen Römischen Reich (Ius Commune, Sonderhefte: Studien zur Europäischen Rechtsgeschichte, 30), Frankfurt am Main 1999, S. 53–62]

Diestelkamp, Bernhard, Das Reichskammergericht im Rechtsleben des 16. Jahrhunderts, in: Becker, Hans-Jürgen (Hrsg.), Rechtsgeschichte als Kulturgeschichte. Festschrift für Adalbert Erler zum 70. Geburtstag, Aalen 1976, S. 435–480 [auch abgedruckt in: Bernhard Diestelkamp, Recht und Gericht im Heiligen Römischen Reich (Ius Commune, Sonderhefte: Studien zur Europäischen Rechtsgeschichte, 30), Frankfurt am Main 1999, S. 213–262]

Diestelkamp, Bernhard, Der deutsche König als oberster Richter im Hoch- und Spätmittelalter. Eine neue Positionsbestimmung, in: ZRG GA 136 (2019), S. 94–129

Diestelkamp, Bernhard, Der Reichserzkanzler und das Reichskammergericht, in: Peter Claus Hartmann (Hrsg.), Der Mainzer Kurfürst als Reichserzkanzler. Funktionen, Aktivitäten, Ansprüche und Bedeutung des zweiten Mannes im Alten Reich, Stuttgart 1997, S. 99–110 [auch abgedruckt in: Bernhard Diestelkamp, Recht und Gericht im Heiligen Römischen Reich (Ius Commune, Sonderhefte: Studien zur Europäischen Rechtsgeschichte, 30), Frankfurt am Main 1999, S. 309–324]

Diestelkamp, Bernhard, Die Bedeutung des Reichskammergerichts für die Rechtsentwicklung im Heiligen Römischen Reich Deutscher Nation. Eine (Zwischen-)Bilanz, in: Jörg Wolff (Hrsg.), Kultur- und rechtshistorische Wurzeln Europas, Mönchengladbach 2008, S. 459–473

Diestelkamp, Bernhard, Die Durchsetzung des Rechtsmittels der Appellation im weltlichen Prozeßrecht Deutschlands (Abhandlungen der Akademie der Wissenschaften und der Literatur, Geistes- und Sozialwissenschaftliche Klasse, Jg. 1998, 2), Mainz 1998

Diestelkamp, Bernhard, Die Frankfurter Reformation König Friedrichs III. vom 2. August 1442: Ein bedeutsames Gesetz der Reichsreformzeit, in: ZRG GA 138 (2021), S. 101–102

Diestelkamp, Bernhard, Die höchsten Gerichte und Rechtliche Zeitgeschichte/‚The Supreme Courts' and ‚Contemporary Legal History': My scholarly works in review: A summary, in: Rättshistoriska Studier 29: Legal History – reflecting the past and the present current perspectives for the future, Stockholm 2021, S. 56–85

Diestelkamp, Bernhard, Die Reichsgerichtsbarkeit in den Ostseeländern, in: Nils Jörn/ Michael North (Hrsg.), Die Integration des südlichen Ostseeraumes in das Alte Reich (Quellen und Forschungen zur Höchsten Gerichtsbarkeit im Alten Reich, 35), Köln/ Weimar/Wien 2000, S. 13–38

Diestelkamp, Bernhard, Einleitung, zu: Reprint von „Concept deren auß Befelch der Kayserl[ichen] Maijestät durch Cammer-Richter, Präsidenten und Beysitzer des Kaiserlichen Cammer-Gerichts auf ihrer Maijestät und der sämptlichen des Heil[ilgen] Reichs Ständen Approbation anno 1613 erneuerten und verbesserten Cammergerichts-Ordnung […], in Druck verfertigt [durch] Jacob Blume", Speyer 1686 (Ius Commune. Rechtstradition der europäischen Länder, 193: Gericht, Richter, Rechtsanwalt, Notar, Reichskammergericht), Frankfurt am Main 2021, S. 1–20

Diestelkamp, Bernhard, Art. „Kammergericht, königliches", in: HRG II, Berlin ^{2}2012, Sp. 1550–1553

Diestelkamp, Bernhard, Reaktionen der Seehansestädte auf den Wandel des Königsgerichts Anfang des 15. Jahrhunderts, in: Volker Friedrich Drecktrah/Dietmar Willoweit (Hrsg.), Rechtsprechung und Justizhoheit. Festschrift für Götz Landwehr zum 80. Geburtstag, von Kollegen und Doktoranden, Köln/Weimar/Wien 2016, S. 83–103

Diestelkamp, Bernhard, Rückblick auf das Projekt zur Inventarisierung der Prozessakten des Reichskammergerichts, in: Friedrich Battenberg/Bernd Schildt (Hrsg.), Das Reichskammergericht im Spiegel seiner Prozessakten: Bilanz und Perspektiven der Forschung (Quellen und Forschungen zur Höchsten Gerichtsbarkeit im Alten Reich, 57), Köln/Weimar/Wien 2010, S. 3–9

Diestelkamp, Bernhard, Verwissenschaftlichung, Bürokratisierung, Professionalisierung und Verfahrensintensivierung als Merkmale frühneuzeitlicher Rechtsprechung, in: Ingrid Scheurmann (Hrsg.), Frieden durch Recht. Das Reichskammergericht von 1495 bis 1806, Mainz 1994, S. 110–117 [auch abgedruckt in: Bernhard Diestelkamp, Recht und Gericht im Heiligen Römischen Reich (Ius Commune, Sonderhefte: Studien zur Europäischen Rechtsgeschichte, 30), Frankfurt am Main 1999, S. 263–275]

Diestelkamp, Bernhard, Vom einstufigen Gericht zur obersten Rechtsmittelinstanz. Die deutsche Königsgerichtsbarkeit und die Verdichtung der Reichsverfassung im Spätmittelalter (Quellen und Forschungen zur Höchsten Gerichtsbarkeit im Alten Reich, 64), Köln/Weimar/Wien 2014

Diestelkamp, Bernhard, Vom Königlichen Hofgericht zum Kaiserlichen Kammergericht, in: Hugo de Schepper (Hrsg.), Höchste Gerichtsbarkeit im Spätmittelalter und [in] der Frühen Neuzeit (Verzamelen en Bewerkenn van de Jurisprudentie van de Grote Raad, Nieuwe Reeks, 9), Amsterdam 1985, S. 1–4

Diestelkamp, Bernhard, Vom Königlichen Hofgericht zum Reichskammergericht. Betrachtungen zu Kontinuität und Wandel der höchsten Gerichtsbarkeit am Übergang zur Neuzeit, in: Gerhard Dilcher/Bernhard Diestelkamp (Hrsg.), Recht, Gericht, Genossenschaft und Policey. Studien zu Grundbegriffen der germanistischen Rechtshistorie. Symposion für Adalbert Erler, Berlin 1986, S. 44–64 [auch abgedruckt in: Bernhard Diestelkamp, Recht und Gericht im Heiligen Römischen Reich (Ius Commune, Sonderhefte: Studien zur Europäischen Rechtsgeschichte, 30), Frankfurt am Main 1999, S. 185–262]

Diestelkamp, Bernhard, Von der Arbeit des Reichskammergerichts, in: Jost Hausmann (Hrsg.), Fern vom Kaiser. Städte und Stätten des Reichskammergerichts, Köln/Weimar/Wien 1995, S. 95–124 [auch abgedruckt in: Bernhard Diestelkamp, Recht und Gericht im Heiligen Römischen Reich (Ius Commune, Sonderhefte: Studien zur Europäischen Rechtsgeschichte, 30), Frankfurt am Main 1999, S. 283–308]

Diestelkamp, Bernhard, Zur Krise des Reichsrechts im 16. Jahrhundert, in: Heinz Angermeier (Hrsg.), Säkulare Aspekte der Reformationszeit (Schriften des Historischen Kollegs,

Kolloquien, 5), München 1988, S. 1–33 [auch abgedruckt in: Bernhard Diestelkamp, Recht und Gericht im Heiligen Römischen Reich (Ius Commune, Sonderhefte: Studien zur Europäischen Rechtsgeschichte, 30), Frankfurt am Main 1999, S. 481–502]

Dohna, Lothar Graf zu, Reformatio Sigismundi. Beiträge zum Verständnis einer Reformschrift des 15. Jahrhunderts (Veröffentlichungen des Max-Planck-Instituts für Geschichte, 4), Göttingen 1960

Dressel, Martin, Graf Eitel Friederich II. von Zollern II. von Zollern (1452–1512). Kaiserlicher Rat Maximilians I. und erster Richter am Reichskammergericht, Wetzlar 1995

Eisenhardt, Ulrich, Kaiserliche Gerichtsprivilegien. Ihre Bedeutung für die Entwicklung der Rechtspflege im Alten Reich (Quellen und Forschungen zur Höchsten Gerichtsbarkeit im Alten Reich, 78), Wien/Köln 2023

Franklin, Otto, Das königliche Kammergericht vor dem Jahrhundert vor dem Jahre 1495, Berlin 1871 (= ND Berlin 2018)

Franklin, Otto, Das Reichshofgericht im Mittelalter, Bd. 1 (Geschichte) und Bd. 2 (Verfassung – Verfahren), Weimar 1867–1869 (ND Hildesheim 1967)

Franklin, Otto, Die Reception des römischen Rechts im königlichen Hofgericht, in: ders., Beiträge zur Geschichte der Reception des römischen Rechts in Deutschland, Hannover 1863, S. 106–186

Genzsch, Hans Albrecht, Untersuchungen zur Geschichte der Reichskanzlei und ihrer Schriftformen in der Zeit Albrechts II. und Friedrichs III., Teildruck der Marburger phil. Diss., Hamburg 1930

Gleba, Gudrun, Könige, Fürsten und das Reich im 15. Jahrhundert. Fragmentarische Anmerkungen, in: Klaus Herbers/Florian Schuller (Hrsg.), Europa im 15. Jahrhundert. Herbst des Mittelalters – Frühling der Neuzeit?, Regensburg 2012, S. 91–104, mit Anmerkungen S. 245

Goetze, Jochen, Ein Appellationsprozeß vor dem kaiserlichen Kammergericht 1473/1474. Zur Geschichte der Herrschaftsintensivierung der Fürstäbte von Kempten, in: Zeitschrift für bayerische Landesgeschichte 38 (1975), S. 486–525

Heinig, Paul-Joachim, Gelehrte Juristen im Dienst der römisch-deutschen Könige des 15. Jahrhunderts, in: Hartmut Boockmann/Ludger Grenzmann/Bernd Moeller/Martin Staehelin (Hrsg.), Recht und Verfassung im Übergang vom Mittelalter zur Neuzeit, 1. Teil (Abhandlungen der Akademie der Wissenschaften Göttingen, philosophisch-historische Klasse, dritte Folge, 228), Göttingen 1998, S. 167–184

Heinig, Paul-Joachim, Kaiser Friedrich III. (1440–1493): Hof, Regierung und Politik, Bände 1–3 (Forschungen zur Kaiser- und Papstgeschichte des Mittelalters, Beihefte zu J. F. Böhmer, Regesta Imperii, 17), Köln/Weimar/Wien 1997

Heinig, Paul-Joachim, Zur Kanzleipraxis Kaiser Friedrichs III. (1400–1493), in: Archiv für Diplomatik 31, 1985, S. 383–442

Hlaváček, Ivan, Sigismund von Luxemburg und sein Anteil an der Reichsreform, in: Ivan Hlaváček/Alexander Patschovsky (Hrsg.), Reform von Kirche und Reich zur Zeit der Konzilien von Konstanz (1414–1418) und Basel (1431–1449), Konstanz 1996, S. 61–77

Hödl, Günther, Albrecht II. – Königtum, Reichsregierung und Reichsreform 1438–1439 (Forschungen zur Kaiser- und Papstgeschichte des Mittelalters. Beihefte zu J. F. Böhmer, Regesta Imperii, 3), Wien/Köln/Graz 1978, S. 102–126 [Kapitel „Gerichtsbarkeit und Rechtsprechung des Königtums"]

Jendorff, Alexander, Der Jurist als Arbeitsmigrant. Mobilitäten, Anstellungsmärkte und Karrieren von Spitzenjuristen in spätmittelalterlichen und frühneuzeitlichen Territorien Hessens und benachbarter Regionen (Schriftenreihe der Gesellschaft für Reichskammergerichtsforschung, 52), Wetzlar 2023

Kern, Bernd-Rüdiger, Die Appellation in Kurpfälzer und verwandten Rechtsquellen des 15. Jahrhunderts, in: ZRG GA 106 (1989), S. 115–142

Kip, Hans-Gerhard, Das sogenannte Mündlichkeitsprinzip, Geschichte einer Episode des deutschen Zivilprozesses, München/Berlin 1952

Knolle, U[lrich], Art. „Fiskalat", in: Handwörterbuch zur deutschen Rechtsgeschichte I, Berlin 1971, Sp. 1134–1135

Knolle, Ulrich, Studien zum Ursprung des Reichsfiskalats im 15. Jahrhundert, masch.schr. Diss. jur., München 1965

Koch, Bettina, Räte auf deutschen Reichsversammlungen. Zur Entwicklung der politischen Funktionselite im 15. Jahrhundert, Frankfurt am Main 1999

Köbler, Gerhard, Appellation, Berufung, Schelte, in: Ignacio Czeguhn (Hrsg.), Recht im Wandel – Wandel des Rechts. Festschrift für Jürgen Weitzel zum 70. Geburtstag, Köln/Weimar/Wien 2014, S. 281–302

Koller, Heinrich, Kaiser Friedrich III. (Gestalten des Mittelalters und der Renaissance), Darmstadt 2005 [dort zu Hof und Kammergericht insb. S. 248–256]

Koller, Heinrich, Registerführung und Kanzleireform im 15. Jahrhundert, in: Acta Universitatis Carolinae, Philosophica et historica 3–4 (1971), S. 161–177

Koller, Heinrich, Zur Beurteilung der Reformatio Friderici, in: Klaus Herbers/Hans Henning Kortüm/Carlo Servatius (Hrsg.), Ex Ipsis Rerum Documentis. Beiträge zur Mediävistik. Festschrift für Harald Zimmermann zum 65. Geburtstag, Sigmaringen 1991, S. 591–606

Kordes, Matthias, Der Nordwesten des Reiches und das Prozessaufkommen am Reichskammergericht in den ersten fünf Jahren seines Bestehens. Zugleich einige Beobachtungen zur Frage der Kontinuität zwischen königlichem Kammergericht und Reichskammergericht, in: Bernhard Diestelkamp (Hrsg.), Das Reichskammergericht. Der Weg zu seiner Gründung und die ersten Jahrzehnte seines Wirkens (Quellen und Forschungen zur Höchsten Gerichtsbarkeit im Alten Reich, 45), Köln/Weimar/Wien 2003, S. 197–219

Kotulla, Michael, Art. „Austrägalinstanz", in: Handwörterbuch zur deutschen Rechtsgeschichte 1, Berlin ^{2}2008, Sp. 387–388

Krey, Alexander, Die Praxis der spätmittelalterlichen Laiengerichtsbarkeit Gerichts- und Rechtslandschaften des Rhein-Main-Gebietes im 15. Jahrhundert im Vergleich (Forschungen zur deutschen Rechtsgeschichte, 30), Köln/Weimar/Wien 2015 [auch zur Königsgerichtsbarkeit S. 222–228 u. a.]

Krieger, Karl Friedrich, Der Prozess gegen Pfalzgraf Friedrich den Siegreichen auf dem Augsburger Reichstag vom Jahre 1474, in: ZHF 12 (1985), S. 257–286

Lechner, Johann, Reichshofgericht und königliches Kammergericht, in: Mitteilungen des Instituts für Österreichische Geschichtsforschung, Ergänzungsband 7, Innsbruck 1907, S. 44–186

Lenel, Paul, Scheidung von Richter und Urteilern in der deutschen Gerichtsverfassung seit der Rezeption der fremden Rechte, in: ZRG GA 34 (1913), S. 440–447

Lück, Heiner, Art. „Reformatio Sigismundi", in: Handwörterbuch zur deutschen Rechtsgeschichte IV, Berlin [2]2024, Sp. 1381–1384

Luger, Daniel, Humanismus am Königshof Friedrichs III. von Enea Silvo Picclomini? Ein frühhumanistischer Gelehrtenkreis um Erzbischof Jakob von Trier († 1456) in der Reichskanzlei, in: Günter Frank/Franz Fuchs/Mathias Herweg (Hrsg.), Das 15. Jahrhundert (Melanchthon-Schriften der Stadt Bretten, 15), Stuttgart-Bad Cannstatt 2021, S. 55–77 [dort besonders zu Michael von Pfullendorf sowie Hof- und Kammergericht]

Mader, Bernhard, Johann Keller (ca.1435–1489). Reichsfiskalat und Herrschaftspraxis unter Kaiser Friedrich III., masch.schr. Diss. phil. Mannheim 1991

Märtl, Claudia, Der Reformgedanke in den Reformschriften des 15. Jahrhunderts, in: Ivan Hlaváček/Alexander Patschovsky (Hrsg.), Reform von Kirche und Reich zur Zeit der Konzilien von Konstanz (1414–1418) und Basel (1431–1449), Konstanz 1996, S. 91–108

Magin, Christine, Schriftlichkeit und Aktenversendung am Kammergericht Kaiser Friedrichs III., in: Susanne Lepsius/Thomas Wetzstein (Hrsg.), Als die Welt in die Akten kam. Prozeßschriftgut im europäischen Mittelalter (Rechtsprechung, Materialen und Studien, 27), Frankfurt am Main 2008, S. 349–387

Maurer, Julia, Das Königsgericht und sein Wirken von 1451 bis 1493, in: Bernhard Diestelkamp (Hrsg.), Das Reichskammergericht. Der Weg zu seiner Gründung und die ersten Jahrzehnte seines Wirkens (1451–1527) (Quellen und Forschungen zur Höchsten Gerichtsbarkeit im Alten Reich, 45), Köln/Weimar/Wien 2004, S. 79–115

Merzbacher, F[riedrich], Art. „Austrägalinstanz", in: Handwörterbuch zur deutschen Rechtsgeschichte 1, 1965, Sp. 273–274

Merzbacher, Friedrich, Reichskanzlei und Reichskanzleiorganisation in der Regierungszeit Maximilians I., in: Hans-Wolf Thümmel (Hrsg.), Arbeiten zur Rechtsgeschichte. Festschrift für Gustaf Klemens Schmelzeisen (Karlsruher Kulturwissenschaftliche Arbeiten, 2), Stuttgart 1980, S. 236–251 [auch zu Friedrich III. und dessen Kammergericht]

Meurer, Nils, Die Entwicklung der Austrägalgerichtsbarkeit bis zur Reichskammergerichtsordnung von 1495, in: Anette Baumann/Peter Oestmann/Stephan Wendehorst/Siegrid Westphal (Hrsg.), Prozesspraxis im Alten Reich: Annäherungen – Fallstudien – Statistiken (Quellen und Forschungen zur Höchsten Gerichtsbarkeit im Alten Reich, 50), Köln/Weimar/Wien 2005, S. 17–52

Milbradt, Hinrich, Die Parteien in ihren Prozessen vor König und königlichem Kammergericht in der 2. Hälfte des 15. Jahrhunderts, masch.schr. Diss. jur., Mainz 1979

MITSCH, Ralf, Das Eingreifen Friedrichs III. in innerstädtische Konflikte. Aspekte von Herrschaft und Regierung im Reich des ausgehenden Mittelalters, in: ZHF 25 (1998) S. 1–54

MITSCH, Ralf, Die Gerichts- und Schlichtungskommissionen Kaiser Friedrichs III, und die Durchsetzung des herrscherlichen Jurisdiktionsanspruchs in der Verfassungswirklichkeit zwischen 1440 und 1493, in: Bernhard Diestelkamp (Hrsg.), Das Reichskammergericht. Der Weg zu seiner Gründung und die ersten Jahrzehnte seines Wirkens (1451–1527) (Quellen und Forschungen zur Höchsten Gerichtsbarkeit im Alten Reich, 45), Köln/Weimar/Wien 2003, S. 7–77

MORAW, Peter, Der Reichstag zu Worms von 1495, in: Claudia Helm u. a. (Hrsg.), 1495 – Kaiser, Reich, Reformen. Der Reichstag zu Worms. Ausstellung des Landeshauptarchivs Koblenz in Verbindung mit der Stadt Worms zum 500jährigen Jubiläum des Wormser Reichstags von 1495, Koblenz 1995, S. 25–37

MORAW, Peter, Fragen der deutschen Verfassungsgeschichte im späten Mittelalter. Bericht über ausgewählte Neuerscheinungen der Jahre 1969 bis 1974, in: ZHF 4 (1977), S. 59–101 [wieder abgedruckt in: Rainer Christoph Schwinges (Hrsg.), Über König und Reich. Aufsätze [Peter Moraws] zur deutschen Verfassungsgeschichte des späten Mittelalters, Sigmaringen 1995, S. 11–46]

MORAW, Peter, Gedanken zur politischen Kontinuität im deutschen Spätmittelalter, in: Festschrift für Hermann Heimpel zum 70. Geburtstag am 19. September 1971, Band II, Göttingen 1972, S. 45–60

MORAW, Peter, Gelehrte Juristen im Dienst der deutschen Könige des späten Mittelalters (1273–1493), in: Roman Schnur (Hrsg.), Die Rolle der Juristen bei der Entstehung des modernen Staates, Berlin 1986, S. 77–147

MORAW, Peter, Neue Ergebnisse der deutschen Verfassungsgeschichte des späten Mittelalters, in: Lectiones eruditorum extraneorum in Facultate Philosophica Universitatis Carolinae Pragensis factae, fasciculus 2, Praha 1993, S. 29–59 [wieder abgedruckt in: Rainer Christoph Schwinges (Hrsg.), Über König und Reich. Aufsätze [Peter Moraws] zur deutschen Verfassungsgeschichte des späten Mittelalters, Sigmaringen 1995, S. 47–71)

MORAW, Peter, Neuere Forschungen zur Reichsverfassung des späten Mittelalters, in: Michael Borgolte (Hrsg.), Mittelalterforschung nach der Wende, München 1995, S. 453–484

MORAW, Peter, Personenforschung und deutsches Königtum, in: ZHF 2 (1975), S. 7–18

MORAW, Peter, Rechtspflege und Reichsverfassung im 15. und 16. Jahrhundert (Schriftenreihe der Gesellschaft für Reichskammergerichtsforschung, 10), Wetzlar 1990

MORAW, Peter, Wesenszüge der ‚Regierung' und ‚Verwaltung' des deutschen Königs im Reich (ca. 1358–1450), in: Werner Paravicini/Karl Ferdinand Werner (Hrsg.), Histoire comparée de l'administration, München 1980, S. 149–167 [wieder abgedruckt in: Rainer Christoph Schwinges (Hrsg.), Über König und Reich. Aufsätze [Peter Moraws] zur deutschen Verfassungsgeschichte des späten Mittelalters, Sigmaringen 1995, S. 73–88]

MOST, Ingeborg, Schiedsgericht, Rechtlicheres Rechtsgebot, ordentliches Gericht, Kammergericht. Zur Technik fürstlicher Politik im 15. Jahrhundert (Aus Reichstagen des 15. und 16. Jahrhunderts. Festgabe, dargebracht der Historischen Kommission zur Feier ihres 100jährigen Bestehens, von den Herausgebern der Deutschen Reichstagsakten), Göttingen 1958, S. 116–153

Mußgnug, Dorothee, Acht und Bann im 15. und 16. Jahrhundert (Historische Forschungen, 111), Berlin 2016 [dort insb. S. 41–130 zu Acht- und Bannverfahren unter Friedrich III. und zur Kammergerichtsordnung von 1471]

Niederstätter, Alois, Kaiser Friedrich III. und Lindau. Untersuchungen zum Beziehungsgeflecht zwischen Reichstadt und Herrscher in der zweiten Hälfte des 15. Jahrhunderts, Sigmaringen 1986 [dort insb. das Kapitel „Die Anrufung der kaiserlichen Gerichtsbarkeit", S. 125–138]

Oestmann, Peter, Art. „Fürsprecher", in: Handwörterbuch zur deutschen Rechtsgeschichte I, Berlin ^{2}2008, Sp. 1883–1887

Oestmann, Peter, Rechtsvielfalt vor Gericht. Rechtsanwendung und Partikularrecht im Alten Reich (Rechtsprechung, Materialien und Studien, 18), Frankfurt am Main 2002

Oestmann, Peter, Wege zur Rechtsgeschichte: Gerichtsbarkeit und Verfahren, Köln/Weimar/Wien 2015 [insb. S. 136–152: „Das Königliche Kammergericht"]

Poetsch, J[oseph], Die Reichsjustizreform von 1495, insbesondere ihre Bedeutung für die Rechtsentwicklung, Münster 1912 [dort insb. S. 11–21: Königliches Kammergericht unter Friedrich III. und dessen Reformierung vor 1495]

Prange, Wolfgang, Schleswig-Holstein und das Reichskammergericht in den ersten fünfzig Jahren (Schriftenreihe der Gesellschaft für Reichskammergerichtsforschung, 22), Wetzlar 1992

Prange, Wolfgang, Die Urteile des Reichskammergerichts 1495–1587. Über Wert und Nutzung von Christian Barths Edition, in: ders., Vom Reichskammergericht in der ersten Hälfte des 16. Jahrhunderts. Die Urteile in Christian Barths Edition; Kammerboten und Zustellung der Gerichtsbriefe (Quellen und Forschungen zur Höchsten Gerichtsbarkeit im Alten Reich, 42), Köln/Weimar/Wien 2002, S. 9–56

Prange, Wolfgang, Konrad von Warendorf aus Köln († 1541). Von Kammergerichtsboten und Zustellung der Gerichtsbriefe, in: ders., Vom Reichskammergericht in der ersten Hälfte des 16. Jahrhunderts. Die Urteile in Christian Barths Edition; Kammerboten und Zustellung der Gerichtsbriefe (Quellen und Forschungen zur Höchsten Gerichtsbarkeit im Alten Reich, 42), Köln/Weimar/Wien 2002, S. 57–142

Prietzel, Malte, Das Heilige Römische Reich im Spätmittelalter (Geschichte kompakt), Darmstadt 2004 [bes. S. 122–141, u. a. zu Hof, Kanzlei und Rechtsprechung]

Rad, Anna, minne oder recht. Konflikt und Konsens zur Zeit Karl IV. und König Wenzels (Forschungen zur deutschen Rechtsgeschichte, 33), Wien/Köln/Weimar 2020

Räbiger, W. D., Art. „Kammergericht, königliches", in: Handwörterbuch zur deutschen Rechtsgeschichte II, Berlin 1978, Sp. 576–580

Ranieri, Filippo, Recht und Gesellschaft im Zeitalter der Rezeption. Eine rechts- und sozialgeschichtliche Analyse der Tätigkeit des Reichskammergerichts im 16. Jahrhundert, Bände I und II (Quellen und Forschungen zur Höchsten Gerichtsbarkeit im Alten Recht, 17/I–II), Köln/Wien 1985

Reinle, Christine, Ulrich Riederer (ca. 1406–1462), gelehrter Rat Kaiser Friedrichs III. (Mannheimer Historische Forschungen, 2), Mannheim 1993 [Rezension Friedrich Battenberg, ZRG GA 125 (1995), S. 519–522]

Reinle, Christine, Zur Gerichtspraxis Kaiser Friedrichs III., in: Paul-Joachim Heinig (Hrsg.), Kaiser Friedrich III. (1440–1493) in seiner Zeit. Studien anlässlich des 500. Todestags am 19. August 1493/1993 (Forschungen zur Kaiser- und Papstgeschichte des Mittelalters. Beihefte zu J. F. Böhmer, Regesta Implerii, 12), Köln/Weimar/Wien 1993, S. 317–353

Rübsamen, Dieter, Buße und Strafe. Zu den Pönformeln spätmittelalterlicher Königsurkunden, besonders unter Friedrich III., in: Klaus Herbers/Hans Henning Kortüm/Carlo Servatius (Hrsg.), Ex Ipsis Rerum Documentis. Beiträge zur Mediävistik. Festschrift für Harald Zimmermann zum 65. Geburtstag, Sigmaringen 1991, S. 117–133

Rübsamen, Dieter, Zur Angabe von Zeugen in Urkunden Kaiser Friedrichs III., in: Paul-Joachim Heinig (Hrsg.), Diplomatische und chronologische Studien aus der Arbeit an den Regesta Imperii (Forschungen zur Kaiser- und Papstgeschichte des Mittelalters. Beihefte zu J. F. Böhmer, Regesta Imperii, 8), Köln/Wien 1991, S.131–151

Scheyhing, Robert, Eide, Amtsgewalt und Bannleihe. Eine Untersuchung zur Bannleihe im hohen und späten Mittelalter (Forschungen zur deutschen Rechtsgeschichte, 2), Köln/Graz 1960

Schmid, Peter, Die Reformbeschlüsse von 1495 und ihre politischen Rahmenbedingungen, in: Bernhard Diestelkamp (Hrsg.), Das Reichskammergericht. Der Weg zu seiner Gründung und die ersten Jahrzehnte seines Wirkens (1451–1527) (Quellen und Forschungen zur Höchsten Gerichtsbarkeit im Alten Reich, 45), Köln/Weimar/Wien 2003, S. 117–144

Schuler, Peter-Johannes, Recht und Billigkeit als politische Forderung der Reformschriften des 15. Jahrhunderts, in: Paul-Joachim Heinig (Hrsg.), Kaiser Friedrich III. (1440–1493) in seiner Zeit. Studien anlässlich des 500. Todestags am 19. August 1493/1993 (Forschungen zur Kaiser- und Papstgeschichte des Mittelalters. Beihefte zu J. F. Böhmer, Regesta Imperii, 12), Köln/Weimar/Wien 1993, S. 301–315

Schulz, Peter, Die politische Einflussnahme auf die Entstehung der Reichskammergerichtsordnung 1548 (Quellen und Forschungen zur Höchsten Gerichtsbarkeit im Alten Reich, 9), Köln/Wien 1980

Seeger, Tilman, Die Extrajudizial-Appellation (Quellen und Forschungen zur Höchsten Gerichtsbarkeit im Alten Reich, 25), Köln/Weimar/Wien 1992

Seeliger, Gerhard, Erzkanzler und Reichskanzleien. Ein Beitrag zur Geschichte des deutschen Reiches, Innsbruck 1889 [insb. S. 62–84]

Seeliger, Gerhard, Kanzleistudien I: Die kurmainzische Verwaltung der Reichskanzlei in den Jahren 1471–1475, in: Mitteilungen des Instituts für österreichische Geschichtsforschung 8 (1887), S. 1–64

Seeliger, Gerhard, Die Registerführung am deutschen Königshof bis 1493, in: Mitteilungen des Instituts für Österreichische Geschichtsforschung, Ergänzungsband 3, Innsbruck 1892, S. 223–363

SELLERT, Wolfgang, Art. „Prokurator“, in: Handwörterbuch zur deutschen Rechtsgeschichte III, Berlin 1984, Sp. 2032–2034

SELLERT, Wolfgang, Art. „Prozess des Reichskammergerichts“, in: Handwörterbuch zur deutschen Rechtsgeschichte IV, Berlin ^{2}2024, Sp. 891–897

SELLERT, Wolfgang, Rezension zu: „Elena Melnik/Jörg Oberste (Bearb.), Alturteilsbuch der Stadt Dresden: Schöffensprüche und gelehrte Kommentare aus dem 15. und frühen 16. Jahrhundert, Leipzig 2022“, in: Neues Archiv für sächsische Geschichte 94 (2023), S. 357–361 [ausführlich zum Gelehrten Recht im 15. Jh.]

SELLERT, Wolfgang, Zur Rezeption des römischen und kanonischen Rechts in Deutschland von den Anfängen bis zum Beginn der Neuzeit: Überblick, Diskussionsstand und Ergebnisse, in: Hartmut Boockmann/Ludger Grenzmann/Bernd Moeller/Martin Staehelin (Hrsg.), Recht und Verfassung im Übergang vom Mittelalter zur Neuzeit, 1. Teil (Abhandlungen der Akademie der Wissenschaften Göttingen, philosophisch-historische Klasse, dritte Folge, 228), Göttingen 1998, S. 115–166

SEUFFERT, Burkhard, Drei Register aus den Jahren 1478–1519. Untersuchungen zu Politik, Verwaltung und Recht des Reiches besonders des deutschen Südostens, Innsbruck 1934

SEYBOTH, Reinhard, Kontinuität und Wandel. Vom mittelalterlichen Reichshofgericht zum Reichskammergericht von 1495, in: Ingrid Scheurmann (Hrsg.), Frieden durch Recht. Das Reichskammergericht von 1495 bis 1806, Mainz 1994, S. 68–74

SMEND, Rudolf, Das Reichskammergericht, erster Teil: Geschichte und Verfassung (Quellen und Studien zur Verfassungsgeschichte des Deutschen Reiches IV, 3), Weimar 1911 (ND Aalen 1965)

SPANGENBERG, Hans, Die Entstehung des Reichskammergerichts und die Anfänge der Reichsverwaltung, in: ZRG GA 46 (1926), S. 231–289

STOBBE, O[tto] (Bearb.), Geschichte der deutsche Rechtsquellen, 2. Abtheilung (Geschichte des deutschen Rechts, 1), Braunschweig 1864 [dort insb. zum Königlichen Kammergericht S. 84 und 191–193, sowie zur Aufnahme des fremden Rechts in Deutschland, S. 9–142]

STÖLZEL, Adolf, Die Entwicklung der gelehrten Rechtsprechung, Bd. 1 und 2, Berlin 1901

STÖLZEL, Adolf, Die Entwicklung des gelehrten Richtertums, Bd. 1 und 2, Stuttgart 1872 (ND Aalen 1964)

STÖLZEL, Adolf, Ein ältester Reichskammergerichtsprozeß 1492–1497, in: ZRG GA 12 (1876), S. 257–290

TOMASCHEK, J[ohann] A[dolf], Die Höchste Gerichtsbarkeit des deutschen Königs und Reiches im XV. Jahrhundert, in: Sitzungsberichte der Kaiserlichen Akademie der Wissenschaften in Wien, Philosophisch-historische Klasse, 49/3, Wien 1865, S. 521–612

TRUSEN, Winfried, Anfänge des Gelehrten Rechts in Deutschland. Ein Beitrag zur Geschichte der Frührezeption (Recht und Geschichte, 1), Wiesbaden 1962

WEFERS, Sabine, Das politische System Kaiser Sigmunds (Veröffentlichungen des Instituts für Europäische Geschichte, Abt. Universalgeschichte, 38; zugl. Beiträge zur Sozial- und Verfassungsgeschichte des Alten Reiches, 10), Stuttgart 1989 [dort insb. S. 161–183]

Weitzel, Jürgen, Art. „Appellation“, in: Handwörterbuch zur deutschen Rechtsgeschichte I, Berlin ^{2}2008, Sp. 268–271

Weitzel, Jürgen, Die Bedeutung der ‚Dinggenossenschaft‘ für die Charakterisierung spätmittelalterlicher Höchster Gerichtsbarkeit, in: Hugo de Schepper (Hrsg.), Höchste Gerichtsbarkeit im Spätmittelalter und [in] der Frühen Neuzeit (Verzamelen en Bewerkenn van de Jurisprudentie van de Grote Raad, Nieuwe Reeks, 9), Amsterdam 1985, S. 71–80

Weitzel, Jürgen, Dinggenossenschaft und Recht. Untersuchungen zum Rechtsverständnis im fränkisch-deutschen Mittelalter, Bd. I und II (Quellen und Forschungen zur Höchsten Gerichtsbarkeit im Alten Reich, 15/I–II), Köln/Wien 1984

Weitzel, Jürgen, Wege zu einer hierarchisch strukturierten Gerichtsverfassung im 15.und 16. Jahrhundert, in: Dieter Simon (Hrsg.), Akten des 26. Deutschen Rechtshistorikertages Frankfurt am Main, 22. bis 26. September 1986 (Ius Commune, Sonderhefte: Studien zur Europäischen Rechtsgeschichte, 30), Frankfurt am Main 1987, S. 333–345

Werkmüller, Dieter, Art. „Reformatio Sigismundi“ in: Handwörterbuch zur deutschen Rechtsgeschichte IV, Berlin 1990, Sp. 457–459

Wiesflecker, Hermann, Kaiser Maximilian I. Das Reich, Österreich und Europa an der Wende zur Neuzeit, Band V: Der Kaiser und seine Umwelt. Hof, Staat, Wirtschaft, Gesellschaft und Kultur [zur Reformpolitik einschließlich des Gerichtswesens bes. S. 121–150]

Wijffels, Alain, Gemeines Prozessrecht, in: Konfliktlösung in der Frühen Neuzeit. Handbuch zur Geschichte der Konfliktlösungen in Europa, Bd. 3, Heidelberg 2021, S. 221–235

Register

Personenregister

Ortsregister

Sachregister